Vergäße ich dein,

Jerusalem

Lydia & Derek Prince

© Copyright der deutschen Ausgabe 2003 by Asaph-Verlag
10. Auflage 2016

Titel der amerikanischen Originalausgabe: *Appointment in Jerusalem*
Aus dem Englischen übersetzt von Arnold Sperling-Botteron

Umschlaggestaltung: joussenkarliczek, D-Schorndorf
Satz/DTP: Jens Wirth
Druck: CPI books GmbH, Leck
Printed in the EU

ISBN 978-3-940188-61-8
Bestellnummer 147461

Für kostenlose Informationen über unser umfangreiches Lieferprogramm
an christlicher Literatur, Musik und vielem mehr wenden Sie sich bitte an:

Asaph, Postfach 2889, D-58478 Lüdenscheid
asaph@asaph.de – www.asaph.de

Vergäße ich dein, Jerusalem
Lydia & Derek Prince

Inhalt

Vorwort

Dies ist die Geschichte dreier Jahre im Leben einer höchst bemerkenswerten Frau, die – wie es sich begibt – meine Frau ist. Es sind jene Jahre, die sie von einem Leben materiellen Komforts und beruflichen Erfolges zu einem Leben in Gefahr, Armut und Entfremdung von denen führten, die ihr einst viel bedeuteten. Sie, eine Lehrerin mit den verheißungsvollsten Berufsaussichten, verließ ihre Heimat Dänemark – dieses saubere und friedliche Land –, um alleine und ohne einen Pfennig an einen (für die damalige Zeit) verhältnismäßig primitiven und unruhigen Ort zu reisen. Dieser Ort war Jerusalem, das zu jener Zeit gerade am Anfang des langen Krieges zwischen Juden und Arabern stand, der bis heute noch kein Ende gefunden hat.

Dort ertrug Lydia die Härten des Hungers und des Durstes, die Gefahren der Straßenkämpfe und der Belagerung. Und dort entdeckte sie, was wir alle suchen und so wenige finden: Freude, Frieden, vollkommene Geborgenheit, ungeachtet unserer äußeren Lebensumstände.

Indem sie sich – eine Generation ihrer Zeit voraus – in den Bereich der Erfahrbarkeit des Heiligen Geistes begab, wurde sie eine Wegbereiterin für die charismatische Erweckung, die seit der Zeit ihrer Entstehung von vielen als der positivste und hoffnungsvollste Faktor in der Welt unserer Tage betrachtet wird. Angesichts zunehmender Probleme und Spannungen, denen wir heute alle ausgesetzt sind, weist uns ihre Geschichte den Weg zu Antworten, die ihre Probe vor dem Ende des zwanzigsten Jahrhunderts bestehen werden.

Ich weiß, dass dies auf mich zutrifft. Lydia und ich begegneten und verheirateten uns in Jerusalem gegen Ende des Zweiten Weltkrieges. Nach Abschluss meines Studiums am Eton College und an der Cambridge-Universität in England hatte ich zu jener Zeit einen sechsjährigen Lehrauftrag am

King's College, Cambridge. Aber eine vollständig neue Phase meiner Laufbahn begann an jenem Tage, als ich die Stufen zu einem grauen, aus Steinen errichteten Gebäude hinaufstieg und der blauäugigen Dänin begegnete, die von einem Hausvoll jüdischer und arabischer Kinder *Mama* genannt wurde.

In diesem Hause lernte ich den Heiligen Geist kennen – nicht als eine zu einem theologischen Dogma, Dreieinigkeit genannt, gehörende Person, sondern als eine täglich gegenwärtige, mächtige Wirklichkeit. Ich beobachtete Lydia beim Tischdecken, als nichts da war, womit sie die Teller füllen konnte. Dennoch war sie gewiss, dass Gott bis zu dem Moment, wo wir uns zu Tische setzten, für die Mahlzeit sorgen würde. Ich sah sie vollmächtig für kranke Kinder beten, und sie wurden gesund. Vor allem beobachtete ich, wie der Geist Gottes sie jeden Tag von morgens bis abends mit den Worten der Bibel nährte, leitete und ihr beistand. Ich hatte die Heilige Schrift in ihren Originalsprachen studiert, ihre historischen Komponenten analysiert, über ihre Exegese nachgesonnen. Lydia ließ sie zu ihrem Herzen sprechen. „Ich habe", sagte sie einmal, „das Johannesevangelium wie einen Liebesbrief gelesen."

In dreißig Ehejahren habe ich von Lydia gelernt, dass ein aus dieser engen Verbundenheit mit der Bibel entspringendes Gebet nicht eine subjektive Sache ist, sondern eine Kraft in dieser Welt – die größte, die es gibt. Vor einiger Zeit sagte unsere Tochter Johanne zu ihrem Sohn Jonathan, dass Lydia für eine bestimmte Sache betete. „Nun, wenn Großmutter für etwas betet", kommentierte Jonathan, „dann wird die Sache schon in Ordnung kommen."

Was mich bei alledem fasziniert, ist, dass Lydia in den ersten fünfunddreißig Jahren ihres Lebens in ihren eigenen Augen und auch nach Meinung anderer die letzte Person gewesen wäre, der Dinge dieser Art widerfahren könnten. Intelligent, wie sie war, ein bisschen Snob, eine gutsituierte junge Frau, die an neuen Kleidern, am Tanzen und an all den Vergnügen der kulturellen Welt, in die sie hineingeboren worden war, ihre Freude hatte – in der Bibel hatte sie vorher nur gelesen, als es von ihr im Lehrerseminar verlangt wurde.

Der Weg, auf welchem dieser Verstandesmensch des zwanzigsten Jahrhunderts die Realität Gottes entdeckte, ist für uns alle so voll von Leitlinien, so voll von praktischer Hilfe für alle, die heute auf der Suche nach demselben Ziel sind, dass ich Lydia von Anfang an bat, ihre Erlebnisse doch zu Papier zu bringen. Doch Lydia war viel mehr damit beschäftigt, das Leben zu leben, als darüber zu schreiben. Allmählich sah ich ein, dass mir die Aufgabe zufallen würde, ihre Geschichte zu erzählen, wenn sie je erzählt werden sollte. Inzwischen bin ich mit all diesen Plätzen wohl vertraut geworden, ebenso mit fast allen Personen, die in den geschilderten Ereignissen eine Rolle spielten. So ist es mir möglich geworden, durch mein Wissen aus erster Hand sowohl die Szenen als auch die Persönlichkeiten zu rekonstruieren.

Dies ist Lydias Geschichte. Ich habe versucht, so weit dies einem Manne gelingen kann, in ihren Sinn und in ihre Gefühlswelt einzudringen, um die Geschehnisse mit ihren eigenen, damals von ihr selbst verwendeten Worten zu schildern – ohne von Kämpfen und Schwachheiten wegzudeuten, sondern die wirkliche Frau für sich selbst sprechen zu lassen.

Das vorliegende Buch enthält jedoch noch ein anderes Charakterbild – in gewissem Sinne die eigentliche Heldin: die Stadt Jerusalem. In diesen Kapiteln beschreibt Lydia Jerusalem so, wie sie es in jenem Jahrzehnt, welches einer vierhundert Jahre langen türkischen Herrschaft folgte, kennenlernte – einen Ort, der sich sehr unterscheidet von dem, der sich heute den Touristen bietet. Am Schluss des Buches, im Nachwort, habe ich dann das Wort und versuche, den Schleier über der Zukunft zu lüften und ein Bild von dem zu entwerfen, was Jerusalem – und uns allen – bevorsteht. Denn der Schlüssel zur Weltgeschichte liegt in dieser einen Stadt.

Die Dinge, über die ich schreibe, mögen in den siebziger, achtziger oder neunziger Jahren unseres Jahrhunderts geschehen. Die Bibel sagt uns nicht, wann; sie versichert uns nur, dass alles genauso stattfinden wird, wie es die Prophetie zeigt. Es ist unser Gebet, dass Lydia und ich durch dieses Buch Ihnen, lieber Leser, etwas von unserm tiefen Eindruck, wie bedeutsam die kommenden Tage für diese Stadt sind, vermitteln mögen und auch etwas von der Liebe, die sie in jedem inspiriert, der Gottes Aufforderung ernst nimmt, für „den Frieden Jerusalems zu beten".

Derek Prince

Anmerkung des Verfassers

Aus persönlichen Rücksichten sind die Namen einiger der in der Geschichte vorkommenden Personen geändert worden.

Tikva

Der letzte Schein der untergehenden Sonne war vom Himmel hinter mir geschwunden und ließ die Straßen Jerusalems dunkel und verlassen zurück. Die Stille wurde einzig von meinen auf den Steinen klappernden Schuhen durchbrochen. Die feuchte Winterluft streifte nicht sehr sanft meine Wangen. Unwillkürlich umklammerte ich das Bündel in meinen Armen fester.

Endlich, und mit einem Seufzer der Erleichterung, wandte ich mich einem steinernen Treppenaufgang zu, der zu einer Tür im Erdgeschoss führte. Das Bündel sorgsam mit dem linken Arm umfassend, griff ich mit der rechten Hand in die Tasche und zog einen schweren eisernen Schlüssel hervor. Der Schlüssel drehte sich mit einem solchen quietschenden Geräusch im Schloss, dass es durch den ganzen leeren Hof widerhallte. Hastig trat ich ein und bewegte den Schlüssel von der andern Seite, wobei mir dasselbe quietschende Geräusch verriet, dass die Türe wieder sicher verschlossen war. Ich tastete mich quer durch den Raum zu dem Bett an der gegenüberliegenden Wand und legte meine Last hier ab. Neben dem Bett stand eine Kommode. Suchend tastete ich darauf umher, nahm eine Zündholzschachtel herunter und entflammte ein Zündholz. Sein kleiner Schein zeigte mir die Petroleumlampe, die auf der Kommode stand. Ich gebrauchte ein zweites Zündholz und zündete damit die Lampe an.

Sie beleuchtete einen schmucklosen, mit Fliesen belegten Raum. Auch die Wände waren aus Stein und – mit Ausnahme eines Bildkalenders über dem Bett – ebenso kahl. Außer dem Bett und der Kommode befanden sich nur noch drei andere Einrichtungsgegenstände darin: ein Tisch und ein Stuhl an der Wand sowie ein Flechtkoffer unter dem Fenster. Das Fenster selber war mit einem schweren Eisengitter bewehrt – ein stummer Zeuge für die Furcht, die jeden Einwohner der Stadt aus seiner Wohnung eine Festung machen ließ.

Ich wandte mich wieder dem Bündel auf dem Bette zu. Eingewickelt in einem rauen schwarzen Schal lag ein kleines Baby, ein Mädchen. Sein winziger Körper war notdürftig mit einem schmuddeligen baumwollenen Unterhemd bekleidet. Die Gesichtshaut, zartgelbem Pergament gleich, spannte sich straff über die Wangenknochen und brannte unter meiner Hand wie Feuer. Die schwarzen Haare, nass vom Schweiß, klebten an den Schläfen. Aus ihren tiefen Höhlen starrten mich für einen kurzen Augenblick zwei dunkle Augen an – und schlossen sich wieder.

Ich schlug den Schal etwas zurück und zog eine Säuglingsflasche mit nur ein paar Deziliter lauwarmer Milch hervor. Dabei fiel ein zerknittertes Stück Papier heraus und glitt auf den Boden. Behutsam setzte ich die Flasche an den Mund des Babys und wartete auf eine Reaktion. Zuerst sah es so aus, als ob die körperliche Anstrengung zum Trinken für das Kind zu groß sei, doch nach einer Weile begann es am Nuckel zu saugen.

Ich hob den Papierfetzen vom Boden auf und strich ihn mit der Hand glatt. Er enthielt drei sorgfältig mit Großbuchstaben geschriebene Zeilen: TIKVA COHEN – GEBOREN IN JERUSALEM – 4. DEZEMBER 1927.

Automatisch blickte ich auf den Kalender über dem Bett. Es war Freitag, der 28. Dezember 1928. Ich konnte es kaum glauben – das Baby war bereits mehr als ein Jahr alt! Hätte ich sein Alter nach Gewicht und Größe geschätzt, würde ich es nur für halb so alt gehalten haben.

Als das Baby fortfuhr zu trinken, schaute ich mich im Zimmer um. Ich brauchte einen Platz, wo es vor der feuchten Luft und den kalten Steinen geschützt war. Was konnte da in Frage kommen? Mein Blick fiel auf den Flechtkoffer. Das würde gehen! Aber dazu brauchte es noch etwas anders. Schnell öffnete ich die Schubladen der Kommode und zog alle Unterwäsche und alle weitere weiche Kleidung, die ich darin finden konnte, heraus. Damit schlug ich, so gut es ging, den Koffer aus und machte ihn so bequem und einladend, wie ich nur konnte. Ich ließ den Deckel aufgeschlagen und lehnte ihn gegen die Eisenstäbe am Fenster.

Unterdessen hatte das Baby zu saugen aufgehört und schien eingeschlafen zu sein. Behutsam entledigte ich es seines baumwollenen Leibchens.

Dann nahm ich den blauen Wollschal, den ich trug, und wickelte ihn zwei- oder dreimal um seinen Körper. Als ich das Mädchen in den Koffer legte, wimmerte es einen Augenblick, schwieg dann jedoch bald wieder. Sein Atem ging flach und stoßweise, und das Fieber sandte periodische Schauer durch seinen Körper.

Wohin sollte ich mich um Hilfe wenden? In Gedanken sah ich die dunklen, menschenleeren, von Furcht und Misstrauen verseuchten Straßen Jerusalems vor mir. Jede Tür war verriegelt, jeder Fensterladen geschlossen. Es gab kein Telefon im Hause, dass ich einen Krankenwagen oder einen Arzt hätte herbeirufen können. Ich war mit einem sterbenden Kinde in diesem nackten Raum eingeschlossen.

Mein Blick wurde von einem aufgeschlagenen Buch unter der Lampe auf der Kommode angezogen. Die Bibel – hatte sie für mich in diesem Moment eine Botschaft? Sie war beim Jakobusbrief geöffnet. Ich fing an zu lesen und wurde bei zwei grün unterstrichenen Versen festgehalten:

> „Ist jemand unter euch krank, so lasse er die Ältesten der Gemeinde zu sich rufen, und sie sollen über ihm beten und ihn im Namen des Herrn mit Öl salben!
>
> Und das Gebet des Glaubens wird den Kranken retten, und der Herr wird ihn aufstehen lassen ..." (Jakobus 5,14–15).

„Mit Öl salben ..." Ich wiederholte im Stillen langsam die Worte. Öl war etwas, was ich hatte. Natürlich war ich kein „Ältester". Aber ich war ganz auf mich gestellt, ohne eine andere Hilfsquelle. Es war bestimmt besser zu tun, was ich konnte, als überhaupt nichts zu tun!

Ich öffnete einen Wandschrank, wo ich meinen sehr bescheidenen Lebensmittelvorrat aufbewahrte, nahm eine Flasche heraus und hielt sie gegen das Licht. Der Inhalt schimmerte träge, etwa zwischen grün und gold. Es war reines Olivenöl von den judäischen Bergen – von derselben Art, wie es in längst vergangenen Jahrhunderten bei der Salbung von Königen und Priestern in Israel verwendet wurde.

Die Flasche mit Öl in meiner Linken haltend, kniete ich mich auf dem Steinboden vor dem Flechtkoffer nieder. Das Atmen des Kindes wurde immer beschwerlicher. Die Luft um uns herum schien seltsam schwer geworden zu sein. Ein kaltes Frösteln durchlief mich. Ich stand von Angesicht zu Angesicht einer unsichtbaren Anwesenheit gegenüber – der Anwesenheit des Todes.

Im Bemühen, meinen Glauben zu stärken, wiederholte ich laut die Worte, die ich soeben in der Bibel gelesen hatte: „Das Gebet des Glaubens wird den Kranken retten ... der Herr wird ihn aufstehen lassen ...!" Mit leicht zitternder Hand träufelte ich ein klein wenig Öl auf die Finger meiner rechten Hand und berührte damit sanft die Stirn des Kindes.

„In deinem Namen, Herr Jesus!", flüsterte ich. „Sie ist deine kleine Schwester – eine von deinem eigenen Volk. Um deines Namens willen, Herr, bitte ich dich, sie zu heilen!" Wieder legte ich meine Hand an die Wange des Kindes.

Nach einigen Minuten öffnete ich die Augen. Bildete ich es mir nur ein oder waren die Fieberschauer tatsächlich weniger intensiv? Wieder legte ich meine Hand an die Wange des Kindes. Sie brannte!

Ich schloss die Augen und betete noch einmal. „Herr, du hast mich doch hierhergebracht. Du warst es, der mich geheißen hat, meine Heimat zu verlassen und nach Jerusalem zu kommen. Herr, lass diese Menschen hier erfahren, dass Kraft in deinem Namen ist und du Gebete erhörst ..."

Die Zeit stand still. Auf meinen Knien vor dem Koffer betete und beobachtete ich abwechselnd, ob eine Veränderung im Zustand des Babys eingetreten sei. Manchmal schien sein Atem leichter zu gehen, aber immer noch glühte die Haut vor Fieber. Ab und zu schaute ich in seine unnatürlich tief in ihre Höhlen versunkenen Augen, die mich ernst anblickten.

Allmählich wurden meine Knie vom harten Druck der Fliesen steif und kalt. Ich erhob mich und ging, immer noch still betend, auf und ab im Raum. Nach ein oder zwei Stunden sah ich ein, dass damit nichts gewonnen würde, wenn ich noch länger auf den Beinen blieb. Auch wenn ich nicht schlafen könnte, wäre es jedenfalls weiser, mich vor der Feuchtigkeit des Zimmers zu schützen, indem ich zu Bett ging.

Ehe ich die Lampe löschte, hielt ich sie über das Kind, um zu sehen, ob sich etwas verändert hatte. Für den Moment wenigstens hatte der Fieberfrost aufgehört. Es schien zu schlafen. Doch ihre Haut fühlte sich immer noch heiß vom Fieber an. Wie lange konnte der winzige Körper das wohl noch aushalten? Schließlich blies ich die Lampe aus, kroch ins Bett und zog die Decke bis unter das Kinn hinauf.

Während ich so im Dunkeln dalag, ging ich in Gedanken noch einmal die ganze Reihe seltsamer Ereignisse durch, welche mich nach Jerusalem gebracht hatten. Vor meinem inneren Auge konnte ich die Landkarte von Dänemark an der Wand des Klassenzimmers sehen, wo ich noch vor sechs Monaten Geografie unterrichtet hatte. Wie der schartige Kopf einer steinernen Pfeilspitze stößt der vorspringende Teil von Jütland nordwärts ins Skagerrak hinauf. Auf der Windschattenseite von Jütland, im Osten, schmiegen sich die beiden Inseln Fünen und Seeland an, nur durch einen schmalen Wasserstreifen, den Großen Belt, vom Festland getrennt.

An der Ostküste des Großen Belt, im Südwesten Seelands, liegt die Stadt Korsør. Nur zu gut ließ mich meine Sehnsucht alle Einzelheiten erkennen. Wie anders war dort alles als in Jerusalem! Die Straßen sauber und hell erleuchtet. Auf beiden Seiten der Straßen Reihen von herausgeputzten Backsteinhäusern mit roten Ziegeldächern und weißgestrichenen Dachrinnen. Und ich hörte wieder die hellen Kinderstimmen das Lied singen, das alle dänischen Kinder in der Schule lernen:

> *I Danmark er jeg født,*
> *Der har jeg hjemme ...*

> In Dänemark bin ich geboren
> Und hier ist meine Heimat ...

Søren

Es war zwei Jahre zuvor gewesen – im Dezember 1926. Die schrägen Strahlen der nördlichen Sonne spiegelten sich mit tief orangefarbenem Schein in den Klassenzimmerfenstern wider. Ich sagte dem Hausmeister, der am eisernen Tor des Schulhofes wartete, um es abzuschließen, Auf Wiedersehen, schwang mich auf mein Fahrrad und fuhr die mir vertraute Straße entlang, die sich bis in das Zentrum von Korsør windet.

Fünf oder sechs Minuten energischen Radelns brachten mich zum westlichen Teil der Stadt, nur wenige Hundert Meter vom Ufer des Großen Belt entfernt. Ich stellte mein Fahrrad im Hofe eines großen, roten Backsteinbaues ab und stieg die Treppen zu meiner Wohnung im zweiten Stock empor. Auf dem kleinen offenen Vorplatz zur Wohnung stand Valborg, meine Hausangestellte, die sich die Hände an ihrer rot-weiß karierten Schürze abtrocknete, bereit, mich zu begrüßen.

„Willkommen zu Hause!", sagte sie und half mir aus meinem pelzgefütterten Mantel.

Im Esszimmer verweilten meine Augen mit Genugtuung beim gedeckten Abendessentisch. Der Kristallleuchter warf sein weiches Licht auf das glänzende Silberbesteck und die gestärkte Damasttischdecke. Ich schlüpfte für einen Augenblick ins Schlafzimmer und unterdessen zündete Valborg die Kerzen an und stellte einen Teller mit dampfender Suppe an meinen Platz. Während ich meine Suppe löffelte, verweilte Valborg bei meinem Stuhl.

Nachdem sie den größten Teil des Tages in ihrer Wohnung verbracht hatte, war sie jetzt zu einer Unterhaltung aufgelegt.

„Das ist Ihre letzte Schulwoche für dieses Jahr", sagte sie, „und morgen Abend ist Lehrerball."

„Das erinnert mich daran", erwiderte ich, „dass Sie für mich morgen kein Abendessen zu bereiten brauchen. Herr Wulff wird mich vor dem Ball zum Nachtessen abholen."

Valborg zeigte an dieser Abmachung offensichtliches Interesse. Sie mochte Søren Wulff – ich auch! Aber …

„Über Weihnachten werde ich heim nach Brønderslev gehen", sagte ich, um das Thema zu wechseln. „Sie werden während meiner Abwesenheit in der Wohnung nichts machen müssen." Am Ende der Mahlzeit zündete ich mir den Zigarillo an, den Valborg diskret neben meine Kaffeetasse gelegt hatte. Dann nahm ich die Tasse und trug sie ins Wohnzimmer. Vor mich hinpaffend, ließ ich mich behaglich im tiefen Lehnstuhl nieder, welcher in der einen Ecke stand, und ließ meinen Blick langsam durch den Raum wandern. Vor der gegenüberliegenden Wand warf der auf Hochglanz polierte Nussbaumflügel gedämpft die gelben und bronzenen Schatten des Wilton-Teppichs zurück. Die Wand dahinter selber war mit einer oliv schattierten Tapete überzogen, die den Eindruck eines Gobelins erweckte und gut zu den goldfarbenen Brokatvorhängen passte. Die Wand zu meiner Linken versteckte sich vom Boden bis zur Decke hinter einem Bücherschrank, auf dessen Regale sich Reihen von Büchern mit Dresdner Porzellanfiguren sowie mit Vasen und Schalen aus deutschem Kristall abwechselten.

Eine Minute lang oder so genoss ich bewusst all diesen Komfort und diese Eleganz. Ich fragte mich, wie schon oft vorher: „Kann es jemand in der Welt besser gehen als mir?" Im Alter von sechsunddreißig hatte ich bereits das Ziel erreicht, das ich mir als Lehrerin gesteckt hatte. Zu all meinen Diplomen in den normalen Lehrfächern wie Geschichte, Geografie, Dänisch und Englisch hatte ich als eine der ersten Lehrerinnen im Lande einen Weiterbildungskurs in Hauswirtschaftslehre, unter besonderer Berücksichtigung der neuesten Ernährungswissenschaft, genommen. In der Folge wurde ich zur Direktorin für Hauswirtschaftslehre in einer der modernsten und am besten eingerichteten Schulen Dänemarks ernannt. Meine Abteilung diente nun den Erziehungsbehörden als Muster für die Einrichtung ähnlicher Abteilungen in anderen Schulen des ganzen Landes.

In den letzten zehn Jahren hatte ich in verschiedenen Städten Dänemarks unterrichtet, doch nirgends gefiel es mir so gut wie in Korsør mit seiner schönen Lage am Großen Belt – und trotzdem nicht weit von Kopenhagen entfernt. Ich verdiente gut und hatte zudem nach dem Ableben meines Vaters zwei Jahre zuvor eine ansehnliche Erbschaft gemacht.

Vor allem jedoch war da Søren Wulff – der Lehrer, der mich am nächsten Abend ausführen wollte. Søren und ich waren am Lehrerseminar gute Freunde geworden, hatten wir doch viele gemeinsame Interessen – Tanzen, Eislauf, Mozart, Kierkegaard. Nach dem Studium hatten wir während beinahe zehn Jahren jeder an verschiedenen Schulen unterrichtet. Und nun – wie das Schicksal es wollte – waren wir in Korsør wieder zusammen. Im Verlaufe des letzten Semesters gewahrte ich allmählich eine neue Ernsthaftigkeit in Sørens Haltung mir gegenüber. Ich rechnete ziemlich sicher damit, dass er mir morgen Abend einen Heiratsantrag machen würde. Warum fürchtete ich mich davor? In seiner Art, durch seine Ausbildung und seinen Beruf war Søren vor allem eines: Lehrer. Sein ganzes Leben drehte sich um seine Arbeit. Eine Ehe würde bei ihm auch nichts daran ändern, dass er in erster Linie mit seinem Beruf verheiratet war. Da ich ebenfalls im Lehrerberuf stand, sah das mit uns beiden nach einer idealen Liaison aus. Gewiss, wenn ich heiraten und Kinder haben wollte, konnte ich es mir nicht leisten, noch viel länger zu warten!

Und doch … es war eine Endgültigkeit damit verbunden, die mir Furcht einflößte. Warum hatte ich mit dieser inneren Zurückhaltung zu kämpfen? Gab es etwas, was noch fehlte, um unser Leben zu vervollständigen? Im vergangenen Jahr hatte ich mir diese Frage immer und immer wieder gestellt, aber ich vermochte keine Antwort darauf zu finden. Genau genommen hatte ich keine Ahnung, von wo ich überhaupt eine erwarten sollte.

Um sechs Uhr am folgenden Abend hatte ich meine Toilette beendet und verweilte noch einen Augenblick vor dem Spiegel. Mein langes, blondes Haar war in vier Flechten zusammengenommen, die oben ineinander übergingen; so hatte es Søren gern. Das blaue Seidenkleid – Valborg hatte es noch für mich gebügelt – verlieh dem Blau meiner Augen eine zusätzliche Betonung. Blau war sowohl Sørens als auch meine Lieblingsfarbe. Wir hatten so viel Gemeinsames …

Meine Träumerei wurde von einem lauten Klopfen unterbrochen. Eilig legte ich meinen weißen Pelzumhang um und öffnete die Tür. Sørens athletische Erscheinung kam in seinem tadellos zugeschnittenen Smoking voll zur Geltung, sein sorgfältig gepflegtes braunes Haar duftete angenehm nach einem dezenten Haarwasser.

„Unten wartet ein Taxi", sagte er, meine ausgestreckte Hand mit seinen beiden ergreifend.

Im Restaurant führte Søren mich zu einem Tisch für zwei in der entferntesten Ecke. „Ich habe mich schon seit zwei Wochen auf diesen Abend gefreut", sagte er. „Weißt du eigentlich, dass es heute fast genau auf den Tag zwölf Jahre her sind, seit wir das erste Mal zusammen tanzten?"

Der Ober kam, um unsere Bestellung entgegenzunehmen, und unsere Unterhaltung wandte sich den Ereignissen des soeben zu Ende gegangenen Schuljahres zu. Søren war wie immer lebhaft und unterhaltsam, aber ich entdeckte eine kleine Spur von Spannung in seiner Stimme. Schließlich räumte der Kellner den Tisch ab und ließ uns mit unserm Kaffee und Brandy wieder alleine.

Søren nahm einen kurzen Schluck von seinem Kaffee, hob dann seinen Blick und schaute mir voll ins Gesicht. „Lydia", sagte er, „ich habe einen speziellen Grund für meine Einladung zu unserm gemeinsamen Nachtessen heute Abend – und ich kann mir vorstellen, dass du bereits weißt, welches dieser Grund ist." Er hielt inne, während seine grauen Augen in den meinen forschten. „Lydia, willst du mich heiraten?"

Ich fühlte das Blut in meine Wangen steigen und hörte mein Herz so laut pochen, dass ich sicher war, alle Leute im Raum könnten es hören. Auf diesen Augenblick war ich gefasst gewesen, und doch hatte ich keine Antwort bereit. Ich öffnete die Lippen, um ihm zu antworten, und fragte mich dabei selber, was ich ihm wohl entgegnen wollte.

„Ich danke dir, Søren", hörte ich mich sagen. „Das ist das schönste Kompliment, das man mir je gemacht hat. Aber …"

„Was aber?"

„Søren, ich kann mich nicht gerade jetzt entschließen."

„Gibt es einen anderen?"

„Nein, das ist es nicht. Ich kenne niemand, den ich so mag und respektiere wie dich."

Ich rang um eine Erklärung, aber die Worte blieben mir aus. Søren lehnte sich über den Tisch nach vorne und begann wieder zu sprechen. Seine Worte überstürzten sich. Er malte ein Bild von unserer gemeinsamen Zukunft, von den Interessen und Hobbys, die wir teilen würden, sowie von der idealen Ergänzung unserer Karrieren. Endlich hielt er inne und wartete auf meine Antwort.

„Ich weiß, wie viel dir deine Karriere als Lehrer bedeutet, Søren", fing ich an, „und deshalb fühle ich mich geschmeichelt, dass du deine Zukunft mit mir teilen willst. Doch ich fürchte, dass nicht alles so werden wird, wie du es beschreibst."

„Warum nicht, Lydia?"

„Sieh, ich habe mich für die Zukunft noch nicht so festgelegt wie du, Søren. Bevor ich mich in dem Sinne entschließen kann, wie du es möchtest, gibt es etwas, was ich zuerst erledigt haben möchte."

„Und das wäre?"

„Ich weiß, es muss sich töricht anhören …" Ich suchte immer noch nach Worten. „Aber ich frage mich andauernd, ob zum Leben nicht mehr gehört als nur eine Karriere und eine Wohnung, eine schöne Einrichtung und zum Schluss noch eine gesicherte Pension. Ich weiß es nicht. Doch als mein Vater vor zwei Jahren starb, musste ich mich einfach fragen: Ist das wirklich das Ende – oder gibt es noch mehr als das?"

„Du meinst, in religiöser Hinsicht?"

„Vielleicht – obwohl mir das Wort *Religion* nicht gefällt."

Armer Søren! Ich konnte sehen, dass er ebenso durcheinander war wie ich. Er nahm mehrmals einen schnellen Schluck aus seiner Kaffeetasse.

„Verzeih mir, dass ich dir eine solche törichte Antwort gegeben habe", fuhr ich endlich fort. „Ich komme mir wie jemand vor, der versucht, den Weg zu einem bestimmten Ort zu beschreiben, den er selber nicht kennt."

Wir saßen beide einen Moment schweigend da, während ich mich bemühte, eine Möglichkeit zu finden, um die Spannung zu mindern. Schließlich streckte ich meine Hand über den Tisch und nahm die seinige.

„Hättest du etwas dagegen, wenn wir jetzt zum Ball gehen? Und ich will versuchen, es dir später besser zu erklären."

Als der Ball zu Ende war, begleitete Søren mich zurück zu meiner Wohnung, wo ich ihn noch zu einer letzten Tasse Kaffee einlud. Er war es, der zu unserm Gesprächsthema im Restaurant zurückkehrte.

„Lydia, wenn du wünschst, dass ich mit dir zur Kirche gehe", sagte er, „dann bin ich bereit, das zu tun."

„Nein, Søren", erwiderte ich, „das würde ich nicht von dir verlangen. Ich bin mein ganzes Leben lang ein guter Lutheraner gewesen, aber das hat mir keine Antwort auf meine Fragen gegeben. Mein erstes Jahr hier in Korsør bin ich jeden Sonntag zur Kirche gegangen, aber jedes Mal kam ich heraus und fühlte mich verwirrter und frustrierter, als ich hineingegangen war. Schließlich habe ich es aufgegeben."

„Ja, aber warum willst du denn nicht mal versuchen, in die Evangelische Mission unten beim Hafen zu gehen", sagte Søren zu mir. „Ich bin sicher, unsere verehrte Bibliothekarin, Fräulein Sonderby, würde sich freuen, dich dorthin mitzunehmen."

Für einen Moment stellte ich mir Kristine Sonderby vor, wie ich sie oft auf ihrem Wege zu dieser Gemeinde gesehen hatte. Ein formloser, schwarzer Filzhut überschattete eine graue Ponyfrisur und eine dicke, schwarz umrandete Brille. Aus der Seitentasche ihrer sperrigen schwarzen Lederhandtasche lugten eine Bibel und ein Gesangbuch hervor – beides in Schwarz gebunden, wie auch vom Hut bis hinunter zu ihren hochge-schnürten Schuhen das vorherrschende Motiv Schwarz war. Das „Heil", wie Kristine Sonderby es nannte, musste gewiss eine melancholische Angelegenheit sein und sein Nutzen – worin auch immer er bestehen mochte – in irgendeinem zukünftigen Leben liegen. Nein, das war es nicht, wonach ich suchte!

Ein paar Minuten später verabschiedete sich Søren. Unter der Türe hielt er mich einen Moment in den Armen. Dann wandte er sich ab und ging ohne ein weiteres Wort die Treppe hinunter. Nachdem er gegangen war, versuchte ich, nicht mehr daran zu denken, was sich zwischen uns abgespielt hatte, doch der schwache Duft seiner Haare blieb wie eine Erinnerung in der Wohnung zurück. Wie real und warm hatte er sich angefühlt, als er mich in seinen Armen hielt! Im Vergleich dazu erschien mein Suchen nach dem unbekannten „Etwas", das zu einer echten Lebenserfüllung noch gehören mochte, schattenhaft und verschwommen.

Gegen zehn Uhr am nächsten Morgen saß ich in einem Erste-Klasse-Abteil in dem Zuge, der nordwärts der Stadt Brønderslev entgegeneilte. Dort war ich geboren worden, und dort lebte auch meine Mutter noch. Ich hatte die Nacht nicht gut geschlafen und in meinem Kopfe hämmerte es.

Die Reise dauerte sechs Stunden. Das gab mir genug Zeit zum Nach-denken – mehr als mir lieb war. Immer wieder kehrten meine Gedanken zum Gespräch mit Søren am Vorabend zurück. Ich konnte mir mein eigenes Verhalten auch jetzt noch nicht erklären.

Eine innere Stimme tadelte mich: „Du hast deine Chance fürs Glück weggeworfen! Du hättest eine Ehe und ein Heim und Geborgenheit haben können. Jetzt hast du das alles verloren!" Ich wandte meinen Blick zum Fenster hinaus in dem Versuch, meine Aufmerksamkeit auf die vorbeihuschende Landschaft zu konzentrieren, aber die Stimme fuhr fort: „Und was hast du an die Stelle der Ehe zu setzen? Nichts! Du wirst schließlich auch so eine typische Lehrerinnen-Jungfer werden wie Fräulein Sonderby!"

Immer und immer wieder ging ich in Gedanken das Gespräch mit Søren durch. Indem ich mich an jedes Wort erinnerte, das ich zu ihm gesagt hatte, quälte mich die vorwurfsvolle Stimme: „Warum hast du das gesagt? So hast du es eigentlich nicht gemeint. Du wusstest ja nicht einmal, was du sagtest."

Nach einer Weile schien das rhythmische Rattern des Zuges die Frage wie einen Refrain aufzunehmen: *Warum hast du das gesagt? Warum hast du das gesagt? Warum hast du das gesagt?* Ich begann zu rauchen, fand aber auch nicht die Erleichterung, die ich brauchte. Ich stand auf und fing an, im Korridor des Zuges auf und ab zu gehen. Doch immer noch verfolgten mich die Räder unnachgiebig: *Warum hast du das gesagt?*

Nur mit großer Anstrengung gelang es mir, meine Gedanken von Søren wegzulenken und an die bevorstehende Familienbegegnung in Brønderslev zu denken. Mein Vater war ein erfolgreicher Bauunternehmer gewesen und hatte bei der Entwicklung der Stadt eine bedeutende Rolle gespielt. Als er vor zwei Jahren starb, zog meine Mutter in ein großes Haus um, das die Leute „die Burg" nannten und das von meinem Vater im Zentrum der Stadt, unweit vom Bahnhof, gebaut worden war. Hier bewohnte meine Mutter ein komfortables Appartement in der zweiten Etage.

Es gehörte zur Familientradition, dass wir uns Weihnachten alle zu Hause versammelten. Meine älteste Schwester, Kezia, würde mit ihrem Mann Knud und vier Kindern von der Insel Fünen herbeireisen. Meine zweite Schwester, Ingrid, war mit einem Offizier der dänischen Armee verheiratet und wohnte auf einem großen Anwesen, achtzig Kilometer von Brønderslev entfernt. Sie hatten keine Kinder. Ich war das Nesthäkchen der Familie und die Einzige, die noch unverheiratet geblieben war.

Bei der Ankunft in Brønderslev machte ich unter den Leuten schnell eine große, schlanke Gestalt mit gestärkter weißer Haube aus, die mich auf dem Bahnsteig erwartete – Mutters Dienstmädchen Anna. „Willkommen zu Hause, Fräulein Lydia!", sagte sie und nahm mir den Koffer ab. „Ihre

Mutter hat schon die Stunden bis zu Ihrer Ankunft gezählt." Mit ihren langen Schritten führte mich Anna den Weg über den Hauptplatz zur „Burg". Mutter erwartete mich in der Diele. „Willkommen daheim, mein kleines Mädchen!", sagte sie und nahm mich in ihre Arme. Für sie war ich stets das kleine Mädchen geblieben, auch jetzt noch in meinen Dreißigerjahren.

Seit Vaters Tod hatte Mutter die traditionelle schwarze Witwenkleidung beibehalten, doch ihr langes, mit weißem Kragen und weißen Manschetten besetztes Seidenkleid war nicht ohne Eleganz. Ihr einst blondes Haar hatte eine aschfarbene Tönung angenommen, was ihr eine zusätzliche Würde verlieh.

Mutter und ich nahmen das Nachtessen alleine ein. Sie wollte immer gern von meiner Tätigkeit in der Schule hören und freute sich über jede Beförderung in meiner Laufbahn. Bald kamen auch meine Schwestern mit ihren Familien an. Wie gewöhnlich, lautete ihre erste Frage: „Hat dir immer noch niemand einen Heiratsantrag gemacht?" Ich brachte es nicht fertig, ihnen von Søren zu erzählen.

Am folgenden Tag war Heiligabend, an dem sich in Dänemark ein wesentlicher Teil der Festlichkeiten abspielt. Am Nachmittag fand ein kürzerer Gottesdienst in der Kirche statt. Mutter war ein „guter Lutheraner", und es gab zwei Anlässe jedes Jahr, zu denen sie zur Kirche ging: Heiligabend und Ostern.

Auf unserm Weg zum Gottesdienst begann Mutter mir von ihrem neuen Pfarrer zu erzählen. „Er ist ein so netter Mann", sagte sie, „jeder hat ihn gern!"

„Damit willst du sagen, Mutter, dass er schön kurze Predigten hält!"

„Nun ja, das stimmt. Ich habe lange Predigten nie gemocht. Übrigens, er spielt Karten. Er kommt jeden Dienstag zu mir, und wir spielen eine Partie zusammen."

An jenem Nachmittag machte der Pfarrer seinem Ruf alle Ehre. Die Predigt begann um 3 Uhr, und um 3.45 Uhr waren wir wieder draußen auf der Straße. Mit dem guten Gefühl, unserer Pflicht Genüge getan zu haben, begaben wir uns heimwärts. Dort erwartete uns die eigentliche Weihnachtsfeier – der Weihnachtsbaum, die Geschenke, eine Menge guter Sachen zu essen und zu trinken.

Gegen sechs Uhr traten wir alle an den langen Tisch im Esszimmer. Schon mit meinen frühesten Kindheitserinnerungen sind diese traditionellen Weihnachtsfestlichkeiten verwoben. Für einen kurzen Augenblick sah ich vor meinem geistigen Auge wieder meinen Vater, wie er oben am Tische zu sitzen pflegte, mit seiner im Kerzenlichte funkelnden, schweren, goldenen Uhrkette quer über seiner Weste. Jetzt nahm der ältere Schwiegersohn Knud seinen Platz ein.

Jede Phase unseres Festes wurde von einem feststehenden Protokoll bestimmt. Wenn alle ihren Platz eingenommen hatten, öffnete Anna – in der blauen „Uniform", die sie für besondere Anlässe aufsparte – die in das Wohnzimmer führende Doppeltür. Dort in der Mitte am Boden stand der Weihnachtsbaum. Brennende Kerzen auf jedem Zweig warfen ihren Schein auf eine Fülle prachtvoll eingewickelter Geschenke, die sich unter dem Baum häuften. An den Zweigen hingen kleine Papierkörbe mit Kandiszucker, Schokolade und Marzipan. Die Kinder stießen verhaltene Bewunderungsrufe aus, während ihre Augen jede Einzelheit des Anblicks zu erforschen suchten.

Als Nächstes entzündete Anna die hohen, roten Kerzen in der Mitte des Tisches. Dann ging sie in die Küche zurück, wobei sie das elektrische Licht auslöschte. Während wir auf ihre Rückkehr warteten, ließ ich meine Augen über die ganze Länge des Tisches gleiten. Mit Ausnahme einer leeren Stelle bei Knud war beinahe jeder Zentimeter mit irgendwelchen Leckerbissen bedeckt. Neben den gewöhnlichen gekochten Kartoffeln gab es zwei Schüsseln mit „Karamell-Kartoffeln", drei Saucenschüsseln, zwei große Schalen mit roter Götterspeise, zwei Schüsseln Rotkohl, eine kleine Reihe von Marzipanschweinchen und eine große Auswahl von Eingelegtem, wie Gurken und so weiter. In der Mitte thronte eine Silberschale, vollgehäuft mit Äpfeln, Orangen, Nüssen, hellen und dunklen Weintrauben. Nach einigen Minuten kehrte Anna mit einer großen, ovalen Servierplatte aus Königsporzellan zurück und stellte sie vor Knud hin. Darauf lag eine fantastische gebratene Gans, die Beine mit Papierfransen verziert, die Brust mit drei kleinen, rot-weißen dänischen Fähnchen. Während Knud die Gans zu zerlegen begann, entkorkte Ingrids Mann eine Flasche Burgunder.

Der Nachtisch bestand aus dem traditionellen „Reisporridge", in dem irgendwo eine Mandel verborgen war. Wer sie in seiner Portion fand, bekam ein besonderes, auf der Spitze des Reisberges zur Schau gestelltes Geschenk. Jedermann durchforschte natürlich mit Eifer seinen Anteil, und schließlich war es Ingrid, die die begehrte Mandel bei sich entdeckte, begleitet von den enttäuschten Seufzern der Kinder.

Als die imposante Mahlzeit abgeschlossen war, gingen wir alle ins Wohnzimmer hinüber. Ingrids Mann setzte sich ans Klavier, und wir übrigen reichten uns die Hände und bildeten einen weiten Kreis um den Weihnachtsbaum. Dann begannen wir die traditionellen dänischen Weihnachtslieder zu singen und bewegten uns dazu im Reigen um den Baum herum, vor dem wir uns nach jeder Strophe verneigten.

Unter all den wohlvertrauten Liedern war eines, das in mir immer eine tiefere Saite anschlug als die übrigen:

> Dir, meinem Heiland und Erlöser, alle Ehre!
> Eine Dornenkrone hat dir die Welt bestimmt;
> Aber, Herr, du siehst, ich möchte
> Eine Rosenkrone um dein Kreuze winden –
> Lass mich Mut und Gnade dazu finden!

Als wir diese Worte zu singen begannen, spürte ich plötzlich, wie sich meine Augen mit Tränen füllten. Schnell senkte ich den Kopf, um es die andern nicht merken zu lassen. Was war los mit mir? Für einen Augenblick sah ich mich ins Restaurant zurückversetzt, wie ich Søren gegenübersaß und mich bemühte, mein Suchen nach dem unbekannten Etwas für eine tiefere Lebenserfüllung zu erklären. Als ich wieder aufblickte, kamen mir die Menschen seltsam entfernt vor. Sie standen mir am nächsten und waren mir am liebsten, und doch schien ich irgendwie in die Rolle eines distanzierten Zuschauers versetzt zu sein, der in dem, was er beobachtete, keinen eigentlichen Sinn mehr erkennen konnte.

Sobald das Singen aufhörte, begannen alle Erwachsenen zu rauchen, die Männer ihre ausgewachsenen Zigarren, Mutter, meine Schwestern und ich unsere kleinen Zigarillos. Für eine Dame war es damals nicht schicklich, so etwas Unfeines wie bloß eine Zigarette zu rauchen!

Mit dem Auspacken der Geschenke gelangte der Abend zu einem Höhepunkt. Kezias ältester Sohn wurde die Aufgabe übertragen, die Geschenke unter dem Baum hervorzunehmen und die Namen darauf vorzulesen. Jedes Geschenk musste erst geöffnet und zur Besichtigung durch die Runde gereicht werden, ehe der nächste Name ausgerufen wurde. Und da es fünfzig oder sechzig Päckchen gab, wurde es fast Mitternacht, bis das letzte ausgepackt war. Die zwei jüngsten Kinder lagen inzwischen fest schlafend am Boden.

Am nächsten Nachmittag befand ich mich mit Mutter alleine im Wohnzimmer. Sie saß in ihrem Lieblingsstuhl – einem Schaukelstuhl – und strickte an einem Pullover für eines von Kezias Kindern.

„Verrate mir einmal, Lydia", sagte sie, „wann wirst du dich verheiraten und eine Familie gründen?" Der Schaukelstuhl blieb im Gleichtakt mit dem rhythmischen Klappern der Stricknadeln in ihrer Hand. „Du weißt, ich werde nicht jünger, und ich möchte dich gerne noch mit einem Mann verheiratet und mit einem eigenen Heim sehen."

„Ich habe doch ein eigenes Heim, Mutter – und ein schönes dazu! Was das Heiraten betrifft, gibt es noch etwas, worüber ich mir erst Klarheit verschaffen möchte."

„Und das wäre?", forschte sie – so wie es Søren getan hatte.

„Ich bin nicht sicher. Aber es hat etwas zu tun mit – nun, mit Gott."

Seltsam, wie es einem schwerfiel, dieses Wort auszusprechen! „Ich möchte selber herausfinden, ob Gott Wirklichkeit ist – ob es für das Leben einen anderen Sinn gibt als nur Karrieremachen und Geldverdienen."

„Hm … du sprichst genauso wie dein Vater in den letzten ein, zwei Jahren!", rief Mutter aus. „Er fing sogar an, irgendwelche Versammlungen in einem Bauernhaus außerhalb der Stadt zu besuchen."

„Bei einem Bauern?" Es war schwierig, sich Vater mit seinem Gehrock, seiner Weste und seiner nadelgestreiften Hose in der Stube eines Bauern sitzend vorzustellen.

„Tatsächlich. Durchaus nicht die Art von Leuten, an die er gewöhnt war. Ich habe ihnen schließlich einmal etwas Geld geschickt, weil ich nicht wollte, dass Vater dort hinging und ihren Kaffee umsonst trank!"

„Was hat Vater noch gesagt?"

„Nun, ich erinnere mich, wie er eines Tages meinte, dass man den Herzensfrieden nicht mit Geld kaufen kann … Das war einige Wochen vor seinem Herzanfall. Du weißt ja, wie plötzlich er starb."

Im Nu war die Erinnerung wieder da – das Telegramm, die marternde Eisenbahnfahrt, das Zimmer mit dem aufgebahrten Leichnam Vaters. Ich dachte zurück an den ersten schweren Schock und wie seltsamerweise der Kummer allmählich einem Gefühl des Friedens wich, das so wirklich war, wie wenn jemand bei mir im Zimmer gewesen wäre. Ich erinnerte mich auch an Vaters Gesichtsausdruck, wie er dalag. Er drückte eine Ruhe aus, wie ich sie an ihm bei seinen Lebzeiten nie wahrgenommen hatte. Er musste in jenen letzten Wochen seines Lebens bestimmt etwas gefunden haben. Aber was?

„Was sollte es noch mehr im Leben geben, was du nicht schon hast, Lydia?", unterbrach Mutters Stimme meine Erinnerungen. „Du hast eine gute Karriere gemacht, und ich weiß, dass alle in der Schule große Stücke auf dich halten. Ich bin sicher, dass dir nur eins fehlt: ein Heim und eigene Kinder."

„Mag sein, Mutter, aber …" Wie konnte ich nur diese innere Ruhelosigkeit beschreiben? Sie war einfach eine Tatsache, und doch besaß ich keine Erklärung dafür.

Schließlich stieß ich hervor: „Wenn es etwas Besonderes im Leben gäbe, was keine andere Frau tun würde – auch wenn es schwierig oder gefährlich wäre –, das ist es, was ich gerne tun wollte!"

Ich konnte in Mutters Gesicht den gleichen verblüfften Ausdruck erkennen, den ich vor einigen Tagen bei Søren gesehen hatte. Gerade bei denen, die ich am meisten liebte, schien ich mich am ungeschicktesten auszudrücken. War es nicht dumm von mir, etwas zu suchen, was ich nicht mit Worten erklären konnte – nicht einmal mir selbst?

Die Begegnung

Ich kam am Montag, am 3. Januar 1927, wieder in Korsør an. Der Schulunterricht würde erst in einer Woche aufgenommen werden. Ich ließ Valborg wissen, dass sie vor Samstag nicht zur Arbeit zu erscheinen brauchte. Die nächsten Tage wollte ich ganz alleine für mich verbringen.

Am nächsten Morgen begab ich mich auf einen langen Spaziergang am Großen Belt. Ein kalter, stürmischer Wind peitschte mir den Gischt ins Gesicht, aber ich wickelte mir den Schal enger um den Hals, neigte den Kopf vor und stemmte meinen Körper gegen den Wind. Gegen den Druck der Elemente anzugehen half mir, in meinem Inneren ein Gefühl von Entschlossenheit aufzubauen. Was immer es auch sein würde, dem ich gegenüberzutreten hätte – jetzt wollte ich mich von nichts mehr abhalten lassen, die Antwort auf mein Suchen zu finden. Als ich gegen Mittag nach Hause zurückkehrte, verspürte ich keine Lust zum Essen. Ich braute mir eine Tasse Kaffee und rauchte. Dann ging ich ins Wohnzimmer und überflog die Bücherreihen an der Wand. Ich las die Namen der Autoren: Kierkegaard, Oenslaeger, Ibsen, Shakespeare, Dickens, Tolstoi, Plato. Ich hatte sie gelesen, sie zitiert, über sie unterrichtet – aber sie hatten jetzt keine Antwort für mich. Ganz rechts auf dem obersten Brett sah ich ein einfaches, schwarz gebundenes Buch.

Am Lehrerseminar hatte die Bibel zum obligatorischen Kurs über Religion und Kirchengeschichte gehört. Ich hatte nur gerade so viel darin gelesen, um das Examen bestehen zu können, aber weiter als das war meine Lektüre in diesem Buche nicht gegangen. Könnte die Bibel vielleicht etwas enthalten, was ich bei meinem eifrigen Lesen in den andern Büchern nicht gefunden hatte? Einen Moment lang zögerte ich, dann langte ich hinauf und holte sie herunter.

Da saß ich an meinem Lieblingsplatz, hielt die Bibel einige Augenblicke ungeöffnet in den Händen und fragte mich, wo ich beginnen sollte. Am vernünftigsten schien mir, mit dem Neuen Testament anzufangen. Ich fand das erste Kapitel vom Matthäusevangelium, überflog den Stammbaum Christi und las dann den Bericht über seine Geburt und Kindheit. Die Schlichtheit der Matthäus-Schilderung hob sich in scharfem Kontrast von der Weihnachtsfestlichkeit ab, an der ich gerade teilgenommen hatte.

Ich las die Beschreibung der Taufe und der Versuchung Jesu und die ersten Vorkommnisse seines öffentlichen Wirkens. Gewiss, hier war eine ethische Schönheit, die von keinem andern Buch, das ich gelesen hatte, übertroffen wurde, aber ich sah nicht, wie mir das in meiner gegenwärtigen Situation helfen konnte. Als ich zur Bergpredigt – mit ihrer Seligpreisung am Anfang – kam, verlangsamte ich das Lesen, hielt bei jeder Seligpreisung inne und fragte mich, ob sie auf mich anwendbar sei. Bei der vierten Seligpreisung stockte mir der Atem: „Selig sind, die da hungert und dürstet nach der Gerechtigkeit; denn sie sollen satt werden" (Matthäus 5,6). *Hunger und Durst* … Sollte das etwa das gleiche Verlangen sein, das ich in mir verspürte – das Verlangen nach etwas, was ich nicht mit Worten ausdrücken konnte? Durfte ich es wagen, diese Worte auf mich zu beziehen?

Bei Vers 10 verweilte ich wiederum: „Selig sind, die um Gerechtigkeit willen verfolgt werden …" Darin konnte ich keinen Sinn erkennen. Warum sollte jemand wegen seines Trachtens nach Gerechtigkeit verfolgt werden?

Und wie ich so fortfuhr, langsam die Kapitel 5 und 6 durchzulesen, glich ich einem, der sich müht, seinen Weg durch einen dichten Wald zu finden. Vor lauter ineinander verflochtenen Zweigen war der Weg kaum zu erkennen; aber ein hier und dort durchbrechender Sonnenstrahl verlieh mir vorübergehend Mut. Bei Kapitel 7 angelangt, schien es mir, ich sei auf eine Lichtung gestoßen, wo die vollen Sonnenstrahlen ungehindert auf mich herabströmten: „Bittet, so wird euch gegeben; suchet, so werdet ihr finden; klopfet an, so wird euch aufgetan. Denn wer da bittet, der empfängt …" (Matthäus 7,7f.).

Bittet … suchet … klopfet an … Das konnte ich sicher auch tun. Ich las weiter, und wieder schien das Licht hell und klar: „Gehet ein durch die enge Pforte … und die Pforte ist eng, und der Weg ist schmal, der zum Leben führt, und wenige sind ihrer, die ihn finden" (Matthäus 7,13–14).

Irgendwo vor mir auf dem Wege, den ich verfolgte, gab es eine *Pforte*. Und jenseits von ihr gab es einen *Weg*, der zum Frieden und zur Erfüllung führt. Ehe ich den *Weg* gegen konnte, musste ich erst die *Pforte* finden und durchschreiten!

Ich warf einen Blick auf die Uhr an der Wand über dem Flügel. Es war schon fast vier Uhr nachmittags! Mehr als drei Stunden waren verstrichen, seit ich zu lesen angefangen hatte. Draußen kündigte sich bereits die Dunkelheit an. Ich machte Licht und zog die schweren Brokatvorhänge zu. Ich wollte mich mit meinen Gedanken einschließen. Ich begann im Zimmer auf und ab zu gehen, während ich über die Worte nachdachte, die ich gelesen hatte. *Bittet ... suchet ... klopfet an ...* Gesucht hatte ich ganz bestimmt, viele Monate lang. Aber hatte ich *gebeten*? Wen sollte ich bitten? Sprach Christus hier vom Gebet?

In meiner Kindheit war ich angehalten worden, jeden Abend vorm Einschlafen das Vaterunser zu beten. Im Alter von zwölf Jahren war eine monotone Routine daraus geworden. Ich erinnere mich, wie ich eines Abends das Vaterunser tatsächlich zehnmal hintereinander gebetet hatte, um für die nächsten neun Abende von der Last des Gebets befreit zu sein. Daneben hatte ich an den üblichen liturgischen Gebeten teilgenommen, als ich noch zur Kirche gegangen war. Doch die Vorstellung, persönlich und direkt zu Gott zu beten, Worte auszusprechen, die nicht im Gebetsbuch standen, das war mir völlig unbekannt und erschreckte mich. Aber ich kam einfach nicht von Christi Worten los: „Bittet, so wird euch gegeben ..." Wenn Christus mich bitten hieß, dann konnte ich sicher nichts empfangen, ohne vorher darum gebetet zu haben.

Ich stand vor dem Sessel, in dem ich vorher gesessen hatte, stille. Sollte ich knien? Einen Augenblick widerstrebte ich. Doch dann kniete ich mich auf den Boden nieder und neigte mich über den Sitz, die Ellbogen auf das weiche Polster gestützt. Im Stillen begann ich: „O Gott ..." Aber irgendwie schien das nicht das Richtige zu sein.

Musste man laut beten? Der Gedanke daran, meine eigene Stimme zu hören, wollte mir Angst machen. „O Gott ..." Jetzt hatte ich es laut gesagt. Der Klang einer Stimme im leeren Raum tat fast weh. Wieder sagte ich: „O Gott ..." Dann ein drittes Mal: „O Gott ... ich verstehe nicht ... ich verstehe nicht ..., wer Gott ist, wer Jesus ist, wer der Heilige Geist ist ... Aber wenn du mir Jesus als eine lebendige Realität zeigst, dann will ich ihm nachfolgen!"

Und jetzt und hier, in diesem vertrauten Zimmer, mit dem Ticken der Uhr in meinen Ohren, geschah etwas, auf das ich bei all meiner Herkunft und Erziehung vollkommen unvorbereitet war. Mein Verstand weigerte sich einfach anzuerkennen, was meine Augen sahen. Ich schaute nicht mehr länger auf die Sessellehne. An ihrer Stelle stand eine Gestalt über mir. Ein langes, weißes Gewand bedeckte ihre Füße. Langsam hob ich meine Augen nach oben. Über meinem Haupte sah ich zwei wie zum Segnen ausgestreckte Arme. Ich blickte noch weiter nach oben, und nun sah ich das Gesicht dessen, der vor mir stand. Mein ganzer Körper begann zu zittern. Unwillkürlich formte ich mit den Lippen ein Wort: „Jesus!" Doch indem ich es aussprach, war sie verschwunden. Ich fand mich wieder auf den Sessel blickend. Auf dem grünen Samtsitz konnte ich die zwei Vertiefungen sehen, die die Ellbogen gebildet hatten. Hatte da wirklich vor ein paar Augenblicken eine Person direkt vor mir gestanden? Oder war ich das Opfer irgendeiner flüchtigen, unglaubwürdigen Halluzination geworden?

Ich hob den Kopf und schaute langsam im Zimmer umher. Äußerlich hatte sich nichts verändert. Doch es war etwas im Raume, was vor einer Minute noch nicht da gewesen war. Ich musste an den Augenblick denken, als ich in das Zimmer gekommen war, in dem Vaters Leichnam gelegen hatte. Dieselbe Gegenwart, die ich damals empfunden hatte, umgab mich jetzt in meinem Zimmer. Es war geradezu davon erfüllt. Und sie war nicht nur um mich umher, in mir war ein tiefer, ungetrübter, überströmender Friede. Die Erkenntnis überflutete mich förmlich: Gott hatte tatsächlich mein Gebet erhört! Er hatte genau das getan, worum ich gebetet hatte. Er hatte mir Jesus gezeigt. Ich hatte sein Gewand gesehen und seine ausgestreckten Hände. Für einen unbeschreiblichen Augenblick lang hatte ich in sein Angesicht geschaut. Ich begann diese eine Tatsache zu erfassen: Christus lebt – eine herrliche, wunderbare Tatsache! Die ganze Summe menschlichen Wissens verblasst zur Unbedeutsamkeit gegenüber dieser einen Tatsache.

Plötzlich war das Beten keine Anstrengung mehr. Ich konnte die Dankworte nicht mehr zurückhalten. „Oh, ich danke dir!", rief ich. „Ich danke dir!"

Wie Wogen flutete der Friede durch mein Inneres. Es schien nicht genug Raum für ihn da zu sein. Ich stand auf und begann auf und ab zu gehen. Alle paar Minuten wurde ich aufs Neue von dem überwältigt, was geschehen war. „Ich danke dir!", rief ich immer wieder aus.

Ich setzte mich an den Flügel, auf der Suche nach einer Möglichkeit, meinen Gefühlen Ausdruck zu geben. Mir kam das Lied in den Sinn, das mir zu Weihnachten Tränen in die Augen gelockt hatte. Ich schlug die Melodie auf den Tasten an. Dann fing ich an, laut die Worte zu meiner eigenen Begleitung zu singen:

Dir, meinem Heiland und Erlöser, alle Ehre!
Eine Dornenkrone hat dir die Welt bestimmt;
Aber, Herr, du siehst, ich möchte
Eine Rosenkrone um dein Kreuze winden –
Lass mich Mut und Gnade dazu finden!

Immer wieder sang ich diese Worte. Mit jedem Mal wurde meine Stimme klarer und kräftiger. Ein Strom von Frieden floss über meine Lippen mit den Worten, die ich sang.

Ich vergaß die Zeit. Abwechselnd kniete ich betend am Sessel und saß am Flügel und sang. Als ich gelegentlich auf die Uhr blickte, zeigte sie zehn. Sechs Stunden schienen mir wie sechs Minuten vergangen zu sein.

Schließlich machte ich mich für die Nacht fertig und ging ins Bett. In der Dunkelheit lag ich da, immer noch meine Dankesworte wiederholend: „O Gott, ich danke dir! Ich danke dir!" Gegen Mitternacht fiel ich sanft in einen traumlosen Schlaf. Früh am nächsten Morgen wickelte ich mich warm ein und unternahm einen weiteren langen Spaziergang am Großen Belt. „Wie seltsam!", sagte ich zu mir selbst. „Alles sieht so frisch und sauber aus … warum habe ich das gestern nicht bemerkt?" Über Nacht waren all die vertrauten Gegenstände viel schöner geworden. Die weißen Schaumkappen, hie und da vom Sonnenlicht wie mit einem Scheinwerfer angeblitzt; die über mir kreisenden Möwen mit ihrem schrillen Kreischen; die sich im frischen Winde wiegenden, zähen Grashalme auf den Dünen – sie alle legten Zeugnis ab von der Größe ihres Schöpfers.

Zurück in meiner Wohnung, fuhr ich mit dem Lesen des Matthäusevangeliums fort, wo ich am Abend zuvor aufgehört hatte. Der Unterschied war sogar noch aufregender als am Großen Belt. Jetzt glich es nicht mehr dem mühsamen Aufspüren des Weges im Dickicht eines Waldes. Ich war ins volle, helle Sonnenlicht getreten. Ich fühlte mich wie ein tatsächlich Beteiligter in all den Szenen, die sich beim Lesen vor mir auftaten. In ihnen allen war die Person Jesu selbst der Mittelpunkt – nicht bloß eine geschichtliche Gestalt, sondern eine lebendige, gegenwärtige Realität.

Zum Mittag bereitete ich mir einen kleinen Imbiss, schob dann das Geschirr auf die Seite und legte die offene Bibel vor mir auf den Tisch hin. Daneben stellte ich meine Tasse Kaffee und begann zu rauchen. Nach einer Weile wurde mir bewusst, wie der Rauch über die offenen Seiten der

Bibel hinwegschwebte. Ist es richtig, so fragte ich mich, dass der Rauch wie eine Wolke zwischen mir und der Bibel liegt? Er kam mir wie ein Schleier vor, der meinen Blick auf Jesus verdunkeln wollte.

Ich begann mir über die Rolle, die das Rauchen in meinem Leben gespielt hatte, Gedanken zu machen. Seit dem Seminar rauchte ich regelmäßig. Jeden Morgen weckte mich Valborg mit einer Tasse Kaffee und einem Zigarillo. Jede Mahlzeit wurde mit der gleichen Kombination abgerundet. Wenn ich innerlich unter Druck geriet oder mit Schwierigkeiten zu tun hatte, reagierte ich stets in der gleichen Weise – ich griff nach einem Zigarillo. Hatte Valborg einmal vergessen, meinen Vorrat zu ergänzen, ließ ich sie ihre Arbeit, egal welche, unterbrechen und im Laden ein Päckchen holen, nicht ohne sie wegen ihrer Unaufmerksamkeit zu tadeln.

Ich blickte auf das Zigarillo nieder, das glimmend vor mir im Aschenbecher lag. War es meine Einbildung? Oder wohnte ihm eine böse Macht inne, die mich gefangen halten wollte? Wie ein Vogel, fasziniert von den Augen einer Schlange, fühlte ich mich. Eines wusste ich sicher: Mit keiner noch so großen Willensanstrengung würde es mir gelingen, der Anziehungskraft dieses Zigarillos zu widerstehen.

Fast von selber formten meine Lippen ein Gebet: „Gott, du weißt, von mir aus kann ich das Ding da nicht aufgeben. Aber wenn du es mir wegnehmen willst, bin ich dazu bereit."

Irgendwo unter dem Zwerchfell hatte ich das Gefühl einer Befreiung – wie wenn ein Knoten aufgelöst wird. Es äußerte sich in einem langen, tiefen Seufzer, der über meine Lippen kam. Einige Minuten lang saß ich wie erschlafft da, mein Körper schien von aller Kraft entleert zu sein. Dann nahm ich das immer noch glimmende Zigarillo und drückte es in den Aschenbecher, bis es zerbrach und unter meinen Fingern zerbröckelte. Als meine Beine ihre Kraft wiedergewonnen hatten, trug ich den Aschenbecher in die Küche und leerte den Inhalt in den Mülleimer. Auf dem Küchenschrank entdeckte ich ein noch nicht angebrochenes Päckchen Zigarillos und ließ es ebenfalls im Mülleimer landen. Als Nächstes ging ich ins Schlafzimmer, holte ein weiteres Päckchen aus meiner Handtasche und entledigte mich seiner auf die gleiche Weise. Endlich kehrte ich ins Esszimmer zurück und nahm mein Bibelstudium wieder auf. Erst am Ende des Tages ging mir auf, dass ein Wunder geschehen war. Zehn Stunden waren verstrichen, ohne dass ich ein einziges Mal nach einem Zigarillo greifen wollte. Ich hatte nicht einmal daran gedacht. Mir war jedes Verlangen danach genommen. Ich konnte es ohne tun.

Die folgenden beiden Tage brauste ein heftiger Wintersturm über Korsør hinweg. Aber das Toben der Elemente draußen verstärkte nur den Frieden, der meine Wohnung erfüllte. Die meiste Zeit verbrachte ich mit Bibellesen. Freitagabend war ich bis zum Johannesevangelium gekommen. Die ersten Worte von Kapitel 1 fesselten meine Aufmerksamkeit so sehr, wie es bisher noch keine anderen Worte getan hatten. Ich las sie immer wieder: „Im Anfang war das Wort, und das Wort war bei Gott, und Gott war das Wort …

In ihm war das Leben, und das Leben war das Licht der Menschen …

Und das Wort ward Fleisch und wohnte unter uns, und wir sahen seine Herrlichkeit, eine Herrlichkeit als des eingeborenen Sohnes vom Vater …"

In ihrem Zusammenblenden von Erhabenheit und Schlichtheit übertrafen diese Verse alle je von mir studierte Literatur.

Wenn ich vom Lesen müde war, setzte ich mich an den Flügel, spielte und sang Lieder, die ich als Mädchen in der Kirche gelernt hatte. Worte und Melodien, die ich seit Jahren nicht mehr vernommen hatte, kehrten ungesucht in mein Gedächtnis zurück.

Von Zeit zu Zeit wollte mich die Merkwürdigkeit von dem allem überwältigen, und ich fragte mich: „Bilde ich mir dies alles nur ein oder erlebe ich es tatsächlich?" Jedes Mal beantwortete ich meine eigenen Fragen mit zwei Tatsachen, die so unbestreitbar waren, dass ich sie nicht leugnen konnte. Die erste war der bleibende Friede, der mich durchdrang und die ganze Wohnung. Die zweite war meine buchstäblich wunderbare Befreiung vom Rauchen. Ich wusste ohne den geringsten Zweifel, dass ich das mit keiner Willensanstrengung oder Vorstellungskraft hätte erreichen können.

Am Samstag brachte mir Valborg meinen Morgenkaffee ans Bett.

„Guten Morgen, Fräulein Lydia", sagte sie. „Hier ist Ihr Kaffee. Ich habe überall Ihre Zigarillos gesucht, aber keine gefunden."

„Ich habe sie weggeworfen", entgegnete ich, „ich habe mit Rauchen aufgehört."

„Sie haben aufgehört zu rauchen? Aber warum denn? Sind Sie krank gewesen?"

„Ich habe mich nie in meinem ganzen Leben besser gefühlt! Aber … nun, ich brauche meine Zigarillos einfach nicht mehr. Sehen Sie – etwas ist mit mir geschehen …"

Zögernd, nach den richtigen Worten tastend, versuchte ich all das zu beschreiben, was in den letzten vier Tagen geschehen war.

Als ich zu Ende war, stand Valborg einige Momente ohne ein Wort da. Dann sagte sie: „Ich hätte nie gedacht, dass Menschen heute noch so etwas erleben können. Und doch weiß ich, dass es Wirklichkeit sein muss." Jetzt war sie es, die in Verlegenheit geriet. „Wissen Sie – sobald ich die Wohnungstür heute Morgen öffnete, wusste ich, dass irgendetwas anders ist. Da ist etwas hier, was ich nie zuvor bemerkt habe ..."

„Es ist nicht ‚etwas‘, Valborg, es ist ‚jemand‘. Es ist Jesus! Er lebt tatsächlich, er ist da – jetzt und hier!"

Die ersten Tage des neuen Schuljahres gingen ereignislos vorüber. Ich sah Søren jeden Tag, wenn sich die Lehrer im Lehrerzimmer zur vormittäglichen Kaffeepause versammelten, aber wir tauschten keine Scherze mehr aus. Dann, an einem Freitagnachmittag während einer Freistunde, hielt ich mich in der Lehrerbibliothek auf und las in einer Zeitschrift, als ich hinter mir Sørens Stimme vernahm. „Störe ich die Suche nach Wahrheit? Oder darf ich mich setzen und mit dir reden?"

„Um die Wahrheit zu sagen", antwortete ich, „ich wollte dir sowieso etwas mitteilen."

„Das hört sich spannend an!" Søren nahm mir gegenüber Platz. Mein Herz begann schneller zu schlagen. Ich wusste, dass es schwerer sein würde, es ihm zu erklären als Valborg. „Zunächst, Søren, möchte ich mich dafür entschuldigen, dass ich dir an jenem Tanzabend eine so dumme Antwort gegeben habe. Ich fürchte, du hast angenommen, dass ich gar nicht richtig schätze, was du mir sagtest."

„Du brauchst dich nicht zu entschuldigen, Lydia. Wenn diese andere Frage für dich von solcher Bedeutung ist, dann bist du es dir selber schuldig, die Antwort darauf zu suchen."

„Was ich dir gerne sagen wollte, ist, dass ich – nun, ich glaube, dass ich dabei bin, die Wahrheit zu finden."

„Was bist du? Und auf welche Weise?"

Ich sah Sørens grüne Augen mich prüfend anblicken. „Vier Tage lang in der letzten Woche war ich alleine in meiner Wohnung, las die Bibel – und betete. Und Gott hat meine Gebete erhört, Søren! Er zeigte mir, dass Jesus lebt."

„Das verstehe ich nicht."

„Jesus stand gerade vor mir, Søren! Ich sah ihn, wie er seine Hände über mir ausgestreckt hatte. Es dauerte nur einen Augenblick, aber es hat alles verändert."

Søren starrte mich eine Weile wortlos an. Schließlich brach er das Schweigen. „Lydia, wir sind beide keine Kinder mehr, und wir kennen uns lange genug, um offen miteinander reden zu können. Ich kann sehen, dass etwas mit dir geschehen ist, aber ich bin nicht sicher, ob es dir geholfen hat. Meinst du nicht auch, dass es gefährlich ist, zu subjektiv zu sein?"

„Aber das war doch nicht subjektiv, Søren! Ich habe mir das bestimmt nicht eingebildet – ich habe Jesus tatsächlich vor mir gesehen."

„Lydia, ich will damit nicht abstreiten, dass du das jetzt so empfindest, doch ich meine, du solltest die Dinge in ihrer richtigen Perspektive sehen. Du hast selber zugegeben, dass du dich mehr oder weniger eingeschlossen und lange in der Bibel gelesen hast. Ich bin sicher, dass ein Psychologe auf sehr einleuchtende Weise all das erklären könnte, was du erlebt hast – ohne diese starken emotionellen Obertöne."

Sørens Antwort traf mich vollständig unvorbereitet. Seine Worte waren wie kräftige Windstöße, die die kleine in mir entzündete Glaubenskerze auszulöschen drohten.

„Aber, Søren, du verstehst nicht! Wenn ich dir nur erklären könnte, wie wunderbar es ist, nach all diesen Monaten des Kampfes und des Suchens jetzt wirklichen Frieden zu haben!"

„Genau das ist es ja, Lydia! Du verlässt dich auf deine Gefühle. Aber Gefühle können sich ändern. Nach ein paar Wochen wirst du die Dinge wieder ganz anders sehen."

Es bedeutete für mich eine Erleichterung, als die Glocke ertönte und wir uns trennen mussten. Als ich an jenem Abend auf meinem Fahrrad nach Hause fuhr, befanden sich meine Gedanken in Aufruhr. Ich hatte mit Eifer den Augenblick erwartet, wo ich Søren von meinem neu gefundenen Glauben erzählen konnte, hatte jedoch nur einen vollständigen Misserfolg geerntet. Anstatt mir zu glauben, hatte Søren mich beinahe dahin gebracht, meine eigene Erfahrung anzuzweifeln. Ganz offensichtlich brauchte ich mehr Weisheit und Kraft, als ich mein eigen nennen konnte, wenn ich mein kleines Kerzenlicht bewahren wollte.

Als ich mein Fahrrad abstellte, bemerkte ich, dass sich in den Speichen des Hinterrades ein kleines Stück bedrucktes Papier verfangen hatte. Ich zog es heraus mit der Absicht, es in den Mülleimer zu werfen, doch im

Lampenschein des Torweges sah ich, dass die Worte in Englisch waren, und das erweckte meine Neugier.

Was ich in der Hand hielt, war ursprünglich ein vierseitiges Traktat gewesen, von dem nun aber die erste Seite mit dem Anfang des Textes fehlte. Der am Schluss angegebene Name des Verfassers lautete Aimee Semple McPherson. So viel wurde mir klar, dass im Traktat etwas über die Macht des Gebetes geschrieben stand. Die Verfasserin schilderte darin, wie sie zu Gott um – wie sie es bezeichnete – den „Geist des Gebetes" gebetet hatte und welche Resultate sich dann in ihrem Leben zeigten. Ich wurde von der Botschaft auf dem unversehrten Teil der Schrift so ergriffen, dass ich sie an Ort und Stelle ganz durchlas, alles um mich vergessend. Endlich bemerkte ich Valborg an meiner Seite, die darauf wartete, mir aus dem Mantel zu helfen.

Als das Nachtessen vorüber war und Valborg mir gute Nacht gewünscht hatte, nahm ich das Traktat wieder zur Hand. Es enthielt etwas, was mir nicht aus dem Sinn wollte. Die Autorin schilderte, wie sie einmal vierzig Stunden ununterbrochen im Gebet verbracht hatte. Zunächst wollte ich das als absurd abtun. Und doch – wenn so etwas möglich ist, dann musste es eine Gebetsdimension geben, von der ich mir bisher nicht hatte träumen lassen, geschweige denn sie selber kennengelernt zu haben. Was war denn dieser „Geist des Gebets"?

Schließlich warf ich mich vor dem grünen samtbezogenen Sessel, der mein bevorzugter Gebetsplatz geworden war, auf die Knie. „Herr, ich brauche dieselbe Kraft, die jene Frau hat", sagte ich. „Ich bitte dich, gib mir den Geist des Gebetes, den du ihr gegeben hast." Ich hatte eine sofortige, augenfällige Antwort erwartet, aber nichts geschah. „Das kommt davon", schalt ich mich selbst, „wenn du um etwas bittest, was du nicht verstehst!"

Einige Tage später jedoch merkte ich, dass meine Lebensweise sich zu ändern begann. Ich wurde hungrig nach Gebet, wie man nach Brot hungrig wird. Früher hatte ich oft mit andern eine Partie Karten gespielt. Jetzt entschuldigte ich mich bei ihnen und ließ mir jeden Tag nur eines wichtig sein: so viel wie möglich ununterbrochen zu beten. Ich wies Valborg an, abends nur die einfachsten Mahlzeiten zu bereiten, und konnte es kaum erwarten, bis sie ihre Arbeit getan und sich verabschiedet hatte. Sobald ich für mich allein war, suchte ich meinen grünen Gebetssessel auf. Fast jedes Mal, wenn ich zu beten anfing, war da etwas, was mich ablenken wollte – ein im Hofe bellender Hund, ein Nachbarskind am Klavier beim Tonleiterspielen oder sogar das Ticken meiner eigenen Wanduhr. Als Hindernis empfand ich auch, dass ich meiner selbst zu sehr bewusst war.

Worte nur im Stillen auszusprechen, schien mir ungenügend zu sein. Doch betete ich hörbar, kam mir meine eigene Stimme fremd vor. Manchmal fragte ich mich, ob meine Worte auch ehrfürchtig genug waren. Dann wieder klangen sie, wie ich meinte, so kühl und „kirchlich".

Um diese doppelte Barriere – die Ablenkungen von außen und mein Eigenbewusstsein – zu durchbrechen, brauchte ich zwischen fünf Minuten bis zu einer halben Stunde. Doch wenn ich erst einmal „hindurch" war, sprudelte es wie eine Quelle in mir. Das Gebet floss nur so aus meinem Innersten – tiefer als mein Bewusstsein – heraus.

In den meisten Fällen schienen sich die Gebete jeweils auf ein besonderes Thema zu konzentrieren, ohne dass ich dieses bewusst gewählt hätte: meine Familie, meine Kollegen und Kolleginnen oder meine Schüler zum Beispiel. Eines Abends nannte ich jedes Mädchen meiner Hauswirtschaftsklasse einzeln beim Namen und sah sie in Gedanken vor mir. Meine Gebete beschränkten sich jedoch nicht auf mir bekannte Personen. Es kam vor, dass ich betete für Menschen in fernen Ländern, die mir nur vom Atlas her bekannt waren.

Wollte es mir nicht gelingen, mich vollständig zu konzentrieren, so schlug ich die Psalmen auf und las mit lauter Stimme darin. Die Gebete von David schienen mir besonders ermutigend. Psalm 42 gab den Durst meiner Seele wieder, der mir so lange unbewusst geblieben war: „Wie der Hirsch schreit nach frischem Wasser, so schreit meine Seele, Gott, zu dir" (Vers 1). Psalm 51 wurde zum Schrei für meine eigene inwendige Unreinheit: „Entsündige mich mit Ysop, dass ich rein werde; wasche mich, dass ich schneeweiß werde" (Vers 9).

Aber es gab eine Stelle, zu der ich immer wieder zurückkam: „Herr, zeige mir deine Wege und lehre mich deine Steige! Leite mich in deiner Wahrheit und lehre mich! Denn du bist der Gott, der mir hilft, täglich harre ich dein" (Psalm 25,4–5).

Zwei Wochen zuvor hatte ich von der „engen Pforte" gelesen. Dann hatte Jesus selbst die Pforte geöffnet und mich hindurchgeführt. Dahinter lag der „schmale Weg" – ein besonderer Lebensweg, den ich nun zu gehen hatte. Wie David brauchte ich Gottes Hilfe, um ihn zu finden.

In der zweiten Januarhälfte verbrachte ich beinahe jeden Abend auf diese Weise im Gebet. Es war an einem Donnerstag, Anfang Februar, als ich wieder um das Stillewerden im Gebet rang und es unerwartet an der Türe klopfte. Schnell strich ich die Ellbogeneindrücke auf dem Sessel aus und ging an die Tür. Mein Besucher war eine meiner Kolleginnen mit Namen Erna Storm. Erna benutzte immer, wo sie auch hinging, ein lärmendes, rotes Motorfahrrad. Aus diesem Grunde hatten ihr die Schüler den Spitznamen „Der rote Sturm" (Storm = Sturm) gegeben.

„Ich bin gekommen, um dich zu fragen, ob du morgen Mittag meine Aufsicht im Speisesaal übernehmen würdest", erklärte Erna, im grünen Sessel Platz nehmend. „Ich muss mit der kleinen Elsa Larsen zum Arzt. Sie schielt stark, aber ihre Eltern wollen ihr keine Brille anpassen lassen."

„Warum denn nicht?", wollte ich wissen.

„Sie gehören anscheinend irgendeiner religiösen Sekte an, wo sie glauben, dass Gott durch Gebet heilt, und so warten sie darauf, dass Gott Elsas Augen normal macht. Unterdessen kann das arme Kind nicht einmal lesen, was an der Wandtafel geschrieben steht."

„So etwas ist mir noch nie zu Ohren gekommen!", rief ich aus.

„Das ist längst noch nicht alles. Sie glauben an Feuerzungen und Visionen und Ähnliches. ‚Pfingstler' nennen sie sich. Herr Hansen, der Schulhausverwalter, hat eine Nichte, die zu einer ihrer Versammlungen ging und sagte, sie wälzten sich dort am Boden und bellten wie Hunde!"

„Mitten hier in Korsør?"

„Natürlich! Doch das ist nicht einmal das Schlimmste! Im Sommer nehmen sie die Leute – sogar gute Kirchenmitglieder – hinaus an den Großen Belt und stoßen sie unter Wasser. Taufen nennen sie das – als ob sie nicht alle als Kinder in einer anständigen Kirche getauft wurden!"

Erna lehnte sich in ihrem Sessel zurück und blickte im Zimmer umher. „Man bekommt dich in letzter Zeit nicht viel zu sehen", sagte sie, „mit Ausnahme während der Schule. Was fängst du eigentlich an den Abenden mit dir selber an?"

Auf diese Frage Ernas war ich nicht gefasst. „Oh, ich lese viel in der Bibel", antwortete ich, „und – bete auch."

„Die Bibel lesen und beten?" Erna sah mich erstaunt an. „Nimm meinen guten Rat an und übertreibe es nicht! Dir wird es sonst noch so gehen wie Fräulein Sonderby – und eine von ihrer Sorte in unserer Lehrerschaft genügt!"

Nachdem Erna sich verabschiedet hatte, wartete ich, bis ich hörte, wie sie ihr Vehikel startete. Dann begab ich mich wieder ins Wohnzimmer und ging einmal mehr auf die Knie. Doch es fiel mir anfänglich schwerer denn je zu beten. Ich vernahm immer noch Ernas warnende Worte: „Nimm meinen Rat an und übertreibe es nicht!"

Das Begräbnis

Am folgenden Abend war ich aufs Neue auf den Knien. Nachdem ich ohne Erfolg versucht hatte, die Mauer beim Beten zu durchbrechen, schlug ich wieder die Psalmen auf. Doch zum ersten Male erwies sich auch das als wirkungslos. Ich las laut zwei oder drei Psalmen, aber meine Stimme klang hohl und leblos, wie das Echo in einem leeren Brunnenschacht.

Schließlich wandte ich mich dem Neuen Testament zu, begann aufs Geratewohl zu lesen und suchte immer nach einer Stelle, die mir meine Inspiration verleihen würde. Mein Blick fiel auf die Anfangsverse des 1. Johannesbriefes und ich fing an, sie laut zu lesen. Ich kam zu Vers 4: „Und solches schreiben wir, auf dass unsere Freude vollkommen sei."

Die letzten Worte las ich drei- oder viermal – *auf dass unsere Freude vollkommen sei*. „Was ist Freude?", fragte ich mich. „Will Gott wirklich, dass wir mit Freude erfüllt sind?" Während ich darüber nachdachte, spürte ich eine starke innere Bewegung und es floss wie ein warmer Strom durch mein ganzes Wesen. Ich konnte fast nicht mehr an mich halten, stand auf und begann, durch die ganze Wohnung zu gehen.

In der Küche entdeckte ich einen Besen in der Ecke. Ich ergriff ihn und fing an, damit durch die Wohnung zu tanzen, als ob er mein Tanzpartner wäre. Dabei versuchte ich mir einzureden, wie töricht und unpassend das für jemand sei, der zu Gott beten wollte. Trotzdem tanzte und tanzte ich, bis ich schließlich atemlos aufs Sofa niedersank.

Nach ungefähr fünf Minuten hatte ich mich wieder so weit gefasst, dass ich dort weiterlesen konnte, wo ich stehen geblieben war. Es fiel mir nicht leicht, meine Gefühle zurückzuhalten, bis ich zum Schluss des siebten Verses kam: „… und das Blut Jesu Christi, seines Sohnes, macht uns rein von aller Sünde."

Als ich diese Worte über die Reinigung von Sünden las, stieg die Freude in mir wieder auf. Ich war nicht mehr länger imstande, die Worte, die ich las, auszusprechen. Ich begann zu stammeln, jede Silbe zwei- oder dreimal wiederholend. Ein intensiver Drang erfüllte mich, etwas, das in mir war, auszusprechen, und doch besaß ich keine Worte dafür und verstand auch nicht, was es war, dem ich Ausdruck geben sollte.

Ich wartete eine Weile, bis die Freude etwas verebbte, und fuhr mit dem Lesen fort. Ich kämpfte mich durch Vers 8 hindurch, vermochte jedoch kaum Vers 9 zu Ende zu lesen: „Wenn wir aber unsere Sünden bekennen, so ist er treu und gerecht, dass er uns die Sünden vergibt und reinigt uns von aller Untugend." Das Wort „reinigt" ließ die Freude in mir erneut so anschwellen, dass ich wieder nicht sitzen bleiben konnte.

Bis zu diesem Augenblick in meinem Leben war ich mir nie irgendwelcher von mir begangenen Sünden bewusst gewesen. Verglichen mit anderen Leuten kam ich mir im Gegenteil sogar wie ein guter Mensch vor. Doch die Worte, die ich soeben gelesen hatte, bewirkten in mir ein wunderbares Empfinden von Reinheit. Ich hatte nie geglaubt, dass man sich so rein fühlen kann. Mein ganzes Inneres schien von hellstem Licht durchflutet zu sein. Meine Vergangenheit überblickend, wunderte ich mich, dass ich vorher nie gemerkt hatte, wie sehr ich Gottes Vergebung brauchte. Im Lichte dessen, was ich jetzt sah, gab es keine passenden Worte, um meine Dankbarkeit auszudrücken.

Ich gab jeden weiteren Versuch zu lesen auf und legte mich zu Bett. Während ich auf den Schlaf wartete, dachte ich an die Menschen und Anliegen, für die ich eigentlich beten wollte. Doch jedes Mal, wenn ich es versuchte, musste ich Gott einfach für die Vergebung meiner Schuld und für die Reinigung von meinen Sünden danken. Je mehr ich Gott dafür dankte, desto stärker wurde meine Freude.

Plötzlich wurde ich mir einer Stimme in mir bewusst, welche Worte in irgendeiner fremden Sprache aussprach. „Erna hat recht gehabt", dachte ich. „Du übertreibst es und wirst noch verrückt!" Ich legte die Hand auf meinen Mund in dem Bemühen, die Worte nicht hervorkommen zu lassen – doch der Drang in meiner Brust verstärkte sich.

Weil ich mir selber nicht traute und nicht hörbar sprechen wollte, betete ich im Stillen: „Gott, wenn dieser Drang in mir nicht von dir stammt, dann nimm ihn bitte weg …" Ich verharrte einige Augenblicke, doch die

Stimme war immer noch da. „Gott, wenn du es bist, der mir diese Worte gibt", fuhr ich fort, „dann hilf mir, mich nicht zu fürchten! Hilf mir, sie anzunehmen!" Ich nahm die Hand vom Mund weg.

Sofort begannen die seltsamen Worte, die ich in meinem Inneren hörte, über meine Lippen zu strömen, und ich merkte, dass ich selber sie aussprach. Kaum zu glauben, dass es meine eigene Stimme war, die ich vernahm. In welcher Sprache redete ich? Ich besitze ziemlich gute Englisch- und Deutschkenntnisse, aber es war keines von beiden. Wie konnte ich Worte, die ich nie zuvor vernommen hatte, so deutlich aussprechen? Und doch lag eine rhythmische Schönheit in ihnen, sodass es sich beinahe wie Poesie anhörte.

Während ich in dieser neuen Art von Sprache fortfuhr, ließ der intensive Drang in mir allmählich nach. Diese Worte in einer unbekannten Sprache drückten das aus, was ich beim besten Willen nicht mit meiner eigenen Sprache sagen konnte – was es auch immer gewesen ist. Je länger die Worte flossen, desto mehr empfand ich Erleichterung und Befriedigung. Wie ein über die Ufer getretener Strom Trümmer vor sich her schwemmt, so beseitigten diese unbekannten Worte die letzten Schranken von Furcht und Befangenheit.

Langsam ließ der Sprachfluss nach, und eine tiefe Stille folgte. Nie zuvor in meinem Leben hatte ich eine solche vollständige Entspannung erlebt. Eine vollkommene Ruhe durchdrang meine Gedanken und meinen Körper.

Nach einiger Zeit – ich weiß nicht, wie lange – wurde ich mir eines neuen Tones bewusst. Er kam von irgendwo vor mir her, doch wie aus weiter Ferne. Ich öffnete die Augen und richtete mich im Bette auf, um festzustellen, woher der Ton kam. Im nächsten Moment stockte mir der Atem …

Das Schlafzimmer lag nicht mehr im Dunkeln, und die Wand vor mir war verschwunden! Durch die an ihre Stelle getretene Öffnung hindurch erblickte ich eine Fläche von etwa zwanzig Quadratmetern, die wie die Kuppe eines riesigen, unebenen Felsens aussah. Das Licht des Vollmonds, der tief am Himmel dahinter stand, zeichnete jeden Spalt und Riss an der Oberfläche des Felsens in schwarzen Schatten.

Doch meine Augen hefteten sich auf eine Frau in der Mitte, die sich mit langsamen, tänzerischen Bewegungen hin und her wiegte und dazu mit einer schrillen, aber deutlichen Stimme sang.

Sie trug ein langes, besticktes Gewand, um die Hüfte mit einem Tuch zusammengehalten, und balancierte einen Tonkrug auf ihrem Kopfe. Die Arme hatte sie in die Hüfte gestemmt, und an den Füßen war sie unbekleidet. Im weiten Kreis um sie herum saß auf dem Felsen eine Gruppe von Männern mit gekreuzten Beinen und klatschte zum Rhythmus ihres Gesanges in die Hände. Sie hatten eine Art langer, dunkler Tunika an und auf dem Kopfe wallende, weiße Tücher, befestigt mit geflochtenen Schnüren, die wie Gold im Mondlicht glitzerten.

Ich träumte nicht – das wusste ich. Ich war hellwach und bei vollem Bewusstsein. Die Szene war gänzlich verschieden von allem, was ich je gesehen oder von dem ich je gehört hatte. Aber ich kam mir nicht wie eine Fremde vor. Ich gehörte irgendwie dazu. Ich versuchte die Worte, welche die Frau sang, zu verstehen, es gelang mir aber nicht. Der Rhythmus ihres Tanzes sprach meine eigene Liebe zum Tanzen an. Ich verspürte den Drang, den Kreis zu betreten und mit ihr zu tanzen.

Plötzlich war die Szene verschwunden. Mein Zimmer lag wieder im Dunkeln. Als meine Augen sich dem Wechsel angepasst hatten, konnte ich die vertrauten Umrisse der Kommode an ihrem gewöhnlichen Platz an der Wand erkennen. Meine erste Reaktion war Enttäuschung. Ich wollte gern mehr über diese Menschen auf dem vom Mondlicht überfluteten Felsen wissen. Wer waren sie? Zu welcher Rasse gehörten sie? Warum hatte ich mich ihnen so verbunden gefühlt?

Ich hatte Skandinavien und Westeuropa bereist, aber keine solchen Menschen gesehen. Sie erinnerten mich auch an niemand, über den ich in Geschichts- und Geografiebüchern gelesen hatte. Mit Sicherheit waren es keine Europäer, ebenso wenig Orientalen oder Afrikaner. Ich hatte immer noch das schrille, deutliche Singen der Frau in den Ohren, aber die Melodie passte zu keiner mir bekannten Musikgattung.

„Das ist bestimmt die seltsamste Nacht meines ganzen Lebens", sagte ich zu mir selbst. „Ich sollte mich eigentlich fürchten, und doch! nie habe ich einen tieferen Frieden empfunden."

Am nächsten Morgen klopfte Valborg wie gewohnt an meine Schlafzimmertür und brachte den Morgenkaffee. Ich wollte „Herein" sagen, merkte aber erschrocken, dass die von mir ausgesprochenen Worte nicht dänisch waren. Die Tür wurde geöffnet, und Valborg stand mit der Tasse in der Hand da.

„Was sagten Sie, Fräulein Lydia?", fragte sie.

Mit bewusster Anstrengung formte ich meine Antwort auf Dänisch zuerst in Gedanken, bevor ich wieder sprach. „Valborg, letzte Nacht habe ich etwas sehr Seltsames erlebt." Ich lauschte aufmerksam auf meine eigenen Worte und war erleichtert, dass ich wieder dänisch sprach. Um die richtigen Worte ringend, beschrieb ich mein Erlebnis und nahm Valborg das Versprechen ab, keiner Menschenseele weiterzuerzählen, was ich ihr sagte.

Wieder alleine, lehnte ich mich mit einem Seufzer der Erleichterung ins Kissen zurück – ich konnte wieder dänisch sprechen, wann ich wollte! Aber dann kam ein anderer Gedanke: Vielleicht konnte ich die andere Sprache nicht mehr sprechen?

„Ich bitte dich, Gott", sagte ich, „lass mich auch die andere Sprache wieder sprechen! Sie war so schön! Ich möchte sie nicht verlieren."

Einen Augenblick lang wollte sich ein Klumpen in meinem Hals bilden. Dann wallte die Freude wieder von innen auf, und die Furcht schmolz dahin. Still, doch sehr deutlich, redete ich erneut in der unbekannten Sprache.

Im Laufe des Tages machte ich eine weitere Entdeckung – ich brauchte die neue Sprache nicht unbedingt laut zu sprechen, ich konnte es auch in meinem Innern tun. Das gab mir die Möglichkeit, sie jedes Mal, wenn ich den Drang dazu verspürte, zu gebrauchen, ohne daran denken zu müssen, was wohl Valborg davon denken mochte. Es war, wie wenn sich meinem Leben eine gänzlich neue Dimension erschloss. Jetzt musste ich nicht mehr andere Dinge sein lassen, wenn ich beten wollte. Ich konnte meine täglichen Verrichtungen vornehmen – die Vorbereitung für die Schullektionen oder die Korrektur der Schülerhefte – und dennoch gleichzeitig innerlich in der unbekannten Sprache beten.

Als Valborg am Abend gegangen war, suchte ich meinen Gebetsstuhl mit noch mehr Eifer als gewöhnlich auf. Es schien mir ganz natürlich zu sein, jetzt das Beten mit der unbekannten Sprache zu beginnen. Nach einer Pause kamen mir verschiedene Leute in den Sinn, und ich hörte mich ohne die geringste Anstrengung auf Dänisch für sie beten. Dann begriff ich, was geschehen war: Der alte Kampf, zuerst die Gebetsmauer durchstoßen zu müssen, war verschwunden! Die neue Art meines Betens in der unbekannten Sprache hatte mich ohne Mühe die Mauer überwinden lassen!

Eines Nachmittags in der folgenden Woche ging ich auf dem Heimweg von der Schule, einem Impulse folgend, in eine Buchhandlung und kaufte ein kleines Taschentestament. „Von nun an werde ich es immer bei mir tragen", sagte ich zu mir selbst und ließ es in meine Tasche gleiten. Meine neue Erfahrung hatte in mir das Verlangen vermehrt, die Heilige Schrift zu studieren.

An einem Abend derselben Woche beim Nachtessen merkte ich, dass Valborg etwas auf dem Herzen hatte. „Erinnern Sie sich noch, was Sie mir über das Beten und Reden in einer unbekannten Sprache sagten, und dass Sie es nicht verstünden?"

„Was ist damit, Valborg?"

„Nun, es gibt hier in Korsør Leute, die dasselbe tun. Sie nennen es ‚Reden in neuen Zungen'. Meine Schwägerin besuchte eine ihrer Versammlungen."

Mein Löffel blieb auf halbem Wege zum Munde stehen. Das war eine Neuigkeit!

„Ich glaube, sie nennen sich ‚Pfingstler'", fuhr Valborg fort, „oder so ähnlich. Sie gehen nicht in die Kirche, sie treffen sich zu Versammlungen in einem Privathaus. Es gehört einem Manne namens Rasmussen. Früher war er einmal Schuhmacher, aber heute ist er Prediger."

Pfingstler! Mein Herz schien tiefer zu sinken. Nur zu gut entsann ich mich der Warnung Erna Storms: „Sie wälzen sich am Boden und bellen wie Hunde … Sie nehmen die Leute hinaus an den Großen Belt … und stoßen sie unter Wasser." Mich schauderte innerlich bei diesem Gedanken. Und doch musste ich unbedingt jemand finden, der mir helfen konnte, all das, was ich erlebt hatte, zu verstehen.

Ich verbarg meine innere Zurückhaltung und erkundigte mich bei Valborg, ob sie mich nicht mit diesem Herrn Rasmussen bekannt machen könnte – „… wenn möglich privat, ohne zu einer ihrer Versammlungen gehen zu müssen." Einige Tage darauf brachte Valborg mir den Bescheid, dass die Rasmussens uns beide am nächsten Samstag zu einer Tasse Kaffee einluden.

Am Samstag nach dem Nachtessen setzten Valborg und ich uns aufs Fahrrad und machten uns zu Rasmussens auf. Wir passierten das Stadtzentrum, kreuzten einige Eisenbahngeleise und kamen in ein Viertel mit engen Straßen und Reihenhäusern rechts und links. Endlich bogen wir in eine schmale Sackgasse ein und hielten vor dem letzten Haus links an. Auf unser Klopfen hin erschien ein kleiner, rundlicher Mann in Hemdsärmeln an der Tür.

„Ich bin Prediger Rasmussen", sagte er und streckte uns eine von vielen Arbeitsjahren gezeichnete Hand entgegen. „Willkommen in userm Hause!"

Als seine Hand die meinige berührte, ließ mich die Wärme seiner Begrüßung für einen Augenblick meine Wachsamkeit vergessen, und ehe ich mich versah, sprach ich einige Worte in der unbekannten Sprache. Augenblicklich wurde sein Lächeln breiter und sein Händedruck verstärkte sich. „Treten Sie ein!", sagte er. „Wir verstehen Sie gut! Esther wird sich freuen, Sie zu sehen."

Bevor ich Zeit hatte, in Verlegenheit zu geraten, saßen Valborg und ich Seite an Seite auf Rasmussens Sofa. Der Prediger hatte auf einem Stuhl beim Kaminfeuer Platz genommen, während seine Frau auf einem hölzernen Schaukelstuhl sanft hin- und herschaukelte. Die Möbel waren alt und gebraucht, aber alles war tadellos sauber.

„Gott hat Sie also im Heiligen Geist getauft", nahm Prediger Rasmussen das Gespräch wieder auf. „Wie ist das geschehen?"

„Ist es also das?", entgegnete ich. „Ich wusste, dass etwas mit mir geschehen ist, aber ich habe keine Ahnung gehabt, wie man das nennt." Ich schilderte meine Erfahrung mit der unbekannten Sprache vor zwei Wochen.

„Preis dem Herrn!", rief Frau Rasmussen aus. „Gott fängt tatsächlich an, seinen Geist hier in Korsør auszugießen."

„Sie meinen, es gibt noch andere Leute in Korsør, welche dieselbe Art von Erfahrung gemacht haben?", wollte ich wissen.

„Oh ja; es sind um die zwanzig Leute, die jeden Sonntag in userm Hause zusammenkommen und miteinander die Bibel studieren", sagte Prediger Rasmussen. Er nahm vom Kaminsims eine abgenutzte Lederbibel herab. „Sehen Sie, das Gleiche, was Sie erlebt haben, wird hier beschrieben ... hier in der Apostelgeschichte." Er legte seinen kurzen Finger auf die Seite: „Und sie wurden alle voll des heiligen Geistes und fingen an zu reden in andern Zungen, wie der Geist ihnen gab auszusprechen" (Apostelgeschichte 2,4).

„Glauben Sie wirklich, das ist es, was ich erlebt habe?"

„Sicher ist es das", antwortete der Prediger. „Gott hat Sie mit seinem Heiligen Geist erfüllt und Ihnen eine neue Zunge verliehen, um damit zu beten und zu preisen."

„Eine neue Zunge ... Aber warum brauche ich denn außer dem Dänischen noch eine andere Sprache?"

Prediger Rasmussen schlug wieder die Bibel auf. „Paulus erklärt das im ersten Korintherbrief, Kapitel 14. ... Hier am Anfang sagt er, dass, wenn jemand in einer unbekannten Sprache spricht, er Geheimnisse redet – Dinge, die für seinen Verstand zu tief sind. Und etwas später sagt er, dass, wenn jemand in einer unbekannten Sprache betet, nicht sein Verstand betet, sondern sein Geist" (1. Korinther 14, 2 und 4).

„Herr Prediger, wollen Sie mir sagen, dass es in mir etwas gibt, das tiefer geht als mein Verstand – etwas, das direkt zu Gott reden will, ohne vorher durch den Flaschenhals meines Verstandes zu gehen?"

„Richtig, Schwester Christensen, genau das ist es!" Prediger Rasmussen schlug lebhaft mit der Bibel auf seinen Schoß. „Es ist Ihr Geist – nicht Ihr Verstand –, der zur unmittelbaren Gemeinschaft mit Gott erschaffen wurde, und mit weniger als das wird er nie volle Befriedigung finden."

Einen Augenblick lang störte mich die Begeisterung des Predigers. Außerdem hatte mich noch nie einer vorher „Schwester" genannt! Aber als ich mein vergangenes Leben überdachte, schien mir seine Erklärung einen Sinn zu ergeben. Während Jahren hatte ich meinen Verstand kultiviert, durch Reisen und Studien, durch Literatur, Kunst und Philosophie, und dennoch hatte mir immer etwas gefehlt, etwas in mir war nie befriedigt gewesen. Könnte es das gewesen sein, was der Prediger meinen „Geist" genannt hatte? Und jene seltsame neue Freude, die ohne Aufhören in meinem Herzen da war – kam sie aus meinem Geiste und nicht vom Verstand?

Frau Rasmussen brachte den Kaffee aus der Küche, während ihr Mann mit seiner Erklärung fortfuhr: „Hier ist ein anderer Bibelvers, der zeigt, was Gott heute tut: ‚Und es soll geschehen in den letzten Tagen, spricht Gott, da will ich ausgießen von meinem Geist auf alles Fleisch; und eure Söhne und eure Töchter sollen weissagen, und eure Jünglinge sollen Gesichte sehen ...'" (Apostelgeschichte 2,17).

„Gesichte!", rief ich unwillkürlich aus. Ich dachte an die tanzende Frau auf dem Felsen. „Ich glaube, das muss …" Ich unterbrach mich. Ich hatte diesen Leuten schon zu viel über mich erzählt!

Glücklicherweise schien Prediger Rasmussen meine Unterbrechung nicht zu bemerken. Während der nächsten beiden Stunden schlug er immer wieder die Bibel auf, mal im Neuen Testament, mal im Alten Testament und wieder zurück zum Neuen Testament. Er ging mit der Bibel um wie mit der neuesten Tageszeitung – als ob sie gerade frisch gedruckt worden sei. Er erklärte Dinge, von denen ich bei all meinen Kirchenbesuchen nie etwas gehört hatte. Ich wunderte mich nur immer wieder, wie ein Schuhmacher so gut in der Bibel Bescheid wissen konnte.

Als ich am nächsten Morgen die Sonntagszeitung las, stieß ich in der Spalte „Kirchliches Leben" auf einen Artikel, der die Überschrift trug: „Wer ist der Heilige Geist?" Der Verfasser, Johannes Neergaard, war Pastor einer lutherischen Kirche in Kopenhagen und ein im ganzen Lande bekannter Theologieprofessor. Einer Eingebung des Augenblicks folgend, setzte ich mich hin und schrieb ihm, ob er mir nicht ein persönliches Gespräch gewähren könnte. Fast zu meiner Überraschung antwortete er mir postwendend und schlug mir den nächsten Freitag, den 25. Februar, 14 Uhr, für unsere Begegnung vor.

Ich nahm also am Freitag den Zug nach Kopenhagen – eine Entfernung von knapp hundert Kilometern – und fuhr mit einem Taxi direkt zur Kirche. Eine Sekretärin führte mich in Pfarrer Neergaards Arbeitszimmer. Der Pastor war ein würdiger Herr Ende der Fünfziger. Sein strenger dunkler Anzug wurde etwas aufgelockert durch den hierzulande für die Pfarrer typischen weißen Amtskragen sowie durch sein silbergraues Haar. Zwei Wände des Raumes waren vom Boden bis zur Decke mit Bücherregalen bedeckt.

„Herr Pfarrer", begann ich, „ich habe etwas erlebt, was ich nicht verstehen kann."

„Sie haben etwas erlebt, junges Fräulein?" Er nahm mich offensichtlich für jünger, als ich in Wirklichkeit war. Väterliche Besorgnis lag in seiner Stimme. „Haben Sie irgendwelche Schwierigkeiten?"

„O nein", erwiderte ich rasch. „Es ist nichts dergleichen. Sehen Sie, ich betete eines Abends im Bett und empfand solch eine wunderbare Freude. Und dann, ja, dann kam diese andere Stimme in mir, und ich begann zu sprechen – Worte, die ich nicht verstand –, immer noch zu Gott betend; doch ich verstand nicht, was ich sagte."

Ich hielt inne und wartete gespannt auf die Reaktion des Pfarrers. Zu meinem Erstaunen schien er gar nicht überrascht. „Ah, jetzt verstehe ich Sie", sagte er. „Es hört sich so an, wie wenn Sie im Heiligen Geist getauft worden sind. Aber davor muss man doch keine Angst haben! Meine Frau und ich haben das gleiche Erlebnis gemacht. Natürlich sind diese Dinge vielen von unsern Kirchenleuten fremd, und deshalb müssen wir vorsichtig sein, was wir in unsern öffentlichen Gottesdiensten sagen."

Ich gab einen Seufzer der Erleichterung von mir. Pfarrer Neergaard sagte genau das Gleiche wie Prediger Rasmussen. Aber es fiel mir viel leichter, mich mit Pastor Neergaard zu identifizieren, glich doch sein gesellschaftlicher Hintergrund eher dem meinen. Ich brauchte mir also doch nicht isoliert und exzentrisch vorzukommen.

„Aber, junges Fräulein", fuhr Pastor Neergaard fort, „nun möchte ich Sie warnen." Er drohte mir in väterlicher Weise mit dem Finger. „Hüten Sie sich vor all dem Wasserplätschern!"

Einen Augenblick lang begriff ich nicht. Dann erinnerte ich mich der Worte von Erna Storm: „... sie nehmen die Leute hinaus an den Großen Belt."

„Wasserplätschern, Herr Pfarrer?", sagte ich. „Meinen Sie, die Leute hinaus ans Wasser nehmen und sie taufen?"

„Nicht taufen, Fräulein, sondern *wieder*taufen." Der Pfarrer legte die Betonung auf das „wieder". Er fuhr fort zu erklären, dass es gewisse Gruppen gäbe, „Splittergruppen, verstehen Sie", die tatsächlich Glieder der Landeskirche dazu brächten, sich im Wasser untertauchen zu lassen. „Als ob eine Taufe nicht genug wäre!"

An dieser Stelle geschah etwas Unerwartetes in mir. Ohne irgendwelche gedankliche Anstrengung meinerseits kamen mir verschiedene Bibelworte, die ich in den letzten zwei Monaten gelesen hatte, in den Sinn – Redewendungen, Sätze, ganze Abschnitte über die Taufe. Dabei hatte ich mir gar keine besondere Mühe gemacht, sie eingehender zu studieren, geschweige denn sie auswendig zu lernen.

„Aber, Herr Pfarrer, spricht denn das Neue Testament nicht davon, dass die Menschen, die sich taufen ließen, alle ins Wasser hineingingen?", fragte ich. „Warum hätten sie das tun sollen, nur um ein paar Tropfen Wasser auf die Stirn geträufelt zu bekommen?"

„Sie sprechen vom ersten Jahrhundert unseres Zeitalters", erwiderte Pfarrer Neergaard. „Aber seitdem sind achtzehn Jahrhunderte vergangen ..." Und er fing an, die verschiedenen Entwicklungen der Kirchenlehre in all der Zeit darzustellen und zu erläutern, wie diese ihren Platz in der kirchlichen Tradition gefunden haben. „Sollen wir jetzt die Weisheit und Erfahrung von achtzehn Jahrhunderten einfach zur Seite tun?", schloss er.

„Aber, Herr Pfarrer, angenommen, unsere Traditionen stehen nicht in Übereinstimmung mit der Heiligen Schrift? Hat Jesus nicht den religiösen Führern damals gesagt, sie hätten durch ihre Traditionen das Wort Gottes aufgehoben? Er selbst ist es, der gesagt hat: ‚Wer da glaubt und getauft wird, der wird gerettet werden ...' (Markus 16,16). Bedeutet das nicht, dass wir erst *glauben* müssen – und dann getauft werden?"

Ich staunte selbst über meine eigene Kühnheit und konnte sehen, wie Pfarrer Neergaard verstimmt und gar nicht mehr so väterlich war. „Junge Dame", sagte er, „für jeden Lutheraner sind diese Fragen ein für allemal erledigt. Ihre Taufe als Säugling bekam durch den Glauben Ihrer Eltern Gültigkeit, und an Ihrer Konfirmation haben Sie sie mit Ihrem eigenen Glauben besiegelt."

Der Glaube meiner Eltern? Mein eigener Glaube? Ich war sicher nicht qualifiziert, mit einem hervorragenden Theologen zu argumentieren, aber seine Worte lösten bei mir eine ganze Reihe von Fragen aus. Wie viel Glauben hatten denn meine Eltern eigentlich gehabt, als ich getauft wurde? Wenn von ihrem Glauben so viel abhing, dann war es wichtig für mich, das zu wissen. Und noch wichtiger war, wie viel Glauben ich selbst bei meiner Konfirmation gehabt hatte. Ich hatte mich konfirmieren lassen, um hauptsächlich meiner Familie und der Kirche einen Gefallen zu tun. Hatte ich mit Ausnahme der letzten zwei Wochen eigentlich jemals gewusst, was echter Glaube ist? Schließlich geleitete der Pfarrer mich hinaus zu den Stufen der Kirche und gab mir dort einen letzten Rat: „Ich möchte Sie nachdrücklich bitten, sich bei dem, was Sie sagen oder tun, nicht zu übereilen. Kein Zweifel, viele unserer Kirchenglieder besitzen nicht den Glauben, den sie haben sollten. Doch wir müssen Geduld haben und darauf vertrauen, dass sie mit der Zeit die Wahrheit besser erkennen werden. Schlussendlich wurde Rom auch nicht an einem Tag erbaut!"

Zurück im Zug nach Korsør, allein im Erste-Klasse-Abteil, begann ich mir Selbstvorwürfe zu machen. War es arrogant oder gar unehrerbietig von mir gewesen, die Traditionen der Kirche infrage zu stellen? Immerhin war Pfarrer Neergaard ein im ganzen Lande angesehener Theologe. Ich war selber über die von mir vorgebrachten Argumente verwundert. Von wo waren sie mir gekommen? Ich hatte nie zuvor in meinem Leben auf diese Weise mit jemand gesprochen.

Und doch konnte ich mich der Logik meiner eigenen Argumente nicht entziehen. Die von mir aufgeworfenen Fragen verlangten eine Antwort – wenn nicht vom Pfarrer, dann von mir selbst. Was lehrte das Neue Testament in Wirklichkeit über die Taufe? Ich entsann mich einiger Worte des Apostels Paulus, die mir ein paar Tage vorher tiefen Eindruck gemacht hatten, nahm mein Taschentestament hervor und blätterte darin, bis ich die gesuchten Verse fand: „… Wie sollten wir in der Sünde leben, der wir abgestorben sind? Oder wisset ihr nicht, dass alle, die wir in Jesus Christus getauft sind, die sind in seinen Tod getauft? So sind wir ja mit ihm begraben durch die Taufe in den Tod, damit, gleichwie Christus ist auferweckt von den Toten durch die Herrlichkeit des Vaters, also sollen auch wir in einem neuen Leben wandeln" (Römer 6,2–4).

Ich las diese Verse mehrmals durch. Drei Erfahrungen stachen hier klar hervor: Tod, Begräbnis, Auferstehung – drei aufeinanderfolgende Schritte unserer Gleichsetzung mit Christus. Ich begann meine eigene Erfahrung an ihnen zu messen und schaute auf das Leben zurück, das ich bis vor wenigen Wochen geführt hatte. Hatte es in all den Jahren etwas gegeben, was man „der Sünde abgestorben" nennen konnte, gefolgt von einem Begräbnis und einer Auferstehung? Ich konnte mir absolut nichts vorstellen, was in meiner jüngsten Kindheit oder in meinen Jugendjahren oder zu irgendeiner anderen Zeit etwas mit der Bedeutung dieser Worte zu tun gehabt hätte.

Die Logik führte mich zu einem Schluss, den ich nur widerwillig akzeptierte. Taufe ist ein Begräbnis der alten Lebensweise und eine Auferstehung zu einer neuen Lebensweise. So viel war mir klar. Ebenso klar war, dass ich weder ein Begräbnis noch eine Auferstehung dieser Art erlebt hatte. Was hieß das also? Es gab nur einen möglichen Schluss: *Ich war überhaupt nicht getauft worden.*

Langsam wiederholte ich für mich die Worte Jesu, auf die ich bereits Pfarrer Neergaard hingewiesen hatte: „*Wer da glaubt und getauft wird, der wird gerettet werden.“* Ich hatte keinen Zweifel mehr daran, dass ich jetzt *glaubte.* Was blieb noch anderes zu tun übrig, als mich taufen zu lassen? An jenem Tage, als mir Jesus in meinem Zimmer erschienen war, hatte ich Gott versprochen: „Wenn du mir Jesus als eine lebendige Wirklichkeit zeigst, dann will ich ihm nachfolgen.“ Gott hatte mein Gebet erhört. Ich wagte nicht, mein Versprechen zu brechen.

An wen konnte ich mich wegen der Taufe wenden? Es kam nur eine Person in Frage – Prediger Rasmussen. Aber wenn die Leute von Korsør das herausbekämen, was dann? Neuigkeiten machten schnell die Runde. Ich konnte mir mühelos vorstellen, was folgen würde.

Dänemark ist wahrscheinlich das „lutheranischste“ Land der Erde gewesen. Die Lutherische Kirche ist die Staatskirche des Landes. Von vier Millionen Dänen gehörten neunzig Prozent dazu. In Religionsfragen fiel die Schule, an der ich unterrichtete, wie alle staatlichen Schulen in die Zuständigkeit der Kirche. Wie würden die kirchlichen Behörden auf eine Lehrerin reagieren, die von einem Pastor der Pfingstgemeinde getauft wurde?

Und meine Lehrerkollegen und -kolleginnen? In einer Stadt wie Korsør bildeten wir Lehrer eine kleine, privilegierte Gruppe, zu der die übrige Stadt aufschaute. Mich mit den verachteten Pfingstlern einzulassen – und sei es auch nur für den einmaligen Akt der Taufe – würde von meinen Kollegen als Verrat am gesellschaftlichen und intellektuellen Status unseres Berufes betrachtet werden. Ich wusste bereits, wie Erna Storm reagieren würde. Und Søren? Und andere meiner Kollegen, denen ich freundschaftlich verbunden war?

Was sollte ich tun? Im Stillen betete ich jene Worte, die ich in letzter Zeit so oft gelesen hatte: „Herr, zeige mir deine Wege“ (Psalm 25,4). Dann blickte ich zum Fenster hinaus. Der Zug näherte sich Korsør. Als er im Bahnhof einfuhr, wusste ich, dass meine Entscheidung bereits gefallen war: Ich wollte geradewegs zu Prediger Rasmussen gehen und ihn bitten, mich zu taufen.

Ich holte mein Fahrrad vom Bahnhofplatz und machte mich zu Rasmussens auf. Den ganzen Weg verfolgte mich die Angst: Du wirst Søren verlieren. Du wirst deine Stelle verlieren. Du wirfst alles weg, wofür du in all diesen Jahren gearbeitet hast! Und dann kamen mir aus unerwarteter Quelle ein paar Worte in den Sinn – aus einem der Geschichtsbücher, die wir in der Schule verwendeten. Ironischerweise stammten sie von Luther selber, als er sich vor dem klerikalen Gericht zu verteidigen hatte: „Hier stehe ich, gebunden in meinem Gewissen. Ich kann nicht anders." Auch ich war zu dem Punkt gekommen, wo ich in meinem eigenen Gewissen gebunden war.

Rasmussens waren offensichtlich überrascht, mich zu sehen, aber sie hießen mich herzlich willkommen. „Herr Rasmussen", sagte ich, „ich möchte getauft werden – richtig getauft. Darf ich Sie darum bitten?"

„Wir bauen gerade eine Kapelle mit einem Taufbassin, und sobald alles fertig ist, werden wir einen Taufgottesdienst abhalten. Wir können Sie dafür vormerken."

„Aber vielleicht habe ich dann keinen Mut mehr dazu", meinte ich. „Je länger ich warte, desto schwieriger wird es."

Prediger Rasmussen rieb nachdenklich sein Kinn. „Im Sommer taufen wir manchmal die Leute im Großen Belt, aber zu dieser Jahreszeit geht das nicht." Er hielt einen Moment inne und wandte sich dann zu seiner Frau: „Könnten wir uns nicht eine Badewanne ausleihen, Esther, und sie in die Küche stellen?"

„Warum nicht?", erwiderte Frau Rasmussen. „Frau Svensen wird uns sicher ihre zur Verfügung stellen."

„Wie wäre es damit?" Prediger Rasmussen kehrte sich wieder zu mir. „Wären Sie bereit, sich in unserer Küche taufen zu lassen – in einer Badewanne?"

„Es spielt keine Rolle, wo Sie es tun", entgegnete ich, „solange nur mein altes Leben richtig begraben wird!"

„Lasst mal sehen", fuhr Prediger Rasmussen fort. „Heute ist Freitag. Kommen Sie morgen Abend gegen sechs Uhr wieder, und dann wird eine Badewanne in der Küche auf Sie warten." Wie abgemacht traf ich am nächsten Abend im Hause von Rasmussens ein. Frau Rasmussen half mir in ein langes, weißes Gewand hinein und führte mich in die Küche. In der Mitte auf dem Fliesenboden stand ein großer, zinkener Badzuber mit Wasser gefüllt. „Wir haben das Wasser etwas temperiert", versicherte sie mir.

Etliche einheimische Fischersfrauen waren als Taufzeugen anwesend. Es gab mir einen kleinen Schock, als ich in einer von ihnen die Mutter einer meiner Schülerinnen erkannte. Bis zu diesem Augenblick hatte ich im Stillen gehofft, mein Tun könnte vor der Öffentlichkeit verborgen bleiben. Nun wusste ich, dass es innerhalb weniger Tage der ganzen Schule, Lehrern wie Schülern, zu Ohren kommen würde.

Mein Auge nahm Einzelheiten der Szene auf. Alles war makellos sauber, wenn auch durch jahrelangen Gebrauch abgenutzt. Über dem Herd, auf dem ein Wasserkessel verhalten summte, hingen zwei große, schwarze Pfannen. Der einzige Schmuck bestand in einem hölzernen Brotbrett, auf welches die Worte „Gib uns heute unser täglich Brot" gemalt waren.

Ich spürte, wie meine nackten Füße auf dem teppichlosen, kalten Steinboden klamm wurden. Ich hätte mir nichts vorstellen können, was mehr im Gegensatz zu all dem stand, woran ich gewöhnt war. Niemand, außer Gott selbst, hätte das fertigbringen können. Durch diesen einen symbolischen Akt verleugnete ich mein ganzes Erbe – das gesellschaftliche, kulturelle, intellektuelle und religiöse.

Noch einmal erwog ich die Konsequenzen dessen, was ich zu tun im Begriff stand. Konnte ich mich wirklich in Gegensatz zu denen setzen, die ich mein ganzes Leben lang gekannt hatte, und von diesem Augenblick an und für immer eine Fremde unter meinen eigenen Leuten sein? Aber das wollte ich ja – „begraben" sein. Wie viel vom alten Leben konnte man mit ins Grab nehmen? Erst jetzt begriff ich, wie sehr die Taufe einem Begräbnis gleicht. Die Taufhandlung selber war kurz und schlicht. Wir standen in der Küche und bildeten einen Kreis. Prediger Rasmussen las einige Worte Jesu aus dem Matthäusevangelium: „Will mir jemand nachfolgen, der verleugne sich selbst und nehme sein Kreuz auf sich und folge mir. Denn wer sein Leben erhalten will, der wird's verlieren; wer aber sein Leben verliert um meinetwillen, der wird's finden" (Matthäus 16,24–25).

Er schloss die Bibel und betete, doch meine Gedanken konnten ihm kaum folgen, so sehr beschäftigten mich die Worte Jesu, die er soeben verlesen hatte: *Wer sein Leben verliert ... der wird's finden.* Mir wurde bewusst, dass meine Taufe an diesem Abend der erste Teil eines Tausches war. Ich *verlor* jenes Leben, wie ich es bisher gekannt hatte. Auf der andern Seite öffnete sich mir ein anderes Leben, das es zu *finden* galt.

Als Prediger Rasmussen sein Gebet beendet hatte, nahm ich meinen Platz im Badezuber ein. „Auf das Bekenntnis deines Glaubens hin", hörte ich ihn sagen, „taufe ich dich in den Tod und in die Auferstehung Christi. Im Namen des Vaters und des Sohnes und des Heiligen Geistes. Amen!"

Dann drückte er mich sanft, doch bestimmt nach hinten unter Wasser, hielt mich dort einen Moment fest und hob mich wieder heraus.

Wie ich so im Badezuber saß und das Wasser über mein Gesicht herabtropfte, vergaß ich vollständig meine Umgebung. Nur eines zählte in diesem Moment: Meine Ängste und Kämpfe waren zu Ende! An ihrer Stelle erfüllte ein tiefer Friede mein Herz. Damit gab mir Gott das Zeugnis seines Wohlgefallens an meinem Tun. An diese Gewissheit würde ich mich in den Tagen, die vor mir lagen, halten können.

Ich hatte getan, was Gott von mir forderte.

Dr. Karlssons Botschaft

Gegen Mitte der folgenden Woche hatte die Nachricht von meiner Taufe die ganze Schule erreicht. Die Reaktion der Schüler trat offener und schneller als die der Lehrer zutage. Ging ich über den Schulhof, wurde ich mit schrillen Halleluja-Rufen begrüßt. Näherte ich mich dem Klassenzimmer, vernahm ich die Laute einer lebhaften Diskussion. Sobald ich eintrat, erstarrte sie zu einem unnatürlichen, nur von einem verstohlenen Kichern unterbrochenen Schweigen. Eines Tages standen, von kindlicher Handschrift gemalt, die Buchstaben HALLELUJA quer über der ganzen Breite der Wandtafel.

Die Haltung meiner Kollegen war weniger freimütig, dafür aber verletzend. Ich hatte bald heraus, dass sie nicht mehr gesehen werden wollten, wie sie mit mir zusammen über den Schulhof gingen. Entweder eilten sie vor mir her und taten, als hätten sie mich nicht gesehen, oder sie schlenderten umher oder wandten sich in eine andere Richtung, bis ich vorübergegangen war. Betrat ich das Lehrerzimmer, verfiel zunächst alles in plötzliches Schweigen, bis dann jeder anfing, auffallend laut über irgendwelche belanglosen Dinge zu reden.

Eines Nachmittags nach meiner letzten Schulstunde stieß ich auf Søren, der im Korridor auf mich wartete. „Hast du einen Moment Zeit?", wollte er wissen.

„Selbstverständlich", antwortete ich. „Wir haben uns in letzter Zeit nicht viel gesehen." Wir verfielen in Gleichschritt und gingen langsam zum Schulhof hinaus.

„Hast du etwas dagegen, wenn ich dir offen eine Frage stelle?" Søren wartete, und als er sah, dass ich einverstanden war, fuhr er fort: „Die ganze

Angelegenheit mit –", er zögerte und zwang sich dann, das Wort auszusprechen – „der *Taufe*. Gehört das alles zu deiner Suche nach Wahrheit?"

„Wahrscheinlich kann man es so bezeichnen. Sieh mal, wenn du die Wahrheit suchst und glaubst, sie gefunden zu haben, nun, dann wirst du mit der Herausforderung konfrontiert, ihr zu gehorchen!"

„Die Wahrheit gefunden ...? Nimmt das nicht jede religiöse Gruppe für sich in Anspruch?" Und als ich nicht antwortete – „Weißt du, dass Erna Storm einen Antrag für deine Entlassung als Lehrerin stellen will?"

Unterdessen hatten wir den Schulhof erreicht, und ich blieb einen Moment stehen, um Søren Gelegenheit zu geben, voranzugehen. Zu seiner Ehre muss ich sagen, dass er jedoch bereit war, mit mir zusammen Spießruten zu laufen. Als wir den Hof halbwegs überquert hatten, kam das übliche spöttische Halleluja-Rufen.

„Stört dich das denn nicht?", fragte Søren.

„Nun ja, besondere Freude bereitet es mir nicht", entgegnete ich, „aber das ist nur ein bescheidener Preis für das, was ich gefunden habe."

„Und das wäre, Lydia?"

„Ich bin glücklich, Søren, wirklich glücklich bis ins Innerste – trotz allem, was die Leute reden. Ich komme mir vor wie der im Gleichnis Jesu erwähnte Kaufmann, der eine Perle so kostbar fand, dass er alles verkaufte, was er hatte, um sie zu erwerben." (Vielleicht auch die Chance unseres gemeinsamen Glücks, fügte ich im Stillen für mich hinzu, als Sørens beunruhigter, fragender Blick dem meinen begegnete.)

Ich erwartete noch die offizielle Reaktion der kirchlichen Behörden. Sie sollte nicht lange auf sich warten lassen. Ich wurde auf den 9. März in das Büro des lutherischen Pfarrers beordert, der für alle religiösen Angelegenheiten im Schulwesen zuständig war. Er forderte mich auf, eine Erklärung für meine Taufe zu geben. Ich tat es, so gut ich konnte.

Von hier wurde mein Fall an die höhere Kircheninstanz, an die Propstei in der Nachbarstadt Slagelse, weitergeleitet. Nach angemessener Zeit erhielt ich dann auch die Einladung, dort vorzusprechen, und wieder hatte ich mich für mein Verhalten zu verantworten.

Der Propst macht keinen Hehl daraus, dass er mich als eines seiner verirrten Schafe betrachtete. „Warum sind Sie nicht zuerst zu mir gekommen, ehe Sie eine solche Sache machten?", fragte er.

„Herr Propst", erwiderte ich, „über Jahre bin ich zur Kirche gegangen, kam aber jedes Mal verwirrter heraus, als ich hineingegangen war. Schließlich hatte ich den Eindruck, dass es niemand außer Gott selbst gab, an den ich mich wenden konnte."

„Meint nicht jede Generation, ein Monopol auf die Wahrheit zu haben?", seufzte der Propst. „Ich wäre gar nicht überrascht, wenn auch Sie eine Missionsberufung zu haben glauben. Ich dachte das von mir auch, als ich in Ihrem Alter war."

„Herr Propst, aber vielleicht hatten Sie wirklich …" Ich unterbrach mich, als ich seinem Blick begegnete. War es Ärger? War es Schmerz? Zurechtweisung – oder Bitte? Wie dem auch sei – ich wusste, dass ich zu viel gesagt hatte.

Tagelang konnte ich nicht vergessen, was ich in den Augen des Propstes gesehen hatte. Hier war ein Mann, der in seinem Beruf Erfolg hatte und von allen als jemand geschätzt wurde, der gewissenhaft Gott und seinen Mitmenschen dienen wollte. Und dennoch, sein gequälter Blick erinnerte mich an Søren. Gab es etwas mehr im Leben, was selbst der Propst nicht gefunden hatte, vielleicht das eine, was wichtiger ist als alles andere? Warum hatte er etwas von einer Missionsberufung gesagt? Mir war zwar nicht klar, was er meinte, aber trotzdem konnte ich diesen Satz nicht aus meinem Kopf bekommen.

Inzwischen war meine Geschichte in die Presse gekommen, zuerst in die Lokalzeitungen, dann auch in die großen Blätter des Landes. Bei meiner Rückkehr von der Schule fand ich eines Nachmittags eine Ausgabe des „Morgen", der am meisten verbreiteten Zeitung Dänemarks, auf meinem Tisch.

„Ich habe Ihnen diese Zeitung zum Lesen mitgebracht", sagte Valborg. „Es steht ein Artikel über Sie drin, direkt auf der Titelseite."

Und tatsächlich: Die über die ganze Breite der Seite gehende Überschrift lautete: *Kann ein Zungenredner Lehrer in einer staatlichen Schule bleiben?* Der Verfasser machte viel Aufhebens von meinem Kontakt zu den Pfingstlern, die er als „eine Sekte jüngeren Ursprungs, ohne formale Ausbildung oder Theologie" abtat. Seine Einstellung zu meinem Fall war jedoch nicht einmal so ungünstig. Er stellte die Frage, inwieweit die lutherische Kirche das Recht hätte, den Lehrern der staatlichen Schulen ihren persönlichen Glauben zu diktieren.

„Es muss schrecklich sein", sagte Valborg, „zu wissen, dass jeder im Lande so von Ihnen spricht."

„In gewisser Beziehung ist das wahr", entgegnete ich, „und doch hilft es mir, einen Bibelvers besser zu verstehen, der mich beim ersten Mal, als ich ihn las, etwas verwirrt hatte: ‚Selig sind, die um Gerechtigkeit willen verfolgt werden.' Damals konnte ich nicht begreifen, wie man durch so etwas gesegnet sein kann. Aber mitten in aller Kritik und Opposition habe ich eine Freude und einen Frieden wie nie zuvor."

Von jetzt an brachte mir Valborg jede Zeitung, in der etwas über mich stand, und betrachtete mich mit besorgtem Blick, um meine Reaktion darauf festzustellen. Während der nächsten Wochen wurde mein Fall in der Presse ausführlich diskutiert. Prominente Persönlichkeiten des Landes argumentierten für und gegen mich. Es schien jedoch die Auffassung vorzuherrschen, dass man Lehrern an staatlichen Schulen größere Freiheit in ihren religiösen Überzeugungen zugestehen sollte.

Anfang April ließ mich Herr Pedersen, der Rektor der Schule, zu sich rufen. Es war vor allem seiner Empfehlung zu verdanken gewesen, dass ich meine Stelle als Direktorin für Hauswirtschaftslehre bekommen hatte, und mir war seine Zufriedenheit über meine Amtsführung bekannt.

„Fräulein Christensen", sagte er, „ich muss Sie davon in Kenntnis setzen, dass Ihr Fall an das Erziehungsministerium in Kopenhagen weitergeleitet worden ist, und dann wird man im Parlament darüber diskutieren. Dabei weiß niemand zu sagen, wie lange sie brauchen werden, um zu einer Entscheidung zu gelangen. Ich werde Sie jedoch auf dem Laufenden halten." Dann fügte er etwas persönlicher hinzu: „Ich bin sicher, dass schon alles gut werden wird!"

Ich dankte ihm, wunderte mich aber, was ihm Anlass zu dieser Zuversicht gegeben haben mochte.

Unterdessen hatten die Pfingstler ihr Versammlungshaus fertiggestellt, und es schien mir richtig zu sein, nun auch ihre Gottesdienste zu besuchen. Rasmussens taten ihr Bestes, damit ich mich unter ihnen wohlfühlte, aber bei den Gemeindegliedern fand ich nicht die Aufnahme, die ich erhofft hatte. Ganz gleich, wie sehr ich mich bemühte, mich anzupassen – ich war immer noch „anders". Alle Frauen trugen Kleider, denen man keine Spur von Eleganz ansah. Ging ich zu ihren Versammlungen, so legte ich die einfachsten Kleider an, die ich besaß. Doch das genügte nicht. Alle Gläubigen schienen dunkle Strümpfe zu tragen. Meine waren etwas zu hell. Widerwillig kaufte ich mir zwei Paar von den hässlichen schwarzen.

Auch meine Sprache stellte ein Problem dar. Ich war zu „gebildet". Bildung war „weltlich". Die Verschiedenheit meines gesellschaftlichen und kulturellen Hintergrundes bedeutete ihnen mehr als mir selber. Als ich die ersten Male laut in einer Versammlung betete, senkte sich eine Art missbilligendes Schweigen auf die übrigen Anwesenden.

Von einer solchen Versammlung wieder einmal heimgekehrt, machte ich eine Bestandsaufnahme meiner Lage. Meine Kollegen wollten nicht mehr mit mir verkehren. Die Lutherische Kirche betrachtete mich als Glaubensabtrünnige. Die Pfingstler hatten Mühe, mich zu akzeptieren. Das ganze Land diskutierte meinen Fall und das Parlament sollte über meine Zukunft als Lehrerin entscheiden. Es war schwer zu verstehen, wie sich das alles entwickelt hatte aus meiner einfachen, persönlichen Entdeckung, dass Christus lebt und die Bibel wahr ist.

Kurz vor Ostern erhielt ich einen kurzen, aber verzweifelten Brief von Mutter: „Alle unsere Freunde reden über dich … Unser Pfarrer machte mir einen Besuch … Ich kann nicht verstehen, wie du so etwas tun konntest."

Über das Osterwochenende weilte ich dann zu Hause bei Mutter und erzählte ihr alles, was ich erlebt hatte. „Du weißt, dass ich mich mit diesen Dingen nicht befasst habe", sagte sie endlich. „Ich möchte nur sicher sein, dass du nicht etwas Schlimmes gemacht hast."

„Mutter", versicherte ich ihr, „das ist das Beste, was mir in meinem ganzen Leben widerfahren ist!"

Es war gegen Ende Juni, als ich wieder in Herrn Pedersens Büro gerufen wurde. Bei meinem Eintreten erhob er sich und streckte mir einen Brief zum Lesen hin. „Hier ist die Antwort vom Erziehungsministerium auf Ihren Fall."

Ich fühlte mein Herz schneller schlagen. Es war mein Gebet gewesen, dass Gottes Wille geschehe, doch jetzt, als dieser Moment gekommen war, wurde mir klar, wie viel mir meine Stelle an der Schule wirklich bedeutete.

Herr Pedersen fuhr fort: „Der Erziehungsminister hat Ihnen die Erlaubnis erteilt, Ihre Stelle als Lehrerin zu behalten – wenn Sie damit einverstanden sind, das hier zu unterschreiben." Er händigte mir einen Bogen Papier mit dem offiziellen Briefkopf des Erziehungsministeriums aus.

Sorgfältig las ich die Erklärung durch. Dann nahm ich, ohne ein weiteres Wort zu sagen, eine Feder von Herrn Pedersens Tisch und setzte meine Unterschrift darunter.

„Warten Sie einen Augenblick!", wollte er protestieren. „Haben Sie es doch nicht so eilig! Sie haben monatelang auf diesen Entscheid gewartet, und jetzt unterschreiben Sie ihn, ohne zu wissen, was darin steht."

„Oh nein", antwortete ich ihm, „ich habe gesehen, was darin steht. Es heißt, dass ich nichts unternehmen werde, um die Schüler in Bezug auf die Kindertaufe zu beeinflussen. Wenn ich den Kindern wirklich etwas sagen will, dann sicher nicht über die Kindertaufe, dafür aber über die Glaubenstaufe!"

Herr Pedersen sah erleichtert drein. „Wissen Sie, Fräulein Christensen", meinte er, „mir ist in den letzten Monaten etwas an Ihnen aufgefallen – soll ich sagen: eine Art Zufriedenheit? Sagen Sie mir: Ist es verkehrt, neidisch zu sein?"

Nach außen hin war meine Stellung als Lehrerin an der Schule wieder gesichert. Ich hatte die Autorität wie auch die Theologie der Staatskirche öffentlich herausgefordert, und das Landesparlament hatte mich tatsächlich unterstützt. Innerlich jedoch vollzog sich bei mir eine Wandlung, die nichts mit der Entscheidung des Parlamentes zu tun hatte. Durch die Taufe hatte ich mein altes Leben verloren. Darin lag eine unwiderrufliche Endgültigkeit. Es schien, dass ich an Stelle des alten Lebens jetzt ein neues Leben ins Auge fassen musste. Doch ich hatte keine Ahnung, wie man so etwas in Angriff nahm.

Durch Rasmussens vernahm ich von einigen großen Pfingstgemeinden in Schweden, die häufig von Leuten anderer europäischer Länder aufgesucht wurden, um geistlichen Rat zu erhalten. Vielleicht sollte auch ich dort Hilfe suchen. Ich entschloss mich, das in meinen Sommerferien zu tun.

Anfang August fuhr ich nach Schweden hinüber und reiste etappenweise nordwärts nach Stockholm, indem ich unterwegs die Pfingstgemeinden in den an der Route liegenden Städten besuchte. Zum Glück gab es keine Verständigungsschwierigkeiten. Die dänische und die schwedische Sprache sind so nahe verwandt, dass ein Däne und ein Schwede sich miteinander unterhalten können und jeder dabei in seiner eigenen Sprache spricht.

Ich kam Mitte August in Stockholm an und nahm nahe beim Stadtzentrum ein Hotelzimmer. Während ich eines Tages zur Mittagszeit vom

Fenster auf die unter mir liegende belebte Straßenkreuzung hinunterschaute, machte ich mir Gedanken über den unaufhörlich in alle Richtungen fließenden Menschen- und Verkehrsstrom. „So viele Menschen bewegen sich in so viele Richtungen", dachte ich bei mir. „Macht es keinen Unterschied, in welcher Richtung einer geht? Oder gibt es für jeden nur einen einzigen Weg, der für ihn der richtige ist?"

Am Sonntagmorgen nahm ich am Gottesdienst der größten Pfingstgemeinde in Stockholm teil. Die Anbetung der großen Gemeinde war inspirierend und die Predigt war klar und kraftvoll, aber ich bekam keine Antwort auf meine Fragen. Es wurde angekündigt, dass der Redner des Abendgottesdienstes ein Missionar vom Kongo namens Dr. Bengt Karlsson sein würde.

Ich kehrte zur Abendversammlung zurück, wenn auch mit einem Gefühl von Enttäuschung. Drei Wochen hatte ich in Schweden verbracht und ein halbes Dutzend Gemeinden besucht, und am nächsten Tag sollte mich meine Reise wieder nach Dänemark zurückführen. Aber ich war dem, was ich suchte, nicht einen Schritt näher gekommen. Und ich konnte nicht sehen, wie mir ein Bericht über die Missionsarbeit im Kongo helfen könnte.

Zu Beginn las Bengt Karlsson einen Bibeltext vom Apostel Paulus: „Denn wir sind sein Werk, geschaffen in Christus Jesus zu guten Werken, welche Gott zuvor bereitet hat, dass wir darin wandeln sollen" (Epheser 2,10). Er bezog das auf sein eigenes Leben, indem er die einzelnen Schritte beschrieb, die ihn von seiner erfolgreichen Arztpraxis in Südschweden weg in den Urwald des Kongo geführt hatten.

Aber ich hörte ihm gar nicht mehr zu und ich vergaß auch die Gemeinde um mich herum. Die letzten Worte des verlesenen Bibeltextes echoten unaufhörlich in meinen Gedanken: „... zu guten Werken, welche Gott zuvor bereitet hat, dass wir darin wandeln sollen." Allmählich wurde mir ihre Bedeutung klar: *Gott hat bereits für jeden Einzelnen von uns eine besondere Aufgabe im Leben bestimmt.*

Hier war die Antwort auf meine Frage! Ich brauchte meine Lebensaufgabe gar nicht zu planen. Ich hatte herauszufinden, welche Arbeit Gott für mich bereits bestimmt hatte. Es gab eine mir von Gott zugedachte, besondere Aufgabe, die niemand anders in der Welt ausführen konnte. Meine größte Verantwortung im Leben bestand darin, über diese Aufgabe

Klarheit zu bekommen und sie zu erfüllen. Wenn ich sie nicht erfüllte, blieb sie unerledigt. Niemand konnte meinen Platz einnehmen.

Es war warm in der Kirche, fast zu warm. Und doch begann ich auf meinem Platz zu zittern. Das Bewusstsein meiner persönlichen Verantwortlichkeit überwältigte mich. Ich würde einmal in der Ewigkeit für diesen Moment Rechenschaft ablegen müssen. Ich war vor Gott verantwortlich für das, was ich mit meinem Leben tat! Den Kopf geneigt und die Augen geschlossen, betete ich still: „Herr, zeige mir die Arbeit, die du mir zugedacht hast, und ich will mein Bestes tun, um sie auszuführen." Ich wurde mir wieder meiner Umgebung bewusst. Dr. Karlsson erläuterte seine Pläne für den Bau einer kleinen Krankenstation im Herzen des Dschungels. Die Ausrüstung müsste aus Schweden eingeführt werden; um das Labor und das Baumaterial würden sich seine eigenen afrikanischen Gemeinden kümmern. Bei strikter Sparsamkeit und sorgfältiger Planung würde man die Kosten unter 13 000 Mark halten können. „Wir rufen Gottes Volk auf, uns bei dieser Aufgabe zu helfen", schloss Dr. Karlsson. [Anmerkung des Verlags: Um die seinerzeitigen Kaufkraftverhältnisse halbwegs realistisch widerzuspiegeln, wurde bei der Neubearbeitung dieses Buchs von einer Anpassung der Währungsumrechnung abgesehen.]

„Du hast Geld, um ihm zu helfen!" Ich wandte mich um, um zu sehen, ob jemand von hinten zu mir gesprochen hatte – aber alle Leute nahmen gerade ihr Gesangbuch hervor. Und doch waren die Worte so klar gewesen, wie wenn sie hörbar gesprochen worden wären.

Am Morgen meiner Abreise von Korsør nach Schweden hatte ich einen Bankkontoauszug erhalten. Mein Guthaben betrug 12 212,55 dänische Kronen – knapp 10 000 Mark. Das stellte den Rest von der Erbschaft meines Vaters dar – 1927 eine beträchtliche Summe.

Am Schluss der Versammlung stellte ich mich Dr. Karlsson vor und fragte ihn, ob ich ihn privat sprechen könnte. Wenige Minuten später saß ich ihm und seiner Frau an einem Küchentisch in einer kleinen Wohnung hinter der Kirche gegenüber. „Dr. Karlsson", begann ich, „ich habe erst vor Kurzem dieses neue Leben gefunden, und es gibt noch so viele Dinge, die ich nicht verstehe. Aber am Schluss Ihres Vortrages, glaube ich, hat Gott zu mir gesprochen und mir gesagt, Ihnen 12 000 Kronen für Ihre Krankenstation zu geben."

Ich konnte sehen, dass Dr. Karlsson über den von mir genannten Betrag verblüfft war. „Schwester Christensen", sagte der Arzt, „bevor Sie eine so große Summe opfern, möchte ich Sie bitten, erst genügend darüber zu beten und sich zu vergewissern, dass es Gottes Stimme war, die Sie vernommen haben."

Ich dankte ihm für seine mahnenden Worte, war aber meiner Sache schon sicher.

„Erzählen Sie uns doch bitte, wie Sie zu diesem neuen Leben im Heiligen Geist gekommen sind", bat mich Frau Karlsson. Ich begann meine Suche nach dem wirklichen Sinn des Lebens sowie die darauffolgenden seltsamen Erlebnisse zu schildern. Die Karlssons waren angenehme Zuhörer, sodass ich keinerlei Verlegenheit verspürte. Ich erzählte ihnen sogar von der tanzenden Frau und von den im Kreis um sie herum sitzenden Männern mit den gekreuzten Beinen. „Ich habe keine Ahnung, ob es wirklich ein Land gibt, wo sich die Menschen so kleiden", fügte ich hinzu.

Dr. Karlsson lächelte. „Vielleicht kann ich die Frage für Sie beantworten!", sagte er. „Als wir in diesem Frühjahr vom Kongo heimkamen, machten wir unterwegs einen Abstecher ins Heilige Land. Dort kleiden sich die Männer und Frauen genau so, wie Sie es beschrieben haben."

„Das Heilige Land …", begann ich. Warum war ich nie auf diesen Gedanken gekommen? Und weshalb verspürte ich in diesem Augenblick eine solch plötzliche Woge von Erregung? Ich erinnerte mich, wie gerne ich mehr von diesen Menschen in meiner Vision gewusst hätte.

„Ich möchte Sie um eines bitten, Schwester Christensen – beten Sie ernstlich, dass Gott Ihnen seinen Willen für Ihr Leben offenbart, und dann handeln Sie danach", fasste Dr. Karlsson mit leichtem Nachdruck in der Stimme zusammen. „Dafür sind wir von Ewigkeit her erschaffen worden, und auf die Dauer kann uns nichts anderes befriedigen. Ich habe das in meiner eigenen Erfahrung erlebt."

Während der folgenden Stunde erzählte Dr. Karlsson von seiner eigenen Suche nach Lebenserfüllung, von der Drangabe seines irdischen Ehrgeizes, von der Einsamkeit und Entbehrung im afrikanischen Urwald, von dem herzzerreißenden Kampf gegen Krankheit und Aberglaube. „Und dennoch", schloss er, „wenn ich nochmals wählen müsste, würde ich nichts anderes begehren. Ich habe gänzliche Lebenserfüllung gefunden."

Am nächsten Morgen früh machte ich mich auf die lange Reise zurück nach Dänemark. Ich benutzte die Zeit, um darüber nachzudenken, was am Abend vorher geschehen war. Hatte ich voreilig gehandelt, als ich eine so große Summe für ein Krankenhaus an einem Ort versprach, von dem ich nie gehört hatte? Von diesem Betrag hätte ich zwei Jahre sorgenfrei leben können. Oder meinte Jesus so etwas, als er davor warnte, sich Schätze auf Erden zu sammeln? Letzten Endes hatte ich jetzt ja wieder ein gesichertes Lehrergehalt.

Aber wichtiger als das Geld, das ich zu geben versprochen hatte, war die neue Ausrichtung, die ich für meine Zukunft erhalten hatte. Ich dachte an das, was Gott mir gezeigt hatte. Ich musste gar keine Pläne für mein Leben machen. Gott selbst hielt einen Plan für mich bereit. Ich brauchte ihn nur herauszufinden.

Ich traf spät in der Nacht in Korsør ein. Am frühen Vormittag hob ich mein ganzes Sparguthaben von der Bank ab und schickte es mit eingeschriebenem Brief an Dr. Karlsson nach Stockholm. Eigentlich war ich noch auf einen inneren Kampf gefasst gewesen, aber das Gegenteil war der Fall. Als ich den Brief dem Schalterbeamten übergab, war mir, als ob eine Last von mir abgefallen sei. Jetzt war ich frei, um mich der vor mir liegenden Aufgabe zu widmen: Gottes Plan für mein Leben zu entdecken.

Die Schule nahm ihren Unterricht im August wieder auf. Meine Hauswirtschaftslehre-Abteilung funktionierte besser denn je, und Herr Pedersen ließ es nicht an Anerkennung fehlen. Doch mit der Zeit merkte ich, dass ich mit einer sonderbaren inneren Unruhe zu kämpfen hatte. Die Textworte, die Dr. Karlsson verwendet hatte, kehrten immer wieder zu mir zurück. Meine Arbeit in der Schule war ein „gutes Werk" – aber war sie das Werk, zu dem Gott mich tatsächlich bestimmt hatte? Es gab andere Lehrer in Dänemark, die ebenso qualifiziert waren, in Hauswirtschaftslehre zu unterrichten. Wartete eine andere, eine besondere Aufgabe auf mich, eine Aufgabe, die liegen bleiben würde, wenn ich sie nicht erfüllte?

Dr. Karlsson hatte vermutet, dass die Menschen, die ich in meiner Vision gesehen hatte, aus dem Heiligen Lande stammen könnten. Beinahe gegen meinen Willen fing ich an, meine Aufmerksamkeit in diese Richtung zu lenken. Außer den Karlssons war mir niemand begegnet, der dort gewesen war. Obwohl dieses 25 900 Quadratkilometer umfassende Gebiet am Kreuzungspunkt dreier Kontinente – Europa, Asien und Afrika – eine seltsam bedeutungsvolle Rolle in der Menschheitsgeschichte gespielt hatte, war es schwierig, über die Zeitspanne zwischen den Bibeltagen und unserer Zeit zuverlässige Informationen zu erhalten. Ich suchte Büchereien auf, Antiquariate und sogar Zeitungsarchive. Schließlich stellte ich mir eine Übersicht über die Geschichte dieses Landes auf.

Ursprünglich als Land Kanaan bekannt, war es nacheinanderfolgend den drei hebräischen Patriarchen Abraham, Isaak und Jakob (später in Israel umbenannt) von Gott als Erbe versprochen worden. Später, unter David und Salomon, hatten Jakobs Nachkommen, nunmehr kollektiv als Israel bezeichnet, ein mächtiges und wohlhabendes Reich errichtet, dessen großartige Hauptstadt Jerusalem war. Dann setzte ein religiöser und politischer Niedergang ein, und in den folgenden Jahrhunderten wurde das Land abwechselnd von verschiedenen rivalisierenden Weltreichen unterjocht: Babylonien, Persien, Griechenland und Rom. Als die jüdische Nation sich gegen die Römer erhob, wurde sie schließlich mit entsetzlicher Grausamkeit vernichtet. Jerusalem mit seinem heiligen Tempel wurde zerstört, und die Überlebenden wurden in alle umliegenden Völker zerstreut. Das war der Anfang eines Exils, das mehr als achtzehn Jahrhunderte dauerte. Den Platz der Juden nahmen Heiden aus den benachbarten Ländern ein.

Im 7. Jahrhundert unserer Zeitrechnung fiel das Heilige Land den Arabern in die Hände – diesen eifernden Anhängern der neuen, von Mohammed gegründeten islamischen Religion. Für die nächsten dreizehn Jahrhunderte – mit Ausnahme einer kürzeren Periode unter den Kreuzfahrern im 11. Jahrhundert – wurde das Land von einer Reihe islamischer Völker erobert und beherrscht, wobei die 400 Jahre unter den osmanischen Türken besonders hervorragten. Diese lange Serie von Eroberungen sowie die zunehmende Vernachlässigung reduzierten den allergrößten Teil des Gebietes zur Öde: mit zerstörtem Baumbestand, zerfallenen Städten und malariaverseuchten Sümpfen anstelle von einst fruchtbaren Feldern.

Dann wurde die Feudalherrschaft der Türken durch die britische Mandatsregierung abgelöst, zu deren Verwaltungsbereich zwei benachbarte, durch den Jordanfluss getrennte Territorien gehörten – Palästina im Westen, Transjordanien im Osten. Diese Veränderung provozierte jedoch von Neuem Spannungen und Probleme. Die Technologie des 20. Jahrhunderts begann ihren Angriff auf Sitten und Lebensweisen, die beinahe unverändert bis auf die abrahamitische Zeit zurückgingen. Arabische Bauern, deren Familien 1000 oder noch mehr Jahre lang dieselbe kleine Ackerfläche bearbeitet hatten, sahen sich plötzlich konfrontiert mit dem Druck landhungriger jüdischer Einwanderer, die ihr modernes Können und Material mitbrachten und von den finanziellen Reserven des internationalen Zionismus gestützt wurden. Hinter den Kulissen wetteiferten die Großmächte miteinander um die Kontrolle strategisch wichtiger Gebiete des Nahen Ostens wie die Suezkanalzone und die reichsten Erdölregionen der Welt. Die britische Verwaltung jonglierte verzweifelt mit den rivalisierenden Ansprüchen verschiedener rassischer, politischer und religiöser Gruppen, ohne jedoch dauerhafte Lösungen zu finden. Ein dänischer Journalist, der damals gerade aus jener Region zurückgekehrt war, bezeichnete die Situation dort in aller Offenheit so: „Die Frage ist nicht, ob es zu einem offenen Konflikt kommen wird, sondern nur, wie bald."

Es gab nichts Reizvolles an dem Bild, das ich mir auf diese Weise vom Heiligen Land machte. Ich versuchte es zu vergessen, konnte es aber nicht. Sollte das ein weiterer Hinweis dafür sein, dass Gottes Plan für mein Leben irgendwie mit diesem Lande und seinen Menschen zu tun hatte? Ich wusste nur um eine Möglichkeit, Antwort darauf zu bekommen – das Gebet. Es war nicht leicht, für ein so fremdes und fernes Land zu beten. Aber ich hatte mich entschieden, den Willen Gottes zu erfahren, und so musste ich den einzigen Weg gehen, der mir offen zu sein schien.

In den Wochen, die nun folgten, verbrachte ich viele lange Stunden kniend bei meinem grünen Armsessel. Oft war ich versucht aufzugeben. Warum für etwas beten, was so weit weg und unwirklich für mich war? Langsam erkannte ich, dass Gott mich lehren wollte, mich auf den Heiligen Geist zu verlassen. Wenn immer ich eine besondere Ermutigung nötig hatte, dachte ich an die Worte des Paulus: „Desgleichen hilft auch der Geist unserer Schwachheit auf. Denn wir wissen nicht, was wir beten sollen, wie sich's gebührt, sondern der Geist selbst vertritt uns mit unaussprechlichem Seufzen ..." (Römer 8,26).

Wenn ich beim Beten in meiner eigenen Sprache nicht so recht durchkam, öffnete ich mich dem Heiligen Geiste und betete in einer anderen Sprache, wie er mir auszusprechen gab. Unterdessen hatte ich festgestellt, dass Gott mir nicht nur *eine* neue Sprache gegeben hatte, sondern mehrere. Die eine war eher weich und schnell, dem Italienischen ähnlich. Diese hatte ich zuerst erhalten – in jener Nacht, als ich die tanzende Frau sah. Die zweite enthielt viele Kehllaute, sie glich mehr dem Holländischen. Eine dritte war von einem nasalen Ton geprägt und ganz anders als die übrigen. Es gab auch noch andere Sprachen, die nicht so leicht zu identifizieren waren. Es machte den Anschein, dass die einzelnen Sprachen besonderen Gebetsanliegen oder meiner jeweiligen Geistesverfassung angepasst waren.

Wenn ich eine Zeitlang in einer unbekannten Sprache gebetet hatte, kehrte ich oft zum Dänischen zurück und war manchmal von den Dingen überrascht, über die ich mich beten hörte. Offensichtlich wurde mir diese Art von Gebet, auch wenn es auf Dänisch geschah, direkt vom Heiligen Geist eingegeben. In solchen Fällen diente das Beten in andern Zungen dazu, mich auf ein höheres Gebetsniveau zu heben, als mein eigener Verstand es vermocht hätte, obwohl ich später wieder auf Dänisch betete.

Während ich den Oktober und November hindurch regelmäßig auf diese Weise betete, wurde ich mir einer tiefen Veränderung in meiner innersten Einstellung bewusst. War es tatsächlich möglich, Menschen zu lieben, die ich nie gesehen hatte? Was Liebe zu den Eltern und Geschwistern ist, wusste ich. Jetzt spürte ich, dass ich in jenem Lande, für das ich betete, eine andere Familie besaß – eine Familie, die ich nie gesehen hatte und deren Namen ich nicht kannte. Und je mehr ich für sie betete, desto mehr Liebe empfand ich für sie.

Prediger Rasmussen lud mich ein, am Sonntag, dem 4. Dezember 1927, an einem besonderen Gebetstag in seiner Gemeinde teilzunehmen. Ungefähr vierzig von uns kamen am Morgen zusammen und verbrachten den ersten Teil des Tages abwechselnd mit Singen, Beten und Bibellesen. Am frühen Nachmittag senkte sich eine ungewöhnliche Stille auf uns hernieder. Während fünf oder zehn Minuten wagte niemand laut zu beten. Unsere Gemeinschaft mit Gott untereinander war so eng geworden, dass sie auch gar nicht in hörbaren Worten ausgedrückt zu werden brauchte.

An meinem Platz kniend, spürte ich die Gegenwart Gottes ganz nahe. Es war mir, wie wenn der Tau in der Stille der Nacht herniederfällt. Mein Herz begann erwartungsvoll schneller zu schlagen. Nach einem Augenblick erschien vor meinem inneren Auge das Gesicht eines kleinen Mädchens. Es lag in einem Bett, das wie eine Kiste aussah, doch Einzelheiten waren nicht zu erkennen. Es waren ihre dunklen, ernsten Augen, die meine Aufmerksamkeit fesselten.

Noch einige Tage später, wenn ich meine Augen zum Gebet schloss, sah ich jedes Mal das mich anstarrende Kind. Gehörte es zu meiner neuen Familie?

Über die Weihnachtsferien ging ich wieder für das traditionelle Familientreffen nach Brønderslev. Äußerlich hatte sich nichts verändert, doch irgendwie gehörte ich nicht mehr dazu. Eine Kluft war zwischen meiner Familie und mir entstanden. Auf gewisse Weise begann ich mich meiner unsichtbaren Familie in jenem fernen Lande mehr verbunden zu fühlen als meiner leiblichen.

Für den Neujahrstag 1928 war ich wieder in Korsør. Gerade vor einem Jahr war mir Jesus in meiner Wohnung begegnet. Zwei Monate später war ich getauft. Wer hätte all die Veränderungen voraussehen können, die sich danach ergaben? Und ich spürte, dass noch einige vor mir lagen. Mehr und mehr verstärkte sich mein Eindruck, Gott wollte mich im Heiligen Lande haben. Durfte ich ihn bitten, mir mehr als das zu zeigen – den genauen Platz, an den ich gehen sollte, die Arbeit, die ich tun sollte?

Indem ich in diesem Sinne betete, erinnerte ich mich eines Spieles, das ich in meiner Kindheit oft gespielt hatte. Einer der Anwesenden ging aus dem Zimmer, und in seiner Abwesenheit versteckten die übrigen irgendwo im Raum einen Ring. Dann rief man ihn wieder herein. Kam er in die Nähe des Ring-Versteckes, riefen die andern: „Warm!" Suchte er in der falschen Richtung, riefen sie: „Kalt!" Kam er jedoch ganz in seine Nähe, dann riefen sie: „Heiß!"

Jedes Mal, wenn ich für das Heilige Land und seine Menschen betete, empfand ich eine Wärme in meinem Inneren und wusste, dass ich auf dem richtigen Wege war. Eines Tages fühlte ich mich stark gedrungen, für Jerusalem zu beten. Sofort verstärkte sich die innere Wärme. Wollte mir der Heilige Geist damit „Heiß" signalisieren? Eine Woche lang betete ich jeden Tag für Jerusalem, und jedes Mal erlebte ich die gleiche Reaktion. Sollte Jerusalem mein Platz sein?

Doch warum gerade Jerusalem? Ich kannte niemanden dort und besaß auch keinerlei Verbindung zu dieser Stadt. Was sollte ich tun? Ich versuchte mich in die verschiedensten Situationen zu versetzen – doch in keine schien ich hineinzupassen. Ich wollte mir die Absurdität solch einer Sache einreden, aber trotz all meiner Argumente gelang es mir nicht, den

Eindruck loszuwerden: *Gott will von mir, dass ich nach Jerusalem gehe,* wenn ich auch nicht weiß, warum, oder was ich dort tun soll.

Unzählige Fragen begannen auf mich einzustürmen. Wie stand es zum Beispiel mit dem Geld? Ich hatte das letzte von der väterlichen Erbschaft Dr. Karlsson gegeben. Gäbe ich meine Lehrerstelle auf, würde ich das Gehalt von der Schule verlieren. Weil meine Glaubenstaufe und Geistestaufe im ganzen Lande publik gemacht worden waren, würde mich wohl auch keine anerkannte Missionsgesellschaft in Dänemark als Kandidatin annehmen. Die Pfingstler besaßen auch kein überflüssiges Geld. Bis zu diesem Tage waren mir finanzielle Probleme unbekannt gewesen. Sollte ich Gott vertrauen, in einem fernen und unbekannten Lande für mich zu sorgen – ohne eine Gemeinde oder Missionsgesellschaft hinter mir zu haben? Wer sollte auch wissen, dass ich dort wäre? Könnte Gott Menschen dazu veranlassen, mir Geld zu senden, obwohl sie mich nicht als Missionarin anerkannten und nicht wussten, was ich brauche? Eine ganze Woche lang plagte ich mich mit diesen Fragen. Schließlich beschloss ich, den Herrn auf der Stelle um Geld zu bitten und zu sehen, was passieren würde.

Solange ich eine gut bezahlte Lehrerstelle besaß, war es sehr unwahrscheinlich, dass mir jemand Geld gab. Doch gerade darum bat ich Gott. Ich betete einfach, aber bestimmt: „Herr, mache, dass mir jemand bis morgen Mitternacht fünfzehn Mark gibt. Wenn du das tust, dann weiß ich, dass du Menschen dazu bewegen kannst, mich in Jerusalem zu unterstützen."

Den ganzen nächsten Tag lang machte ich mir Vorwürfe, um so etwas Absurdes gebetet zu haben. Gleichzeitig aber überlegte ich, wer mir wohl das erbetene Geld geben könnte. Sicher nicht einer meiner Kollegen. Sie alle wussten, dass ich gut gestellt war. Vielleicht wäre unter der Post ein Brief von einem entfernten Verwandten … Unwillkürlich radelte ich an diesem Abend schneller als sonst heim.

„Ist heute Post gekommen, Valborg?", fragte ich beim Eintreten. Valborg gab mir einen Brief, der in Fünen abgestempelt war. Mein Herz schlug etwas schneller, als ich ihn öffnete. Es war ein kurzes Dankesschreiben von meiner kleinen Nichte: „Liebe Tante Lydia, ich danke dir für das Geschenk, das du mir zu meinem Geburtstag geschickt hast." Aber – kein Geld! Um halb zehn Uhr abends schien klar zu sein, dass das Geld nicht kam. Ich wusste nicht, sollte ich enttäuscht oder erleichtert sein? Wenn das Geld nicht eintraf, bedeutete es, dass Gott mich nicht nach Jerusalem gehen hieß. Dann hatte ich mich schließlich getäuscht. Oder bedeutete es bloß, dass mein Gebet falsch formuliert war? Warum sollte Gott mir einen bestimmten Betrag auf einen bestimmten Tag schicken, wenn ich das Geld überhaupt nicht nötig hatte? Ich hätte nicht so unvernünftig beten sollen.

Ich schickte mich gerade an, zu Bett zu gehen, als es an der Tür klopfte. Mein Herz hämmerte buchstäblich, als ich sie öffnen ging. Der späte Besucher war Kristine Sonderby, die Schulbibliothekarin, welche die Versammlungen der Evangelischen Mission unten beim Hafen besuchte.

„Ich hoffe, die Sache kommt dir nicht komisch vor", begann sie, ehe ich sie überhaupt hereinbitten konnte. „Aber als ich heute Abend betete, geschah etwas …" Sie suchte in ihrer schwarzen Handtasche, während sie sprach. „Ich hatte einfach ganz stark den Eindruck, dass ich dir im Auftrage Gottes das hier bringen soll." Sie nahm fünfzehn Mark aus ihrem Portemonnaie und reichte sie mir, und nach kurzem Zögern verabschiedete sie sich, offensichtlich selber verlegen wegen ihres unkonventionellen Verhaltens.

Als Kristine gegangen war, schienen meine Knie unter mir nachzugeben. Ich musste mich erst ein paar Minuten an den Esstisch setzen und warten, bis die Kraft wieder zurückkehrte. Nur noch zwei Stunden waren es bis Mitternacht, und Gott hatte mir genau den erbetenen Betrag geschickt. Jetzt gab es keine Entschuldigung mehr für irgendwelchen Zweifel! Gott hatte mir einen überwältigenden Beweis dafür gegeben, dass er imstande war, für mich in Jerusalem – oder irgendwo anders, wo er mich haben wollte – zu sorgen!

Am nächsten Tag während einer Pause kam Kristine zu mir, und wieder fing sie an, in ihrer Tasche zu suchen, wie sie es am Abend vorher getan hatte. „Ich weiß eigentlich gar nicht, warum ich mich gestern Abend so verhalten habe", sagte sie. „Ich wollte dir ursprünglich sechzig Mark geben, aber aus irgendeinem Grunde habe ich dir nur fünfzehn gegeben. Hier hast du die übrigen fünfundvierzig Mark", und damit reichte sie mir das Geld.

„Kristine", sagte ich, „du weißt gar nicht, wie wichtig das für mich ist – ich möchte dir danken, dass du Gottes Stimme gehorcht hast."

Ich sah, wie ihre Augen mich durch ihre dicken Brillengläser forschend ansahen.

„Mir ist aufgefallen, dass du dich wirklich verändert hast", meinte sie. „Du rauchst nicht einmal mehr! Kannst du mir sagen, wie das gekommen ist?"

So einfach wie möglich erzählte ich ihr, wie Jesus sich mir geoffenbart und mich dann mit seinem Geiste erfüllt hatte.

„Lydia, ich glaube dir das alles", kommentierte sie zum Schluss, „nur eines verstehe ich nicht – das Reden in einer anderen Sprache. Man hat uns immer gelehrt, dass diese Dinge nach der Apostelzeit verschwunden sind und dass es falsch ist, so etwas heute noch zu erwarten." Lag da nicht eine Sehnsucht in ihrer Stimme?

„Warum betest du nicht darüber?", erwiderte ich. „Bitte doch Gott, dir die Wahrheit direkt aus der Bibel zu zeigen."

„Ja, ich glaube, du hast recht – das will ich tun." Kristine verabschiedete sich mit einem warmen, festen Händedruck, wie ich es gar nicht von ihr gewohnt war, und wir trennten uns.

Ich musste noch den ganzen übrigen Tag über das Geschehene nachdenken. Gott hatte mir nicht nur bewiesen, dass er mich in Jerusalem durchbringen konnte. Er hatte mir auch zwei Lektionen über das Gebet beigebracht.

Die erste: Ich brauchte nicht herausfinden zu wollen, wie Gott mein Gebet erhört. Es war Gottes Sache und nicht meine, zu entscheiden, auf welche Weise die Antwort erfolgen sollte. Ich hatte die Möglichkeit ausgeschlossen, das Geld von einem meiner Kollegen zu erhalten. Aber Gott hatte es gerade durch Kristine kommen lassen.

Die zweite Lektion: Gott war bereit, über meinen Glauben hinaus zu geben. Weil ich ganz bestimmt für fünfzehn Mark gebetet hatte, ließ Gott Kristine beim ersten Mal genau diesen Betrag bringen. Dabei hatte er ihr aufs Herz gelegt gehabt, mir viermal so viel zu geben, als ich erbeten hatte. Ich durfte Gott nicht im Wege stehen und ihn um zu wenig bitten!

In Korsør musste der Winter allmählich dem Frühling weichen. Die Strahlen der Frühlingssonne brachten die weißgestrichenen Dachrinnen und die roten Dächer der schmucken Backsteinhäuser so recht zur Geltung. Ich hatte mich in Korsør vom ersten Tag an wohlgefühlt, doch nie war es mir so schön vorgekommen wie jetzt. Wollte Gott tatsächlich, dass ich das alles gegen ein fernes, primitives Land eintauschte, wo die Menschen, die Sitten und die Landschaft für mich fremd und ungewohnt waren? Mein Gehorsam gegen Gottes Willen hätte mit einem einzigen Akt besiegelt sein können: Herrn Pedersen mein Entlassungsgesuch zu überreichen. Woche um Woche schob ich es hinaus.

Über das Osterwochenende ging ich in die Pfingstgemeinde, um einen langjährigen Chinamissionar – Arne Konrad hieß er – zu hören. In der Schlussversammlung am Sonntagabend sprach er über den Text aus Hebräer 11,8: „Durch den Glauben ward gehorsam Abraham, als er berufen ward, auszugehen in ein Land, das er erben sollte, und er ging aus und wusste nicht, wo er hinkäme." Der Missionar malte ein lebendiges Bild von dem ausziehenden Abraham, der die Annehmlichkeiten und die Geborgenheit in Ur aufgab und im Vertrauen auf Gottes Verheißung in das unbekannte Land aufbrach.

Ich stand unter dem Eindruck, dass jedes Wort mir persönlich galt.

Am Schluss der Versammlung bat ich Herrn Konrad um eine persönliche Aussprache. Ich erzählte, auf welche Weise Gott mich geführt hatte, meine Stelle aufgeben und nach Jerusalem gehen zu wollen. Ich verschwieg aber auch nicht mein Zögern, diesen Schritt endgültig zu wagen. Als ich zu Ende war, schauten mich seine blitzenden, von weißen, buschigen Brauen überdachten grauen Augen einige Augenblicke an. Endlich sagte er: „Schwester Christensen, Dänemark ist voll von geistlichen Krüppeln, die den Ruf Gottes gehört haben, aber sich fürchteten, einen Glaubensschritt zu wagen. Werden Sie nicht einer von ihnen!"

Seine Worte klangen mir noch in den Ohren, als ich nach Hause ging. Ich ging schnurstracks zum Schreibtisch, schrieb mein Entlassungsgesuch und legte es oben auf die Bücher, die ich für den Unterricht am nächsten Morgen bereitgelegt hatte.

Während ich im Bett lag und auf den Schlaf wartete, dachte ich über die Unwiderruflichkeit meines Vorhabens nach. Es bedeutete den Abschied von meiner mir so vertrauten Welt von Korsør und den ersten Schritt hinaus in eine unbekannte Zukunft – eine Zukunft, für die ich keine Vorbereitung und keine Vorsorge treffen konnte. Um den auf mich einstürzenden Zweifeln und Ängsten entgegenzutreten, erinnerte ich mich immer wieder an die Worte von Herrn Konrads Predigt: „Durch den Glauben ... ging Abraham aus und wusste nicht, wo er hinkäme …" Mit diesen Worten auf den Lippen schlief ich schließlich ein.

Am nächsten Morgen in der Schule hatte ich die zweite Stunde frei. Sobald das Läuten der Glocke das Ende der ersten Schulstunde anzeigte, nahm ich mein Entlassungsgesuch, um es Herrn Pedersen zu bringen. Er begrüßte mich freundlich und bot mir einen Platz an.

„Herr Pedersen", sagte ich und hielt ihm meinen Brief hin, „ich möchte Ihnen dieses persönlich abgeben. Es ist mein Entlassungsgesuch."

„Ihr Entlassungs- …" Herr Pedersen hielt seine nach dem Brief ausgestreckte Hand auf halbem Wege still. „Das bedeutet, Sie wollen uns verlassen?"

Ich legte dar, wie ich zur Überzeugung gekommen war, dass Gott mich in Jerusalem haben wollte. Als ich geendet hatte, stand Herr Pedersen auf, reichte mir die Hand und wünschte mir alles Gute. „Ich weiß nicht, ob ich alles verstehe", fügte er hinzu, „aber ich achte Sie für Ihre Treue zu Ihren Überzeugungen."

Als ich wieder in den Korridor hinaustrat, lief ich beinahe in Søren hinein.

„Guten Morgen", sagte er. „Was führt dich zu so früher Stunde in das Direktionsbüro?"

„Ich habe gerade um meine Entlassung nachgesucht."

„Deine Entlassung! Du hast doch nie ein Wort davon gesagt!" Søren war offensichtlich schockiert. „Hoffentlich ist es nicht wegen dem Geschwätz der Leute über dich. Ich gebe zu, dass auch ich nicht immer sehr taktvoll gewesen bin … ich hätte mich mehr zusammennehmen sollen …" Er geriet beinahe ins Stottern. „Hast du im Sinn, die ausgeschriebene Stelle in Kopenhagen anzunehmen?"

„Mache dir keine Vorwürfe, Søren! Ich gehe nicht weg wegen dem, was man über mich geredet hat. Ich hätte dir schon eher davon etwas gesagt, hatte jedoch den Eindruck, du würdest mich nicht verstehen. Nein, ich gehe nicht nach Kopenhagen – ich gehe nach Jerusalem."

„Jerusalem! Was willst du denn dort?"

„Ich weiß es nicht – aber ich glaube, das ist der Platz, wo Gott mich haben will."

„Lydia, ich hätte nie geglaubt, dass du mit deinen neuen Ideen so weit gehen würdest!"

Søren war halb verärgert, halb bestürzt. „Meinst du wirklich …?"

„Nein, Søren, ich meine nicht – und ich weiß nicht, aber ich *glaube!* Jahrelang habe ich das Leben nach meinen eigenen Plänen und Überlegungen gestaltet. Aber ich habe herausgefunden, dass es noch einen anderen Lebenssinn gibt!"

„Einen andern Lebenssinn, Lydia?" Sørens Stimme klang sonderbar flach. „Das ist etwas, was ich nicht verstehe."

Die Glocke läutete wieder. Ich streckte meine Hand aus und hielt seine für einen Augenblick fest. „Ich muss jetzt gehen, Søren! Es tut mir leid."

Als ich an die Ecke des Korridors kam, sah ich zurück. Søren stand noch immer dort, wo wir uns getrennt hatten, und folgte mir mit seinem Blick. Im nächsten Moment war ich um die Ecke und seinen Augen entschwunden. Ich war nur wenige Schritte gegangen, und doch wusste ich, dass ich aus seinem Leben hinausgegangen war.

Inwendig verspürte ich einen Schmerz, der zu tief saß, als dass ich weinen konnte. Ich musste denken, dass auch der Tod eine Trennung nicht endgültiger machen kann. Meine Gedanken gingen zu meiner Taufe zurück. Ich hatte sie zwar schon damals in ihrer Bedeutung als Begräbnis erkannt, doch nicht in ihrer vollen Auswirkung. Meine Beziehung zu Søren hatte uns beiden viel gegeben. Gehörte auch sie zu dem alten Leben, das ich verlieren musste, ehe ich das neue finden konnte, zu dem Gott mich hinführte?

Ich musste noch meine Mutter von meiner Stellenaufgabe unterrichten, doch mit einem Brief war es nicht getan. Also wartete ich bis Pfingsten und machte einen kurzen Besuch in Brønderslev. Samstagmorgen erzählte ich Mutter so einfach wie möglich, was ich getan hatte. Als ich fertig war, saß sie einige Minuten schweigend da.

„Aber", sagte sie endlich, „was willst du in Jerusalem tun?"

„Mutter, diese Frage habe ich mir oft gestellt. und doch glaube ich, dass Gott für jeden eine ganz bestimmte Aufgabe hat – und irgendwie werde ich in Jerusalem auch meine finden."

Ich kehrte nach Korsør zurück – mit einer größeren Achtung vor meiner Mutter denn je. Meine Neuigkeit ging ihr sehr nahe, und doch hatte sie jedes Wort vermieden, das mir den Weg erschwert hätte, den ich für den richtigen ansah. Ich fing an zu beten, dass Gott sie für den Augenblick bereit machen möchte, wo ich meine Reise nach Jerusalem antrat.

Das Schuljahr ging Mitte Juli zu Ende. Zuerst fiel es mir schwer, daran zu denken, dass ich nicht länger Lehrerin war. Unter anderem erinnerte mich daran auch die Tatsache, dass ich keine Gehaltsüberweisung mehr erhielt. Das Leben schien seltsam entleert zu sein. Doch ich konnte es mir nicht leisten, bei der Vergangenheit stehen zu bleiben. Ich begann mich mit meiner Reise nach Jerusalem zu befassen. In einer schwedischen Missionszeitschrift hatte ich die Adresse einer Schwedin gefunden, die in Jerusalem lebte. Ihr Name war Ida Gustafsson. Ich beschloss, ihr zu schreiben und mitzuteilen, dass ich nach Jerusalem zu kommen beabsichtigte.

Während ich auf die Antwort wartete, fing ich damit an, meine Möbel zu verkaufen. Die Preisangebote dafür waren lächerlich niedrig, aber mir stand der Sinn nicht nach Feilschen. Die Hälfte vom Erlös gab ich der Pfingstgemeinde für die Einrichtung, die sie noch für ihre Kapelle brauchte. Auch mein Klavier fand hier seinen neuen Platz. Das übrige Geld legte ich für meine Reise nach Jerusalem sowie für meine Auslage bei meiner Ankunft dort auf die Seite.

Die einzigen Möbel, die ich noch zurückhielt, waren mein Bett, ein Stuhl und ein Tischchen; Valborg sollte sie bekommen. Ich wusste, dass sie ohne Mühe eine neue Stelle finden würde, gab ihr aber dennoch einen Extra-Monatslohn. „Vielen Dank für alles, Fräulein Lydia", sagte sie. „Ich werde jeden Abend an Sie denken, wenn ich in Ihrem Bett schlafe – und auch für Sie beten!"

Eines Tages saß ich alleine in meiner beinahe leeren Wohnung, als Kristine Sonderby kam. Zusätzlich zu ihrer obligatorischen schwarzen Tasche hatte sie noch ein flaches, in Papier eingeschlagenes Päckchen bei sich. „Ich möchte dir nur dieses hier bringen …", erklärte sie. Sie nahm das Papier weg und hielt ein ungerahmtes Bild mit einem Abreißkalender am unteren Teil in der Hand. Das in Pastellfarben gehaltene Bild stellte einen Hirten in biblischer Aufmachung dar – mit langem Gewand, einem Stab in der einen Hand und einem neugeborenen Lamm auf dem andern Arm. Darunter stand in gotischen Buchstaben geschrieben: „Er wird die Lämmer in seinem Arm sammeln und im Bausch seines Gewandes tragen" (Jesaja 40,11). Kristine schaute mich durch ihre dicken Brillengläser etwas unsicher an. „Ich verstehe zwar immer noch nicht alles, was du mir gesagt hast, aber ich werde für dich beten."

Nachdem sie gegangen war, legte ich den Kalender oben auf einen Stapel von Sachen, die ich für meine Reise bereitgelegt hatte. Er gehörte zu einer Gattung sakraler Kunst, die mir besonders missfiel. „Aber wenigstens gibt es", sagte ich mir, „zwei Menschen in Korsør, die für mich beten – Kristine und Valborg."

Am ersten Augustsonntag traf ich im Morgengottesdienst der Pfingstgemeinde eine starkknochige Frau mit einem riesigen Schopf strohblonden Haares, mit zwei Schildpattkämmen lose zusammengefasst. Es war Kitty Sørensen, eine Missionarin von China. Sie erzählte mir, dass sie Anfang September wieder zurück nach China reisen wollte. Wir kamen überein, bis Ägypten die Reise gemeinsam zu machen – mit der Bahn quer durch Europa nach Marseille und dann per Schiff nach Alexandrien an der Nordküste Ägyptens. Von dort wollte Kitty durch den Suezkanal in den Fernen Osten weiterfahren, während ich meine Reise mit dem Zug durch die Sinai-Halbinsel nach Jerusalem fortzusetzen gedachte.

Zehn Tage darauf traf die Antwort von Fräulein Gustafsson, der schwedischen Dame in Jerusalem, ein. Sie freute sich über meine Absicht, schrieb sie, und erbot sich an, mich bei meiner Ankunft abzuholen, wenn ich ihr meinen Reiseweg mitteilte. Das war für mich eine große Ermutigung. So hatte ich wenigstens einen Unterschlupf bei meinem Eintreffen in Jerusalem. Ich schrieb zurück, teilte ihr mein Reiseprogramm mit und versprach, ihr von Alexandrien aus ein Telegramm zu schicken. Freitag, den 21. September, ging ich zum Reisebüro und bezahlte meine Fahrkarte nach Alexandrien. Von dem übrigen Geld hob ich noch ein wenig für meine Auslagen in Dänemark auf und tauschte den Rest gegen Reiseschecks im Werte von 585 Mark um. So viel betrug die gesamte Summe meines irdischen Reichtums.

Am folgenden Montag schickte ich mein Gepäck nach Kopenhagen voraus, während ich selber den Zug nach Brønderslev nahm. Ich hatte meiner Mutter versprochen, die letzten Tage in Dänemark bei ihr zu verbringen.

Die ersten beiden Tage freuten Mutter und ich uns an unserer gegenseitigen Gesellschaft. Durch eine schweigende Übereinkunft berührten wir mit keinem Worte die Ereignisse nach meiner Taufe oder die unbekannte Zukunft, die meiner in Jerusalem harrte. Schließlich war es Mutter selber, die am Nachmittag meines letzten Aufenthaltstages das Schweigen brach.

„Seit deinem letzten Besuch hier habe ich an etwas gedacht, was sich ereignete, als du ein kleines Mädchen von fünf Jahren warst", sagte sie, sich sanft in ihrem geliebten Schaukelstuhl wiegend. „Du hattest eine schwere Lungenentzündung und ich befürchtete, dich verlieren zu müssen. Ich erinnere mich, wie ich an deinem Bette stand und Gott versprach, dass du ihm gehören solltest, wenn er dich am Leben ließe. Das erklärt vielleicht Einiges, was in diesen zwei letzten Jahren geschehen ist."

„Ja, Mutter, auch mir hilft es zu einem besseren Verständnis." Ich küsste ihr die Stirn und schlüpfte dann hinaus, um noch die allerletzten Vorbereitungen für meine Reise nach Kopenhagen am nächsten Tage zu treffen.

Als ich zurückkehrte, hatte Mutter ihren Kopf auf die Rücklehne des Schaukelstuhles gelegt und war eingenickt. Schweigend betrachte ich einige Minuten lang dieses Bild und freute mich an der vertrauten Schönheit ihrer Gesichtszüge. Sie war im letzten Jahr merklich gealtert. Ich wusste, dass nicht zuletzt ihre Sorge um mich die Ursache dafür war.

Plötzlich schlug sie die Augen auf und schaute zu mir empor. „Ist das nicht sonderbar!", rief sie aus. „Ich muss eingenickt sein – und dann sah ich dein Gesicht vor mir. Du sahst genauso aus wie damals mit fünf – mit jenen langen, goldenen Locken, die du früher hattest. Ich frage mich, warum ich gerade so etwas gesehen habe!"

„Ich glaube, Gott will dir etwas zeigen, Mutter", antwortete ich. „Er zeigt dir, dass ich mich eigentlich nicht verändert habe. Ich bin immer noch dasselbe kleine Mädchen, wie du es immer gekannt hast. Nur bin ich jetzt dabei, den wirklichen Sinn zu finden, den Gott meinem Leben geben will."

Beim Nachtessen an jenem Abend sprach Mutter kurz von ihrer Sorge um meine Zukunft. „Aber auf jeden Fall bin ich über eines froh", setzte sie hinzu.

„Was denn, Mutter?"

„Ich weiß, dass du nicht mittellos dastehst. Du solltest wenigstens ein Jahr von dem Geld leben können, das du von Vater geerbt hast."

„Du brauchst dir darüber oder über irgendetwas anders keine Gedanken zu machen, Mutter", entgegnete ich schnell. „Ich möchte dich nur um zwei Dinge bitten: Schreibe mir regelmäßig und bete für mich jeden Tag." Wie dankbar war ich, dass Mutter mich nicht gefragt hatte, wie viel von Vaters Erbe noch übrig geblieben war. Es wäre schwierig gewesen, ihr zu sagen, dass ich alles bis zum letzten Heller für das Krankenhaus im Kongo weggegeben hatte!

Am folgenden Morgen begleiteten Mutter und Anna mich zum Bahnhof. Als es für mich Zeit war, in den Zug zu steigen, hielt mich Mutter einige Augenblicke schweigend in ihren Armen. Schließlich sagte sie: „Du bist immer noch mein kleines Mädchen, das süßeste auf der ganzen Welt!"

Als der Zug sich in Bewegung setzte, lief Mutter noch ein Stück nebenher, bis sie nicht mehr konnte. Dann zog sie ein weißes Taschentuch hervor und blieb winkend zurück. Ich behielt sie fest im Auge, bis sie meinen Blicken entschwand. Das Letzte, was ich sehen konnte, war das weiße, winkende Taschentuch.

Die Reise

Am nächsten Morgen traf ich mich mit Kitty auf dem Kopenhagener Hauptbahnhof. Mitten durch das Gewirr von hin und her eilenden Passagieren und emsigen Gepäckträgern mit ihren vollbeladenen Karren bahnten wir unsern Weg zum Zug, der uns nach Marseille bringen sollte. Ein Dutzend von Kittys Freunden war gekommen, um sie zu verabschieden, und sie lehnte sich aus dem Fenster hinaus und führte eine angeregte Unterhaltung mit ihnen. Ich stand hinter ihr im Abteil und bemühte mich, fröhlich zu erscheinen, war mir aber dessen sehr bewusst, dass niemand da war, um mich zu verabschieden.

„Warum auch?", sagte ich mir. „Kitty ist eine anerkannte Missionarin und kehrt auf ihr Missionsfeld zurück. Du dagegen bist keine richtige Missionarin, du bist nur …" Ich hielt inne, unfähig, den Satz zu vervollständigen – nicht einmal in Gedanken. Weder eine Kirche noch eine Missionsgesellschaft sandte mich aus. Also konnte ich keine Missionarin sein. Was aber war ich denn?

Das Abfahrtssignal ertönte, und der Zug fuhr an. Kitty und ich nahmen einander gegenüber Platz. „Jetzt sind wir wirklich unterwegs!", bemerkte Kitty und schob ihre Schildpattkämme zurecht. Wieder ertappte ich mich dabei, Vergleiche zwischen ihr und mir anzustellen. Für sie war es nicht das erste Mal, dass sie diese Reise unternahm. Sie kehrte zu einer Missionsstation in einem Lande zurück, das ihr vertraut war. Für mich dagegen bedeutete diese Reise den ersten Schritt hinaus in eine vollständig neue und unbekannte Welt.

Ich bemühte mich, gegen das nagende Gefühl von Furcht anzugehen, und hoffte, dass Kitty von meinem inneren Kampf nichts merkte. Unwillkürlich umklammerte ich meine Handtasche fester: Sie enthielt meinen Pass, meine Schiffskarte nach Alexandrien und die 585 Mark in Reiseschecks. Immerhin, überlegte ich, würde ich in Kittys Gesellschaft bis nach Alexandrien fahren, und in Jerusalem würde ich fürs Erste bei Ida Gustafsson unterkommen können.

Als die Nacht hereinbrach, zogen wir uns jeder in ein Dritte-Klasse-Schlafabteil zurück. Noch für einige Zeit hielt mich das unbarmherzige Rattern der südwärts rollenden Räder wach, ehe ich endlich einschlief. Plötzlich sah ich mich vor einem großen Tisch stehen. Mir gegenüber saß ein dunkelhäutiger Mann, die Ellbogen auf dem Tisch und das Kinn in die Hände gestützt. Seine Augen waren auf mich geheftet, als ob er Antwort auf eine Frage erwartete. Unter dem Druck seines unverwandten Blickes wandte ich meine Augen ab und entdeckte auf der Seite des Tisches einen seltsamen Gegenstand. Er bestand aus einem steifen, roten Stoff und besaß die Form eines Kegelstumpfes. Oben von seiner Spitze hing eine schwarze Seidenschnur herunter. Ich merkte, wie der Mann mich noch immer anschaute, und suchte nach einer Antwort auf seine Frage. Doch meine Kehle war wie ausgedörrt, und ich brachte kein Wort über die Lippen.

Plötzlich machte der Zug einen Ruck und ich wurde mir der dadurch in Bewegung geratenen Abteilvorhänge bewusst. Ich musste offensichtlich geträumt haben. Aber ich konnte den im Traum entstandenen gefühlsmäßigen Eindruck nicht loswerden. Immer noch sah ich den dunkelhäutigen Mann mit seinen schwarzen Augen hinter dem Tisch und den sonderbaren roten Hut mit der schwarzen Seidenschnur. Das Gefühl von Verwirrung und Hilflosigkeit wollte mich nicht verlassen. Erst nach einer Stunde konnte ich wieder einschlafen.

Am nächsten Morgen erzählte ich Kitty von meinem Traum, aber sie konnte damit auch nicht viel mehr anfangen als ich. Sie meinte allerdings, dass es sich bei dem roten Gegenstand um einen *Tarbusch* (eine fesartige Kopfbedeckung) handeln könnte, wie er von Regierungsbeamten in Ägypten getragen wird.

Es bedeutete eine Erleichterung, als der Zug endlich in Marseille einfuhr. Kitty und ich beherrschten nur ein paar Worte Französisch, doch es gelang uns, ein Taxi zu bekommen und in ein kleines Hotel in Hafennähe zu fahren. Man führte uns in ein kleines, dürftig ausgestattetes Zimmer mit zwei Einzelbetten. „Nicht allzu sauber", kommentierte Kitty, „aber für ein, zwei Nächte – bis wir uns nach Alexandrien einschiffen können – wird es schon gehen."

Am nächsten Morgen suchten wir das Büro der Schifffahrtsgesellschaft Thomas Cook auf, um unsere Schiffsplätze bestätigen zu lassen. Am folgenden Nachmittag sollten wir in See stechen. Mit meinem lückenhaften Englisch informierte ich den Angestellten, dass ich in Alexandrien aussteigen wollte, worauf er meinen Reisepass verlangte. „Wenn Sie in Ägypten von Bord gehen wollen", ließ er mich wissen, „dann brauchen Sie ein Visum von der ägyptischen Regierung. Ohne Visum können Sie das Schiff nicht verlassen."

„Wo kann ich eines erhalten?", wollte ich wissen.

Er gab mir die Adresse des ägyptischen Konsulats an.

Ich ließ Kitty ihre Angelegenheiten bei Cook erledigen und fuhr alleine mit dem Taxi dorthin. Nach kurzem Warten wurde ich in das Büro des Konsuls geführt. „Guten Morgen, Madam", sagte er auf Englisch. „Was kann ich für Sie tun?"

„Guten Morgen …", begann ich, aber die Worte erstarben mir auf den Lippen. Am Tisch vor mir saß derselbe Mann, den ich in der vorletzten Nacht in meinem Traum während der Eisenbahnfahrt gesehen hatte. Es war dieselbe dunkle Haut, und die schwarzen Augen schauten mich genauso an wie im Traum. Automatisch warf ich einen Blick zur Seite, doch bevor ich es tat, wusste ich schon, was ich dort sehen würde. Und tatsächlich! Da war der sonderbare rote Hut mit der schwarzen Seidenschnur! Jede Einzelheit entsprach dem, was ich geträumt hatte. Mit Mühe richtete ich meine Augen wieder auf den Konsul, der immer noch eine Antwort auf seine Frage erwartete. Endlich brachte ich über die Lippen: „Ich möchte gern ein Visum. Ich bin auf meinem Wege nach Palästina und benötige ein Visum, um in Alexandrien das Schiff zu verlassen." Ich langte in meine Handtasche, zog meinen Pass heraus und reichte ihn dem Konsul.

Er blätterte ihn flüchtig durch und sagte dann: „Wir können hier keine Visa ausstellen. Ich muss nach Kairo schreiben."

„Aber – wird das nicht eine Weile dauern?"

„Ungefähr zwei Wochen. Kann sein, länger."

„Zwei Wochen!", rief ich aus. „Ich kann doch nicht zwei Wochen warten; mein Schiff geht morgen ab!" Der im Traum entstandene Gefühlseindruck kam mit doppelter Wucht zu mir zurück. Meine Kehle war trocken und meine Zunge schwer wie Blei. „Können Sie nicht etwas tun, um mir zu helfen?"

„Madam, ich kann leider nichts tun." Die schwarzen, unnachgiebigen Augen waren immer noch auf mich geheftet.

„Aber verstehen Sie denn nicht!", sagte ich. „Wenn ich das Schiff nicht erreiche, liege ich hier in Marseille fest – mutterseelenalleine. Ich kenne keinen Menschen hier. Ich bin nur …" Ich fühlte die Tränen in meine Augen steigen, und meine Stimme versagte ihren Dienst.

„Ich wiederhole, Madam: Ich kann gar nichts tun." Der Konsul hielt mir den Pass hin. Wie hypnotisiert nahm ich ihn aus seiner Hand und verließ das Büro. Auf dem Gehsteig blieb ich einige Minuten stehen und suchte die Situation zu erfassen. Schließlich – was hätte ich auch anders tun sollen – nahm ich ein Taxi und fuhr zu Thomas Cook zurück. Von Kitty keine Spur. Sie hatte vermutlich ihre Besorgung erledigt und war ins Hotel zurückgekehrt.

Ich berichtete dem Angestellten, was im ägyptischen Konsulat geschehen war.

„Ohne Visum können Sie nicht auf dem Schiff nach Alexandrien fahren", bedeutete er mir. „Das Einzige, was ich Ihnen raten kann, ist: Nehmen Sie ein Schiff, das von Marseille direkt nach Tel Aviv fährt."

Bei der Erwähnung von Tel Aviv machte mein Herz einen Sprung. Ich wusste von meinem Landkartenstudium in Korsør her, dass es ein Hafen an der palästinensischen Küste war und sich sogar noch näher bei Jerusalem befand als Alexandrien. „Fährt bald ein Schiff dorthin ab?", wollte ich wissen.

Der Angestellte schaute ein paar Augenblicke in seinen Ordnern nach. „In einer Woche geht ein französisches Schiff nach Tel Aviv ab. Aber es wird unterwegs verschiedene Häfen anlaufen. Wir könnten Ihnen einen Platz auf diesem Schiffe buchen."

„Wie viel würde es von hier nach Tel Aviv kosten?"

Wieder schaute der Angestellte in seinen Unterlagen nach: „Hundertfünfzig Mark."

„Kann ich meine Schiffskarte nach Alexandrien gegen eine nach Tel Aviv umtauschen?"

„Tut mir leid, Madam", erwiderte der Angestellte, „aber wir sind nicht ermächtigt, Ihre Schiffskarte nach Alexandrien umzutauschen oder zu vergüten."

Mir blieb offensichtlich keine Wahl. Ich musste für das französische Schiff nach Tel Aviv eine neue Schiffskarte kaufen. Also holte ich meine Reiseschecks hervor und zählte sorgfältig 225 Mark ab. Ich bezahlte die 150 Mark und tauschte die restlichen 75 Mark gegen französisches Geld ein. Wenn ich pro Tag nicht mehr als dreizehn Mark ausgab, würde es für die Woche, die ich zusätzlich in Marseille verbringen musste, ausreichen. Aber mein Scheckheft war erschreckend mager geworden, als ich es in die Tasche zurücksteckte. Mehr als ein Drittel meines Geldes war bereits dahin!

Ins Hotel zurückgekehrt, erzählte ich Kitty, was vorgefallen war. Als ich zu Ende war, saß sie eine Weile schweigend da, während ihre Finger mit ihren Schildpattkämmen beschäftigt waren. Endlich brach sie das Schweigen: „Es ist nicht leicht zu verstehen, warum Gott so etwas zulässt. Aber Sie können sich immerhin an eines halten, Lydia: Gott hat Ihnen im Voraus im Traum gezeigt, was geschehen wird."

„Dann glauben Sie wirklich, dass mein Traum von Gott stammt?"

„Gewiss. Wenn er Ihnen bis in die Einzelheiten zeigt, was kommen wird, dann dürfen Sie auch wissen, dass er die Situation in seiner Hand hat, ganz gleich, wie sehr Ihre eigenen Pläne durcheinandergeraten."

Ich klammerte mich an Kittys Erklärung fest. Sie war für mich der sprichwörtliche Silberstreifen am Horizont eines dunkel verhangenen Himmels. Ich begann mich auf die neue Lage einzustellen, ging zu einem wackeligen Tisch beim Fenster und schrieb einen Brief an Ida Gustafsson, die Schwedin, die mich bei meiner Ankunft in Palästina abzuholen versprochen hatte, und erklärte ihr die unerwartete Änderung meiner Pläne. Ich teilte ihr den Namen des französischen Schiffes mit, auf dem ich meine Überfahrt gebucht hatte, sowie den voraussichtlichen Zeitpunkt seiner Ankunft in Tel Aviv. Würde sie wohl einen solchen weiten Weg machen, um mich zu treffen? Die Zeit für mich in Marseille war zu kurz, um hier eine Antwort von ihr erwarten zu können.

Kitty ging mit mir zum Postamt. Der Schalterbeamte dort, der englisch sprach, informierte uns, dass seit Kurzem ein Luftpostdienst nach Palästina bestand. Mein Brief hatte also gute Aussicht, rechtzeitig bei Fräulein Gustafsson einzutreffen. Vom Postamt aus machten wir in der Hafengegend einen Spaziergang, schauten uns die Schaufensterauslagen an und versuchten, die französischen Preise in dänische Kronen umzurechnen. Nach dem Mittagessen begleitete ich Kitty aufs Schiff und war ihr behilflich, das

Handgepäck in ihre Kabine zu bringen. Sie enthielt nur zwei Kojen, und die obere von ihnen war leer. Es war ohne Zweifel jene, in der ich hätte mitreisen sollen. Als Kitty ihre Sachen verstaut hatte, knieten wir Seite an Seite in der Kabine nieder und empfahlen uns gegenseitig der Fürsorge und dem Schutze Gottes an.

Um vier Uhr rasselte die Glocke und forderte alle Besucher auf dem Schiff auf, sich an Land zu begeben. Auf dem Deck umarmte mich Kitty noch einmal und sah mir dann nach, als ich den Laufsteg hinunterging. Vom Dock her konnte ich sehen, wie sie auf dem Deck stand und ihre Hände zu einem Trichter formte, weil sie mir wohl etwas zurufen wollte. Sie war jedoch zu weit weg, als dass ich sie verstehen konnte.

Dann ertönte ein mehrmaliges Tuten der Schiffssirenen, Wolken dunklen Rauches quollen aus den Schornsteinen, und das Schiff setzte sich in Fahrt. Ich winkte Kitty, so lange ich sie noch wahrnehmen konnte, aber bald entzog sie eine Kursschwenkung des Schiffes meinen Augen. Ich folgte dem Schiffe mit meinem Blick, wie es den Hafen verließ und hinaus in das offene Meer fuhr. Nach und nach schrumpfte es vor dem Hintergrund des vom letzten Abendlicht erleuchteten Himmels zu einer schwarzen Silhouette zusammen.

Plötzlich überwältigte mich das Gefühl großer Einsamkeit. Meine Trennung von Kitty hatte die letzte Verbindung mit Dänemark gelöst. Ich befand mich in einer fremden Stadt, in der ich niemand kannte und deren Sprache ich nicht verstand. Auf mich wartete nichts anderes als sechs Tage in meiner eigenen Gesellschaft in einem unfreundlichen Hotelzimmer. Bis zu diesem Augenblick hatte ich gar nicht gewusst, was es heißt, alleine zu sein. Jetzt senkte sich die Einsamkeit wie eine trostlose Abenddämmerung auf mich herab. Mich begann es leicht zu frösteln.

Meine Gedanken kehrten nach Dänemark zurück. Was mochte Mutter wohl in diesem Augenblick tun? Ich sah sie in der Vorstellung sich sachte in ihrem Schaukelstuhl wiegen und mit ihren Stricknadeln im Rhythmus dazu klappern. Ich konnte sie beinahe sagen hören: „Mein kleines Mädchen, siehst du nicht, dass es dunkel geworden ist? Gehe schnell in dein Hotel zurück!"

Erschrocken sah ich, dass es tatsächlich dunkel war. Zu Hause in den nördlichen Breitengraden von Dänemark hatte ich nie die Dunkelheit so schnell hereinbrechen sehen. Aber jetzt stand ich, eine einsame Frau in einer fremden Stadt, allein in der Dunkelheit. So schnell ich konnte, ging ich in die Stadt zurück. Ich hatte ungefähr den halben Weg zum Hotel zurückgelegt, als ich hinter mir schwere Fußtritte vernahm. Dann hörte ich eine widerliche Stimme etwas auf Französisch sagen und spürte eine Männerhand auf meiner Hüfte. Ich wandte mich um und sagte instinktiv auf Dänisch: „Lassen Sie mich in Ruhe!"

Ich sah mich einem stämmigen Mann in Matrosenuniform gegenüber. Einen Augenblick lang, der mir wie eine Ewigkeit erschien, roch ich seinen von Alkohol geschwängerten Atem und hörte mein Herz pochen, als wollte es zerbersten. Dann zuckte er die Achseln und ließ seinen Arm sinken.

Am liebsten wäre ich davongelaufen, wagte jedoch nicht, meine Angst zu zeigen. Ich ging etwa dreißig Schritte weiter und warf dann einen Blick über die Schulter. Der Mann sah immer noch in meine Richtung, unternahm aber keinen Versuch, mir zu folgen. Fünf Minuten später war ich außer Atem wieder beim Hotel angelangt.

Ich warf mich neben dem Bett nieder und versuchte zu beten, aber es wollten mir keine Worte kommen. Stattdessen zwängte sich ein heftiges Schluchzen durch meine Kehle. Endlich hörte es auf, und eine tiefe Stille breitete sich in mir aus. Die Zeit schien stillzustehen. Beide, Vergangenheit und Zukunft, waren wie ausgeschlossen. Ich war wie in ein ewiges Jetzt eingetaucht. Nach einer zeitlos erscheinenden Dauer dieser inneren Stille begannen spontan Worte einer fremden Sprache über meine Lippen zu fließen. Mit Erstaunen merkte ich, dass ich sie nicht sprach, sondern sang, und zwar ähnlich wie ein mittelalterliches Kirchenlied. Obwohl ich die Worte nicht verstand, war mir doch ihr Sinn bewusst. Es war ein Lied der Freude und Anbetung, ja sogar des Triumphes. Ich erhob mich von meinen Knien und fing an, mit erhobenen Händen hin und her zu gehen, und immer noch strömte der Gesang über meine Lippen. Inzwischen war es für mich ganz normal geworden, in andern Zungen zu sprechen. Ich tat es jedes Mal beim Beten. Aber dies war das erste Mal, dass der Heilige Geist mir nicht nur Worte eingab, die ich nicht verstand, sondern auch eine Melodie, die ich nie gehört hatte. Das bewies mir aufs Neue – wenn es überhaupt noch eines Beweises bedurfte –, dass dies alles nicht meinem eigenen Verstand entsprang. Mein Verstand konnte in Wirklichkeit gar nicht begreifen, warum ich Gott in diesem kleinen, schmucklosen Zimmer mit einem solchen Triumphlied preisen sollte. Nach außen hatte sich nichts geändert, aber in mir selbst waren Furcht und Einsamkeit der Freude und dem Frieden gewichen.

Ich nahm meine Bibel vom Nachttisch und wollte einmal mehr meine bevorzugten Verse aus dem Römerbrief lesen, die mit den Worten anfangen: „Desgleichen hilft auch der Geist unserer Schwachheit auf ..." Stattdessen fiel mein Blick auf den übernächsten Vers: „Wir wissen aber, dass denen, die Gott lieben, alle Dinge zum Besten dienen, denen, die nach dem Vorsatz berufen sind" (Römer 8,28).

Die nach dem Vorsatz berufen sind ... Diese Worte gingen mich an! Es war Gott gewesen, der mich gerufen hatte, Dänemark zu verlassen und diese Reise zu unternehmen. Ich wollte seine Bestimmung für mein Leben suchen und finden. Doch wenn dem so war, dann musste ja all das, was sich bisher ereignet hatte, mir zum Besten dienen! Die Enttäuschung, die Verzögerung, die Extraausgaben, die Einsamkeit – all das hatte der Vater im Himmel zu meinem Besten zugelassen!

Das war bestimmt Grund genug, mich zu freuen und anzubeten, und das begriff auch mein Verstand. Doch nach Gottes Ordnung hatte mein Geist zuerst angefangen, sich zu freuen, ehe mein Verstand den Grund dafür erfasste.

Für die in Marseille mir noch verbleibende Zeit wurde das Hotelzimmer zu meinem Gebetskämmerchen. Es kam mir nicht mehr kahl und einsam vor. Es wurde beinahe ein Heiligtum für mich. Ich verbrachte hier jeden Tag Stunden im Gebet, wobei ich abwechselnd betete und lobte, manchmal sprechend, manchmal singend, manchmal in meiner eigenen Sprache, manchmal in einer neuen Sprache.

In dieser Gebetsatmosphäre begann ich zu erkennen, wie Gott mich auf den bisherigen Wegen bewahrt und versorgt hatte. Durch meinen Traum im Zug hatte er mir gezeigt, dass ihm – im Gegensatz zu mir – das Zukünftige bekannt war – bis in die kleinste Einzelheit. Dann hatte er im Augenblick meiner großen Einsamkeit beim Dock durch die Stimme meiner Mutter zu mir gesprochen. Könnte mir etwas anderes seine zarte Liebe zu mir klarer zeigen? Und endlich hatte er mich vor jenem Mann beschützt, der mich auf der Straße belästigen wollte.

Vor allem aber wurde mir deutlich, warum Gott die Umstellung meiner Pläne zugelassen hatte. Jahrelang hatte ich mich auf mich selbst, auf meine eigene Weisheit, auf mein eigenes Urteil verlassen. In meiner Lehrertätigkeit hatte sich das gewiss als von Nutzen erwiesen, aber in meinem Glaubensleben wurde es zum Hindernis. Jetzt wurde ich einer Selbstständigkeit entkleidet und auf die Gnade und Treue Gottes geworfen. Von nun an wollte ich mich beim Planen nicht mehr auf mein eigenes Urteil stützen. Ich war zufrieden, jetzt meine Hand in die Hand Gottes zu legen und mich Tag für Tag, Schritt für Schritt, von ihm führen zu lassen.

Das französische Schiff stach pünktlich am 8. Oktober 1928 gegen Mittag in See. Ich blieb auf dem Deck und beobachtete das langsam am Horizont versinkende Marseille. Es war ein aufregendes Gefühl, wieder auf dem Wege nach Jerusalem zu sein. Ich wusste aber auch, dass sich die Zeit in Marseille gelohnt hatte – ich hatte einiges gelernt.

Es stellte sich bald heraus, dass auf dem Schiff niemand Dänisch verstand. Das hieß, ich musste mich des Englischen als täglicher Umgangssprache bedienen. Die Besatzung bestand zum größten Teil aus Franzosen, und die Mehrzahl der Passagiere waren Araber aus verschiedenen Regionen des Nahen Ostens. Doch fast alle besaßen irgendwelche Englischkenntnisse. Wenn sie gelegentlich meine englischen Ausdrücke komisch fanden oder meinen dänischen Akzent schwer verstanden, so waren sie doch zu höflich, um es mich merken zu lassen.

Ich lernte einen Kaufmann aus Amman kennen, der sich bemühte, mir etwas Arabisch beizubringen. Er war der erste Araber, zu dem ich von meinem Glauben redete.

„Wie heißt Jesus auf Arabisch?", fragte ich ihn.

„Ya-su-a", erwiderte er.

„Und das Wort für das hier?", fragte ich und berührte die Tür.

„Bab", entgegnete mein Bekannter.

So viel wusste ich bereits, dass das arabische Wort für Gott *Allah* hieß.

„*Ya-su-a bab Allah*", sagte ich zu ihm und wies dabei zum Himmel. „Jesus ist die Tür zu Gott."

Er lächelte höflich und nickte mit dem Kopf.

Unsere Reise ostwärts ging gemächlich vonstatten. Wir liefen verschiedene Häfen an der Nordküste des Mittelmeeres an, auch einen auf den Ägäischen Inseln, und viele Ortsnamen erinnerten mich an die Missionsreisen von Paulus.

Während der Reise brachte ich auch einige Zeit damit zu, eine Landkarte vom Heiligen Lande, die ich in Dänemark aufgegabelt hatte, zu studieren. Ich bemerkte, dass die Hauptstraße von Tel Aviv sich in Richtung Osten durch die Berge hinauf nach Jerusalem wand. Nach dem Kartenmaßstab betrug die Entfernung ungefähr achtzig Kilometer. Die Berge schienen sich um Jerusalem herum zu drängen. Ich wurde an die Worte des Psalmisten erinnert: „Wie um Jerusalem Berge sind, so ist der Herr um sein Volk her von nun an bis in Ewigkeit" (Psalm 125,2).

Unser Schiff legte am Donnerstagnachmittag – es war der 18. Oktober – in Tel Aviv an. An der Reling stehend, sah ich zum ersten Mal das Heilige Land aus der Nähe. Das Dock unter mir war mit Ballen und Kisten übersät. Dazwischen liefen Matrosen und Träger hin und her, gestikulierten und riefen sich gegenseitig Worte zu, die wohl arabisch sein mussten. Gegenüber stand ein langgezogener, geräumiger Schuppen, auf dem zu lesen war: H. M. CUSTOMS & IMMIGRATION (Zoll und Einwanderung). Darunter standen Worte in zwei ganz verschiedenen Schriften. Ich kannte weder die eine noch die andere. Arabisch vielleicht und Hebräisch?

Wenn ich mich auf die Zehenspitzen stellte, konnte ich über das Schuppendach hinweg schauen und auf dem dahinter liegenden offenen, sandigen Areal eine dichtgedrängte, bunte Menschenmenge sehen. Vermutlich waren sie zur Begrüßung ankommender Passagiere gekommen. Ob wohl auch Fräulein Gustafsson darunter war? Ich konnte es nicht feststellen.

Einer der Matrosen half mir mein Gepäck von Bord und in den Zollschuppen zu bringen. Mein erstes Gespräch führte ich mit einem Einwanderungsbeamten. „Sie kommen von Dänemark?", fragte er. „Auf Besuch?" Ich nickte.

Er blätterte meinen Reisepass durch und drückte seinen Stempel auf eine leere Stelle. „Ich habe Ihnen ein Besuchervisum gegeben – gültig für sechs Monate", erklärte er. Im unteren Teil des Stempels bemerkte ich in kleingedruckten Worten: „Keine Arbeitsbewilligung".

Als Nächstes forderte mich ein Zollbeamter auf, die beiden größeren von meinen Gepäckstücken zu öffnen – einen Koffer mit meinen Kleidern und einen Flechtkorb mit Bettwäsche und ein paar Silbersachen sowie Küchengeräten. Nachdem er einen Moment darin herumgewühlt hatte, zeichnete der Beamte beide Gepäckstücke mit blauer Kreide an und ließ mich passieren.

Einen Augenblick später fand ich mich draußen wieder, mit dem Gepäck zu meinen Füßen. Den ersten Anblick für meine Augen bot ein Mann in einem zerknitterten Gewand, der, im Sande sitzend, sich an die

Schuppenwand lehnte. Die Haut an seinen Beinen und Füßen war mit offenen Wunden bedeckt. Als er merkte, dass ich ihn ansah, streckte er mir seinen Arm entgegen, der in einem Stummel endete, und wiederholte mit monotoner Stimme ein einziges Wort: „Bakschisch."

Ich konnte meine Augen nicht von den Wunden und dem Armstummel abwenden. War das etwa Aussatz? So ungeschützt, ohne Verband und mit einem ganzen Fliegenschwarm darauf? Ich öffnete mein Portemonnaie, um eine Münze zu suchen, da fiel mir ein, dass ich ja nur französisches Geld besaß.

Ehe ich entschied, was als Nächstes zu tun war, umringte mich eine Horde von zerlumpten, lauten Kindern; sie gestikulierten lebhaft und riefen alle durcheinander. Einer warf mir eine Ansichtskarte ins Gesicht. Ein anderer hielt mir ein Tablett mit wertlosem Schmuck und Souvenirs hin. Ein Dritter kniete vor mir nieder, wie wenn er mir die Schuhe putzen wollte. Dann sah ich aus einem Augenwinkel eine große, ältere Frau mit grauem Haar auf uns zukommen. „Das könnte eine Schwedin sein", dachte ich bei mir.

„Sind Sie Fräulein Christensen aus Dänemark?", fragte die Dame auf Schwedisch und schob mit geübter Bewegung die Kinderbande beiseite.

„Ja, ich bin Lydia Christensen", antwortete ich auf Dänisch. „Und Sie müssen Fräulein Gustafsson sein. Wie freundlich von Ihnen, hierher zu kommen und mich abzuholen!"

„Willkommen im Heiligen Land!", sagte Fräulein Gustafsson und umschloss meine ausgestreckte Hand mit ihren knochigen Fingern. „Sind Sie gut gereist?" Und ohne mir eine Gelegenheit zum Antworten zu geben, fuhr sie fort: „Wenn wir noch heute nach Jerusalem kommen wollen, haben wir keine Zeit zu verlieren. Warten Sie hier mit Ihren Sachen. Ich will ein Taxi holen."

Während ich dastand und auf Fräulein Gustafsson wartete, überblickte ich die Szene vor mir – den Aussätzigen, die zerlumpten Gören, die Schwärme von Fliegen, den sandigen Boden mit verstreut umherliegenden leeren Blechbehältern und verdorbenen Früchten. Über dem allen schwebte ein undefinierbarer, ungewohnter Geruch, der mir fast den Magen umdrehte. Ich konnte mir für einen solchen Anblick keine unpassendere Bezeichnung denken als „Heiliges Land".

Bald kehrte Fräulein Gustafsson mit einem Taxi zurück. Es folgte eine ausgedehnte Diskussion auf Arabisch zwischen ihr und dem Fahrer. So viel merkte ich, dass sie um den Fahrpreis nach Jerusalem feilschten. Bei beiden hörte es sich so an, als ob sie ärgerlich seien. Ich fragte mich schon, ob sie sich wohl je einigen könnten, doch schließlich waren sie auf einen Nenner gekommen. „Ist das wohl die normale Art, sich auf Arabisch zu unterhalten?", fragte ich mich.

Der Taxifahrer verstaute mein Gepäck im Kofferraum, und los ging die Fahrt nach Jerusalem. Als wir die Vororte von Tel Aviv hinter uns ließen, brach die Nacht herein. Ähnlich wie ich es in Marseille erlebt hatte, wurde es sehr rasch dunkel. Soeben schien die Sonne noch, und ein paar Minuten später war es bereits Nacht.

Mir fiel auch auf, dass bei Einbruch der Dunkelheit die Straßen sich fast plötzlich von Menschen entleerten. Als wir durch eine Stadt mit Häusern zu beiden Seiten fuhren, war kein einziger Mensch auf der Straße zu erblicken. Sobald wir einmal Tel Aviv verlassen hatten, war nirgends mehr eine elektrische Straßenbeleuchtung anzutreffen, auch nicht in den Ortschaften.

Als meine Augen sich an die Dunkelheit gewöhnt hatten, fiel mir auf, dass alle Fenster mit hölzernen Läden verschlossen waren. Dann und wann fiel ein schwacher Lichtschimmer durch einen beschädigten Fensterladen, der aber das umliegende Dunkel nur zu betonen schien, statt es zu vertreiben. Ich stellte unwillkürlich einen Vergleich mit den hell erleuchteten und Sicherheit bietenden Städten in Dänemark an, und ein starkes Heimweh wollte mich überkommen.

„Warum sind denn keine Menschen auf der Straße?", wollte ich wissen.

„Oh, die Leute gehen nie nach Einbruch der Dunkelheit hinaus!", rief Fräulein Gustafsson aus. „Sie könnten unter Umständen überfallen und ausgeraubt, vielleicht sogar umgebracht werden!" Ihr Lachen klang etwas schrill und nervös.

„Gibt es denn keine Polizei zum Schutze der Bevölkerung?", fragte ich.

„Oh ja, die gibt es, nach britischem Vorbild aufgebaut. Aber wenn Sie nachts auf der Straße überfallen werden, dann wird man Sie selbst dafür verantwortlich machen, weil Sie zu einer solch unvernünftigen Stunde draußen gewesen sind! So ist die Haltung der Polizei. Ein Erbe aus der türkischen Zeit!" Und wieder dieses eher verkrampfte Lachen …

Die Straße begann sich aufwärts zu winden, und ich konnte die dunklen Umrisse von Bergkämmen auf beiden Seiten ausmachen. „Wir fangen jetzt sicher an, nach Jerusalem hinaufzuklettern", dachte ich bei mir. Mein Puls schlug ein wenig schneller. Nach einer Weile gelangten wir an eine Stelle, wo die Straße immer wieder zu sich selbst zurückzukehren schien. „Diese Kurven sind als die ‚Sieben Schwestern' bekannt", erklärte Fräulein Gustafsson. „Wir sind jetzt nicht mehr weit von Jerusalem entfernt."

Auf der einen Seite nahm ich eine dunkle Bergmasse wahr, und auf der gegenüberliegenden Seite schien es ins Nichts hinunter zu gehen. Der Chauffeur nahm die Kurven jeweils am äußersten Straßenrand. Bei jeder Kehre rüttelte und schwankte das Auto, und die Autoreifen rochen nach verbranntem Gummi. Von Zeit zu Zeit lehnte sich Fräulein Gustafsson nach vorn und sprach mit dem Fahrer. „*Shwoya – shwoya!*", sagte sie, „shwoya – shwoya!"

Dann wandte sie sich zu mir und sagte: „Das ist das erste Wort, das Sie lernen müssen, wenn Sie hierzulande mit dem Taxi fahren. Es bedeutet ‚langsam' oder ‚vorsichtig'." Ich wiederholte diesen Ausdruck einige Male, um ihn für zukünftigen Gebrauch zur Verfügung zu haben.

Der hinter mir liegende Tag war ermüdend gewesen, und ich nickte etwas ein. Ich erwachte, als ich Fräulein Gustafsson sagen hörte: „Das ist der Stadtrand von Jerusalem." Augenblicklich war ich hellwach. „Wir fahren durch die Jaffastraße", fügte sie hinzu. „Sie führt direkt ins Stadtzentrum."

Die Luft war ruhig und der Himmel wolkenlos. Die Sichel des zunehmenden Mondes verstärkte ein wenig den Schein, der von Myriaden von Sternen auf die Erde herniederfilterte, sodass ich die Umrisse der Häuser mit erstaunlicher Deutlichkeit erkennen konnte.

„Wie still alles ist!", kommentierte ich. „Und wie solide die Häuser aussehen!"

„Sie sind auch solide", antwortete Fräulein Gustafsson. „Sie sind alle aus gehauenem Stein gebaut. Man darf in der Stadt gar kein anderes Material verwenden." Sie beugte sich wieder nach vorn und sagte dem Fahrer etwas auf Arabisch. „Ich bat ihn, einen kleinen Umweg zu machen", erläuterte sie. „Die Straße, durch die wir jetzt fahren werden, bringt uns zur Nordwestecke der Altstadt und führt an der Westmauer entlang und am Jaffator vorbei. Das wird eine gute Einführung für Sie in Jerusalem sein."

Nach einer kleinen Weile verbreiterte sich die Straße vor uns. „Allenby-Platz", erklärte Fräulein Gustafsson. „Die dunkle Steinmasse vor uns ist die Altstadtmauer."

Ich strengte meine Augen an, um die Schichten von behauenen Steinen mit ihrer sich gegen den Nachthimmel abhebenden gezackten Mauerkrone besser zu erkennen. Das Taxi schwenkte etwas nach rechts, und der dunkle Schatten der Mauer begleitete uns noch einige Hundert Meter weit. „Welch seltsame Mischung von Schweigen und Kraft", musste ich denken. „Man kommt sich fast wie ein Eindringling vor."

Fräulein Gustafsson berührte meinen Arm und zeigte nach links. „Der Turm, der dort über der Mauer emporragt, wird der Davidsturm genannt", sagte sie. „In unmittelbarer Nähe befindet sich das Jaffator. Natürlich ist es seit Sonnenuntergang geschlossen."

Kurz nach dem Passieren des Jaffatores fuhr das Taxi rechts über eine Brücke und zwei oder drei ansteigende Straßen hinauf. „Das ist Talpieh – das Stadtviertel, wo ich wohne", sagte meine Begleiterin. Wieder sprach sie etwas auf Arabisch mit dem Taxifahrer.

Endlich hielten wir vor einem schmalen, rechtwinkligen Haus an. Der Fahrer stellte mein Gepäck auf dem Gehsteig ab, und Fräulein Gustafsson zählte ihm etwas Geld in die Hand. Kein Lichtstrahl, weder von außen noch von innen, erleuchtete das Haus, aber Fräulein Gustafsson brauchte offenbar auch kein Licht. Sie nahm meinen Koffer in die Hand und ging voraus zu einer schweren, eisernen Tür zu ebener Erde. Ich folgte ihr, meinen Flechtkorb vor mir hertragend.

Fräulein Gustafsson holte einen großen Eisenschlüssel aus ihrer Tasche hervor und öffnete die Tür. Nach kurzem Umhertasten im Korridor fand sie einige Streichhölzer und zündete eine Petroleumlampe an. Die Lampe in ihrer linken Hand, ging sie voran ins Wohnzimmer. Der Steinboden war teilweise mit einem ausgetretenen Teppich bedeckt. Die Möbel gehörten zur viktorianischen Epoche und waren dunkel und staubig. Die Luft war stickig und von einem undefinierbaren Geruch durchsetzt, der mich an einen Laden für Gebrauchtkleider erinnerte.

„Mein Schlafzimmer ist hier", sagte Fräulein Gustafsson und wies auf eine halb geöffnete Tür am einen Ende. „Und für Sie werde ich hier auf dem Sofa ein Bett zurechtmachen."

Sie holte zwei schmale Bettlaken aus einem Schrank und breitete sie über das Sofa. Dann legte sie eine verschossene Steppdecke darüber. Als Kopfkissen schob sie am einen Ende des Sofas ein Strohkissen unter das Laken. Seit Mittag hatte ich nichts gegessen noch getrunken, und ich verspürte einen unheimlichen Durst.

„Könnte ich ein Glas Wasser haben?", fragte ich.

Fräulein Gustafsson blickte mich an, als ob ich die dümmste Frage gestellt hätte. „Wasser?", sagte sie. „Auf keinen Fall! Das Wasser ist verseucht, und wenn Sie davon trinken, werden Sie krank."

Nun, vielleicht war ich müde genug, um auch ohne zu trinken einschlafen zu können. „Vielleicht könnten wir ein Fenster öffnen", schlug ich vor, „die Luft ist so stickig hier."

Wieder schaute mich Fräulein Gustafsson mit einem Blick an, der die Wirkung ihre Worte nur verdoppelte. „Ein Fenster öffnen? Niemals! Dann würden die Schlangen hereinkommen!" Ein instinktives Schaudern lief meinen Rücken hinunter. „Gibt es hier wirklich so dicht bei den Häusern Schlangen?"

„Tatsächlich! Und das ist noch nicht alles!"

Nach jeder Bemerkung folgte wieder dieses seltsame, etwas verkrampfte Lachen. Es begann mir langsam auf die Nerven zu gehen. „Verseuchtes Wasser! Schlangen vor dem Fenster!", sagte ich zu mir selbst. „Was gibt es sonst noch?"

Sobald ich mich auf dem Sofa ausstreckte, begab sich Fräulein Gustafsson in ihr Schlafzimmer und nahm die Lampe mit. Ein paar Minuten später hörte ich sie die Lampe ausblasen.

Ich lag im Dunkel da und versuchte verzweifelt, meinen brennenden Durst zu ignorieren, aber er wurde nur noch schlimmer. Es kam mir in den Sinn, dass ich auf dem Tisch in der Zimmerecke in einer Schale einen Granatapfel gesehen hatte. Wenn ich ihn nur öffnen und seinen Saft aussaugen könnte, würde ich sicher bis zum Morgen aushalten. Verstohlen erhob ich mich vom Sofa und ging auf Zehenspitzen zum Tisch. Als ich meine Hand nach der Frucht ausstreckte, streifte der Ärmel meines Nachthemdes einen Tonkrug nahe bei der Tischkante. Er fiel mit lautem Krach auf den Steinboden und zerschellte in viele Stücke. Ein Schrei, der einem das Blut gerinnen lassen konnte, erscholl aus Fräulein Gustafssons Schlafzimmer, und im nächsten Augenblick sah ich auch ihre Gestalt auftauchen, die sich im weißen, langen Nachthemd vor dem dunklen Hintergrund der Schlafzimmertür abzeichnete.

„Einbrecher!", schrie sie. „Einbrecher! Man hat eingebrochen!"

„Aber nein, Fräulein Gustafsson", suchte ich sie zu beruhigen, „niemand hat eingebrochen. Ich wollte nur etwas vom Tisch nehmen, und dabei habe ich den Krug heruntergerissen. Es tut mir leid!"

„Oh, Sie sind es!", stieß sie erleichtert hervor. „Gott sei Dank! Ich hatte ganz vergessen, dass Sie da sind."

Sie kehrte in ihr Schlafzimmer zurück, und ich tastete weiter nach dem Granatapfel, bis ich ihn gefunden hatte. Ich besaß kein Messer, um ihn aufzuschneiden; also grub ich meine Finger in sein Fleisch, und es gelang mir, ihn auseinanderzubrechen und etwas von seinem ziemlich sauren Saft auszusaugen.

Auf Zehenspitzen ging ich wieder zum Sofa zurück und legte mich hin. Obwohl ich sehr müde war, fand ich keine Entspannung. Ich dachte über Fräulein Gustafsson nach. War ihre Furcht echt? Oder hatten die vielen Jahre, die sie in Jerusalem gelebt hatte, ihre Fantasie beeinträchtigt? Wie lange würden meine eigenen Nerven durchhalten?

Ich hatte unterdessen auch festgestellt, dass ihre Wohnung tatsächlich für nicht mehr als eine Person Unterkunft bot. Ihr schmales, strohgepolstertes Sofa bot keinen Ersatz für ein richtiges Bett.

Unwillkürlich begann ich zu beten. „Herr, wenn du einen andern Platz hast – einen Platz, den du für mich ausgesucht hast –, dann führe mich bitte *schnell* dahin!"

Doch wo sollte ich mit der Suche beginnen? Außer Fräulein Gustafsson kannte ich nicht einen einzigen Menschen in der ganzen Stadt. Eine Wolke niederdrückender Gefühle wollte sich auf mich herabsenken – Einsamkeit, Heimweh, Ungewissheit, ausgelöst durch die muffige Atmosphäre in Fräulein Gustafssons Wohnzimmer.

Schließlich verfiel ich in einen unruhigen Schlaf. Doch in meinem Träumen sah ich mich im Taxi wie wild um Haarnadelkurven jagen, verfolgt von einer in Weiß gekleideten Gestalt, die rief: „Einbrecher! Einbrecher! Einbrecher!"

Jerusalem

Am Morgen bemerkte ich, wie Fräulein Gustafsson jeden Tropfen Wasser, den wir tranken, vorher sorgfältig abkochte. Der Kaffee, den sie zum Frühstück servierte, löschte endlich meinen Durst. Ich war entschlossen, so bald wie möglich aus ihrem Wohnzimmer auszuziehen, hatte aber keine Ahnung, wohin ich mich wenden sollte. Ich erinnerte mich meines Gebetes in der letzten Nacht. Glaubte ich wirklich daran, dass Gott mir schnell eine neue Bleibe zeigen würde?

„Fräulein Gustafsson", sagte ich, als wir zu Ende gefrühstückt hatten, „ich muss Ihnen noch die Taxifahrt sowie Ihre andern Auslagen von gestern zahlen. Könnten Sie mir sagen, wo ich meine Reiseschecks einlösen kann?"

„Gehen Sie am besten zur Barclays-Bank", antwortete sie. „Sie ist beim Allenby-Platz. Wir sind gestern Abend daran vorbeigefahren. Ich habe auch noch dort zu tun."

Die Sonne schien hell von einem wolkenlosen Himmel hernieder, als wir uns auf den Weg zur Bank machten. Ich war entschlossen, von Anfang an so viel wie möglich über die Stadt zu erfahren, in die Gott mich geführt hatte, auch wenn ich noch nicht wusste, was meine Aufgabe hier war.

„Wie trocken und staubig alles ist!", bemerkte ich.

„Wir haben seit April keinen Regen mehr gehabt", erwiderte Fräulein Gustafsson, „aber im nächsten Monat ist er dann fällig. Die Bibel nennt ihn den ‚Frühregen'."

Ungefähr 40 Meter weg von uns, auf einem unbebauten Grundstück neben der Straße, weidete eine kleine Herde von Schafen und Ziegen. Ein junger Mann in einem langen, weißen Gewand stand da, auf einen Stab gestützt, und bewachte sie. Ein rot-weißes Tuch auf dem Kopf, mit einer schwarzen Kordel darumgeschlungen, bot ihm Schutz vor der Sonne.

Etwas an diesem Manne kam mir eigentlich bekannt vor. Und doch wusste ich, dass ich ihn noch nie gesehen hatte. Plötzlich hielt ich meinen Atem an und stand auf dem Gehsteig still. Es kamen mir die Männer in den Sinn, die ich in meiner Vision auf dem Felsen sitzen gesehen hatte. Das Tuch auf dem Kopf des jungen Mannes hier war zwar kariert, nicht weiß, und die Schnur ringsherum war schwarz und nicht golden. Doch im übrigen war die Art seiner Kleidung genau dieselbe. Ich konnte meine Erregung kaum verbergen. Dies musste in der Tat das Land sein, das Gott mir in meiner Vision gezeigt hatte!

„Das ist die traditionelle arabische Kleidung", erklärte Fräulein Gustafsson, als sie meinen interessierten Blick sah. „Die meisten Araber tragen sie. Allerdings fängt man jetzt an, sich auch nach westlichem Stil zu kleiden."

Wir kamen zu einer breiten Straße, wo ich an einem Eckhaus den Straßennamen lesen konnte: *King George V Avenue*. „Das ist die Hauptstraße, die in nordsüdlicher Richtung quer durch die Neustadt verläuft", sagte meine Gastgeberin. Es fiel mir auf, dass in dieser Gegend die meisten Leute nach europäischer Mode angezogen gingen. In einem so kleinen Umkreis wie von etwa 50 Metern schnappte ich Gesprächsfetzen in mehreren europäischen Sprachen auf, aber auch ein oder zwei orientalisch klingende.

Fräulein Gustafsson dazu: „Jüdische Einwanderer. Seit dem Kriege strömen sie herein – zum Leidwesen der Araber. Die Spannung erhöht sich beständig. Es kann nicht mehr lange dauern, so wird es zu einer Explosion kommen."

Zehn Minuten später erreichten wir den Allenby-Platz. Im hellen Sonnenlicht sah die Altstadtmauer weniger geheimnisumwittert aus. An ihrem Fuße wickelte sich ein lebhafter, lärmiger Betrieb ab. Doch das tat dem imponierenden Eindruck von dauerhafter Mächtigkeit keinen Abbruch.

Als wir die Bank betraten, überlegte ich, wie viel von meinen Reiseschecks ich einlösen sollte. Ich sah sie nur ungern so schnell zusammenschrumpfen. Schließlich ließ ich mir zehn palästinensische Pfund im Gegenwert von 130 Mark geben. Davon gab ich Fräulein Gustafsson vier Pfund für das Taxi und die übrigen Auslagen, die ihr die Reise nach Tel

Aviv verursacht hatte, und dankte ihr aufs Wärmste für alles, was sie für mich getan hatte. So blieben mir noch sechs Pfund in bar übrig sowie 195 Mark in Reiseschecks. Wie lange würde ich damit auskommen?

Nachdem ich den Geldumtausch vorgenommen hatte, trat Fräulein Gustafsson an den Schalter. Ihr machte eine Geldüberweisung von Schweden Sorge, weil sie nicht eingetroffen war. Während ich auf sie wartete, ging ich auf die Stufen der Bank hinaus und beobachtete die Menschen in der Straße. Vielleicht entdeckte ich unter ihnen die Frau mit dem Krug auf ihrem Kopfe …

Fast augenblicklich fiel mein Blick auf eine Frau auf der gegenüberliegenden Platzseite. Sie stand im Schatten der Mauer und hielt mit der Hand einen Krug auf ihrem Kopf fest. Ob sie es wohl war? Ich betrachtete prüfend jede Einzelheit ihrer Kleidung und ihres Gesichtes. Wohl war sie auf die gleiche Weise gekleidet, aber es fehlte das Tuch um ihre Hüfte. Außerdem war die Frau auf dem Felsen von hellerer Gesichtsfarbe und bedeutend jünger gewesen. In meine aufgekommene innere Erregung mischte sich Enttäuschung. Ohne Zweifel befand ich mich jetzt im Lande, doch die von mir gesuchte Frau war mir noch nicht zu Gesicht gekommen.

„Es tut mir leid, dass ich Sie warten ließ", entschuldigte sich Fräulein Gustafsson, als sie ein paar Minuten später neben mir auf die Stufen der Bank trat. „Wir wollen jetzt einen andern Weg einschlagen, um nach Hause zu gehen. Ich möchte noch drüben in Abu Tor eine Missionarin besuchen." Sie zeigte vage in südlicher Richtung. „Sie heißt Lorna Ratcliffe. Wir zwei sind beim monatlichen Missionstreffen für die Erfrischungen verantwortlich."

Mit langen Schritten griff Fräulein Gustafsson aus und überquerte den Allenby-Platz bis zur Stelle, wo die Jaffastraße nach Süden abbog und der westlichen Altstadtmauer folgte. Ich musste fast rennen, um mit ihr Schritt zu halten. Und schon waren wir mitten in einem Gewühl von Menschen und Tieren drin, das die ganze Straße ausfüllte. Esel und Kamele, hochbeladen mit Säcken oder ausladenden Körben, drängelten sich unsanft an uns vorbei. Die Männer, die sie führten, bearbeiteten sie unbarmherzig mit ihren Stöcken und trieben sie mit groben Worten an, die sich nach Flüchen anhörten. Hin und wieder schwankte jemand mit einer großen Last auf seinem gebeugten Rücken vorbei, die wohl sogar für einen Esel zu schwer gewesen wäre, wie ich meinte.

„Sie sind unterwegs zum Markt in der Altstadt", klärte mich Fräulein Gustafsson auf.

In diesem Moment erhielt ich vom Ballen eines vorbeitrottenden Esels einen solchen Stoß in den Rücken, dass ich beinahe zu Boden fiel. „In diesem Teil der Welt scheint man nicht viel von ‚Ladies first' zu halten", seufzte ich.

„Allerdings nicht", prustete Fräulein Gustafsson, „eher umgekehrt! Sehen Sie dort den Mann mit dem Stecken in der Hand und die Frau hinter ihm mit dem großen Bündel auf dem Kopf? So sieht die Tagesordnung hierzulande aus. Der Mann spaziert voraus, und die Frau hinter ihm hat alles zu tragen!"

„Warum trägt sie diesen schwarzen Schleier über dem Gesicht?", wollte ich wissen.

„Weil sie eine Muselmanin ist", gab Fräulein Gustafsson zur Auskunft. „Für eine Moslemfrau ist es unschicklich, ihr Gesicht in der Öffentlichkeit zu zeigen."

Auf der andern Straßenseite fiel mir ein Mann mit einem großen Messingkessel auf dem Rücken auf. Vom oberen Teil des Kessels ragte ein dünnes Rohr über die eine Schulter. In einer Hand hielt er einen Metallbecher und in der andern zwei kleine Messingteller. Fortwährend schlug er die Messingteller mithilfe seiner Finger gegeneinander und machte mit diesem lauten metallischen Lärm auf sich aufmerksam. Gleichzeitig rief er: „Moya barideh! Moya barideh!"

„Kaltes Wasser", lautete Fräulein Gustafssons Kommentar. „Er verkauft Trinkwasser."

Jetzt trat ein Kunde an den Wasserverkäufer heran, der flink den Oberteil seines Körpers nach vorne neigte und mit dem Becher den dünnen Wasserstrahl, der durch die Bewegung seines Körpers aus der feinen Röhre herausschoss, gekonnt auffing. Er reichte dem Kunden den gefüllten Becher zum Trinken und erhielt dafür einige kleine Geldstücke. Ich wartete noch, um zu sehen, ob er den Becher abwischte, bevor er ihn einem weiteren Kunden gab. Er tat nichts dergleichen. Die Vorstellung, dass man Wasser verkauft, war mir ganz neu. Sie ließ mich die Bedeutung der Verheißung Jesu, das Wasser des Lebens umsonst zu geben (Offenbarung 22,17), viel besser verstehen.

Als wir zum Jaffator kamen, begaben sich die meisten Leute in die Altstadt. Wir standen ein wenig still und sahen zu, wie sie sich durch das Tor drängten und dabei einem breiten Strom glichen, der sich plötzlich durch eine enge Schlucht hindurchzwängen muss. Wir setzten unsern Weg in südlicher Richtung fort und kamen zu unserer Rechten an einem flachen Teich mit bräunlichem Wasser vorbei. Fräulein Gustafsson drehte sich einen Moment um und zeigte gegen die Südmauer der Altstadt. „Das ist der Zionsberg", sagte sie, „aber natürlich wird der Name Zion auch für die ganze Stadt gebraucht. Das Wort geht auf die Zeit Davids zurück."

Nach etwa 400 Metern wandten wir uns nach links und folgten einer ansteigenden staubigen Straße, die zu einer Häusergruppe oben auf dem Hügel führte. „Hier wohnt Fräulein Ratcliffe", ließ mich Fräulein Gustafsson wissen und blieb vor einem zweistöckigen Haus mit Flachdach stehen. Dann stieg sie die paar Treppenstufen hinauf und klopfte energisch an die Eisentür. Eine dunkelhäutige Frau in einem langen, weiten Kleid, das in losen Falten bis zu ihren unbekleideten Füßen herabreichte, öffnete uns die Tür. Sie begrüßte Fräulein Gustafsson auf Arabisch und führte uns in eine geräumige Eingangshalle, die teils als Arbeitszimmer, teils als Wohnzimmer eingerichtet war.

Hinter dem hölzernen Rollpult erhob sich eine kleine, grauhaarige Dame und kam auf uns zu, um uns zu begrüßen. Ich schätzte sie auf Ende fünfzig. Sie trug ein langärmliges, dunkelgraues Kleid, das ihr vom Hals bis zu den Knöcheln reichte. Das Grau wurde einzig durch einen schmalen, gestärkten weißen Kragen und durch ebensolche Ärmelmanschetten aufgelockert.

Fräulein Gustafsson besorgte die Vorstellung. „Fräulein Ratcliffe, das ist Fräulein Christensen. Sie ist gerade von Dänemark gekommen."

„Von Dänemark? Was führt Sie den weiten Weg nach Jerusalem?" Fräulein Ratcliffe sprach mit sanfter, aber überraschend tiefer Stimme. „Sind Sie Missionarin?"

„Nein, eigentlich nicht. Aber ich glaube, Gott hat mich zu einem bestimmten Zweck nach Jerusalem geführt …" Ich hielt inne und fragte mich, ob Fräulein Ratcliffe mich so dumm fand wie ich meine eigenen Worte.

„Wohnen Sie in einem Hotel – oder bei Freunden?"

„Fräulein Gustafsson ist so freundlich gewesen, mich letzte Nacht auf ihrem Sofa übernachten zu lassen, aber eine eigentliche Unterkunft habe ich noch nicht."

Fräulein Ratcliffes Augen schienen mich abzuschätzen. „Ich habe in meinem Erdgeschoss noch ein Zimmer, das ist frei. Wollen Sie es sich anschauen?"

Wie jemand im Traum folgte ich Fräulein Ratcliffe über die Treppe nach unten ins Erdgeschoss. Sie öffnete eine Tür und trat in ein großes Zimmer, dessen Wände und Boden aus Stein bestanden. Ich blieb in der Türe stehen und warf einen kurzen Blick umher. Es gab nicht viel zu sehen. Die Wände und der Fußboden waren vollständig leer, zwei Holztüren in der einen Ecke ließen eine Kammer dahinter vermuten.

Das gesamte Mobiliar bestand aus vier Gegenständen: einem Bett und einer Kommode auf der linken Seite und einem Tisch und einem Stuhl auf der rechten. An der gegenüberliegenden Seite befand sich eine Eisentür und links davon ein vergittertes Fenster, durch welches ich die Umrisse einer Treppe erkennen konnte.

Während meine Augen diese Einzelheiten erfassten, durchdrang mich ein warmes Gefühl. Es war wie damals in Korsør, als ich für Jerusalem zu beten anfing. Wollte mir der Heilige Geist „Heiß" anzeigen?

Diese innere Wärme stand in einem seltsamen Gegensatz zu dem dürftigen Anblick vor mir. Sollte das wirklich der Ort sein, den Gott für mich erwählt hatte? Ich dachte an mein Gebet während der vergangenen Nacht. Ich hatte darum gebetet, Gott möchte mich schnell an den richtigen Ort bringen. Wenn das hier Gottes Antwort war, dann war sie viel schneller gekommen, als ich erwartet hatte.

Fräulein Ratcliffes Stimme unterbrach meinen Gedankengang. „Diese Eisentüre führt zu einem tieferliegenden Hof, und eine Treppe führt von ihm hinauf zur Straße. Sie würden also einen privaten Eingang haben und müssten nicht erst durch unsere Wohnung hindurch."

„Fräulein Ratcliffe", antwortete ich, „es ist alles so schnell gekommen, dass ich wirklich nicht weiß, was ich sagen soll."

„Sie können ja noch eine kleine Weile darüber beten, bevor Sie sich entscheiden", und im nächsten Augenblick war sie bereits gegangen.

Alleine gelassen, kniete ich neben dem Bett nieder, um den Herrn um eine klare Antwort zu bitten. Unwillkürlich dachte ich an mein Wohnzimmer in Korsør – an den grünen Samtsessel, den Wilton-Teppich, das Nussbaumklavier, die goldfarbenen Brokatvorhänge. Der Druck des harten Steinbodens unter meinen Knien schien den Kontrast zu meiner gegenwärtigen Lage noch zu unterstreichen. Was für eine Aufgabe konnte Gott für mich an einem solchen Ort wohl bereithalten?

Ich vermochte auf diese Frage keine Antwort zu finden, und dennoch fühlte ich diese seltsame, zusprechende Wärme in mir. Mir kam das Versprechen, das ich Gott im Hotel in Marseille gegeben hatte, in den Sinn. Ich wollte mich bei meinem Planen nicht mehr auf meine eigenen Überlegungen verlassen, sondern mich einfach in Gottes Hände legen und mich Schritt für Schritt von ihm führen lassen.

„Vater", betete ich, „wenn du mich an diesen Ort geführt hast, dann will ich damit zufrieden sein." Im gleichen Augenblick, als ich diese Worte aussprach, verstummte mein inneres Fragen. Ich wusste, dass ich an dem Platz war, wo Gott mich haben wollte. Ich stand wieder auf, kehrte in das Wohnzimmer zurück und sagte, ich wolle das Zimmer gerne mieten. „Ausgezeichnet, Fräulein Christensen", antwortete sie. „Wann möchten Sie einziehen?"

Ehe ich Zeit hatte zu antworten, meldete sich Fräulein Gustafsson: „Sie kann noch heute herüberkommen. Wir werden jetzt gerade zu mir nach Hause gehen und ihre Sachen holen. Sie besitzt ja sowieso nicht viel."

Gegen vier Uhr an jenem Nachmittag hatte ich mich bereits in Fräulein Ratcliffes Erdgeschoss eingerichtet. Meine wenigen Kleider hingen auf der einen Seite des Wandschrankes. Einige Regale auf der anderen Seite nahmen meine Küchengeräte auf. Den Rest meiner Kleidung und Habe versorgte ich problemlos in der wackeligen Kommode. Eine gelbe Chenille-Bettdecke verlieh dem schwarzen, eisernen Bettgestell so etwas wie einen einladenden Farbhauch. Vor dem Fenster erfüllte mein Flechtkorb, seines Inhaltes entleert, seine Aufgabe als zusätzliches Möbelstück.

Ein früherer Zimmerbewohner hatte noch einen rostigen Nagel in der Wand über dem Bett belassen. Das schien mir der geeignete Ort für Kristine Sonderbys Kalender mit dem Hirtenbild zu sein.

Als es dunkelte, kam Fräulein Ratcliffe mit einer Petroleumlampe an die Tür. „Hier ist etwas, was Sie brauchen werden", sagte sie. „Wenn Sie dazu kommen, sich eine eigene zu kaufen, können Sie mir meine wieder zurückgeben." Sie setzte die Lampe auf dem Tisch ab und nahm auf dem Stuhl Platz. „Erzählen Sie mir doch, wie Sie nach Jerusalem gekommen sind", forderte sie mich auf.

Ich setzte mich auf den Flechtkorb und berichtete, wie Christus sich mir in Dänemark geoffenbart und ich nach Aufgabe meiner Lehrerstelle die Reise nach Jerusalem angetreten hatte. „Auch jetzt", schloss ich, „weiß ich noch nicht, welche Aufgabe Gott hier für mich hat."

„Vor zehn Jahren kam auch ich nach Jerusalem, ohne zu wissen, was auf mich wartete", erwiderte Fräulein Ratcliffe. Sie erzählte von der Arbeit, die mit der Zeit entstanden war – eine Sonntagsschule, eine Frauen-Bibelklasse, Gefängnismission und Evangelisation unter den Soldaten und Polizisten. Sie schwieg einen Moment, um die Lampe nachzustellen, und einen Augenblick lang fiel der Lampenschein auf ihr Gesicht. Ein ganzes Netz von kleinen Runzeln zeugte davon, dass es viele Jahre lang der Sonne ausgesetzt war.

„Es sind zehn schwierige Jahre gewesen", nahm sie ihren Bericht wieder auf, „mit viel Kummer und Enttäuschung. Aber der Herr selbst hat uns ja gewarnt, was auf uns wartet, als er sagte: ‚Jerusalem, Jerusalem, die du tötest deine Propheten und steinigst, die zu dir gesandt werden' (Lukas 13,34). Es gibt tatsächlich keine andere Stadt in der Welt wie Jerusalem."

„Bereuen Sie es denn, dass Sie hergekommen sind?"

„Nein, Fräulein Christensen, ich bereue es nicht. Trotz allem ist Jerusalem selber eine große Entschädigung für alles. Es fordert unsere Liebe so rückhaltlos, dass kein Leiden oder keine Enttäuschung oder Gefahr unsere Liebe zu ihm je zerstören könnte." Sie lächelte. „Wissen Sie, darum sagt der Psalmist: ‚Wenn ich nicht lasse Jerusalem meine höchste Freude sein.'"

Als sich Fräulein Ratcliffe zum Gehen erhob, hielt ich sie zurück. „Etwas haben Sie mir noch nicht gesagt. Was kostet die Miete für mein Zimmer?"

Fräulein Ratcliffe schaute mich lächelnd an: „Sagen wir, 25 Mark im Monat!"

Als sie gegangen war, legte ich meine Bibel auf den Tisch unter die Lampe und schlug die Psalmen auf. Ich wollte selber jene Worte lesen, die mein Besuch über Jerusalem zitiert hatte. Schließlich fand ich sie:

„Vergäße ich dein, Jerusalem, so verdorre meine Rechte.
Meine Zunge soll an meinem Gaumen kleben, wenn ich
deiner nicht gedenke, wenn ich nicht lasse Jerusalem
meine höchste Freude sein" (Psalm 137,5–6).

Ich schloss die Bibel und schaute mich um. Die kahle Strenge der
Wände wurde durch die Schatten ein wenig gemildert. Ein tiefer Friede
schien sich im Zimmer auszubreiten. Dies war mein neues Heim! Ich
neigte anbetend mein Haupt.

„Ich danke dir, Herr!", sagte ich. „Ich danke dir, dass ich hier in Jerusalem bin!"

Am folgenden Morgen lud mich Fräulein Ratcliffe ein, mit ihr zusammen zu frühstücken. Während dem Essen erbot sie sich an, mir einige
Hinweise für mein Einleben zu geben.

„Etwas vom Ersten, was Sie tun müssen, ist, ein Postfach zu mieten",
sagte sie. „Die Hauszustellung der Post ist unzuverlässig. Dann brauchen
Sie natürlich einige Lebensmittel – und einen Primus."

„Einen Primus", wunderte ich mich, „was ist das?"

„Ein kleiner Kocher, auf dem man mit Petroleum kocht."

Fräulein Ratcliffe nahm eine kleine Messingglocke, die neben ihrem
Teller stand, und schellte ein- oder zweimal. Die Tür hinter ihr öffnete sich,
und eine Frau trat ein und stellte sich neben ihren Stuhl. Ich erkannte in ihr
die dunkelhäutige Frau, die uns am Tag vorher aufgetan hatte.

„Das ist Maria", sagte Fräulein Ratcliffe. „Sie versteht nicht viel
Englisch, aber ich will ihr sagen, wohin sie Sie führen soll und was Sie
einkaufen müssen." Sie wandte sich Maria zu und sprach mit ihr auf
Arabisch.

„Ich habe sie angewiesen, Sie zuerst zum Postamt zu begleiten", erklärte
Fräulein Ratcliffe. „Und dann können Sie zum Damaskustor gehen und
durch die Altstadt zurückkommen. Sie werden alles, was Sie brauchen,
dort auf dem Markt finden. Maria wird Ihnen beim Bezahlen helfen."

Fünf Minuten später gingen Maria und ich Seite an Seite ins Zentrum
von Jerusalem. Auf ihrem Kopfe hatte Maria ein zu einer schmalen Rolle
fest zusammengewickeltes Tuch, auf dem ein flacher, runder Flechtkorb
ruhte. Ich wurde einmal mehr an meine Vision von der Frau mit dem Krug

auf dem Kopfe erinnert. Offensichtlich war es für die arabischen Frauen normal, ihre Sachen in dieser Weise und ohne bewusste Anstrengung auf dem Kopf zu tragen.

Maria verstand nur ein paar Brocken Englisch; dennoch war sie imstande, mich auf einige besonders interessante Dinge aufmerksam zu machen. Wir folgten dem gleichen Wege, den ich den Tag vorher mit Fräulein Gustafsson zurückgelegt hatte. Beim Allenby-Platz gingen wir rechts um eine Ecke und kamen zum Postamt, wo ich für 13 Mark ein Postfach für die Dauer eines Jahres mietete. Wir setzten unsern Weg in östlicher Richtung der Nordmauer entlang fort und gelangten zu einem breiten Bogentor mit einem weiten, gepflasterten Vorplatz. „Damaskustor", erklärte Maria.

Verschiedene Gruppen von Tieren standen hier umher – Schafe, Esel und Kamele. Reihen von hölzernen Verkaufsständen mit geöffneten Säcken darauf säumten die Mauer. An einer Stelle enthielten die Säcke verschiedene Arten grob gemahlenen Mehles. Etwas weiter sah ich Säcke mit Reis, Zucker und Linsen. Andere Stände trugen hohe Stapel von Brennholz oder Holzkohle.

Gegen einen der steinernen Torpfeiler gelehnt, stand ein Mann mit einem großen Korb auf seinen Rücken geschnallt. Maria winkte ihn heran, und er folgte uns, als wir durch das Tor gingen. Bald fanden wir uns in einem Labyrinth gepflasterter Gassen, die zu beiden Seiten ganze Reihen von kleinen Läden beherbergten. An einigen Stellen waren die Gassen mit steinernen Laubenbögen überdacht, an andern Stellen sprangen die Häuserfassaden auf beiden Seiten so weit hervor, dass sie sich weiter oben in der Mitte der Gasse beinahe berührten. Darunter herrschte eine Art künstliches Zwielicht. Ich wunderte ich, wie sich jemand in dieser Gegend überhaupt zurechtfinden konnte, doch Maria schien hier zu Hause zu sein.

Die einzelnen Gassen hatten ihre eigenen charakteristischen Handels- und Handwerksarten. Da gab es eine Gasse mit Blechschmieden und anderen Metallhandwerkern oder eine für Schuhmacher. Ich sah Sträßchen, wo nur Bodenvorleger und Teppiche feilgeboten wurden, oder eine andere mit Glas-, Keramik- und Porzellanwaren. Wir gingen durch Gassen mit Früchte- und Gemüseläden, in andern wiederum boten Metzgerläden ihre Ware an. Ganze Fliegenschwärme summten um das Fleisch herum, doch niemand schien sie zu vertreiben.

Als ich vor einem solchen Metzgerladen stand und auf Maria wartete, schob ein Mann eine große Karre vor sich her an mir vorbei und kippte auf den Steinboden des Ladens eine Ladung von Schafsköpfen aus – frisch abgeschlagen und enthäutet. Bevor ich Zeit fand, diese Szene richtig zu erfassen, folgte ein zweiter Mann mit einem noch größeren Karren, auf dem die Korpusse der Schafe lagen. Ich fragte mich, ob ich je wieder Schaffleisch gerne essen könnte!

An einer Ecke wies Maria eine Straße hinunter, in der fast keinerlei Geschäftigkeit zu bemerken war. „Yahoud!", sagte sie, „Juden!" Sie legte ihren Kopf auf die Hände und deutete mit dieser Gebärde die Haltung beim Schlafen an. Ich begriff, dass heute Samstag war und die Juden ihren Sabbat feierten.

In den andern Vierteln der Stadt jedoch herrschte reges Leben und intensiver Lärm. Unaufhörlich zwängten Menschen und Tiere ihren Weg durch die engen Gassenschläuche. In den Läden feilschten Kunden lautstark mit den Verkäufern und schauten ihnen misstrauisch beim Abwiegen der Ware zu. Dies geschah mithilfe von Messingwaagen, die von der Decke herabhingen. Zu den ungewohnten Lauten einer mir nicht vertrauten Sprache kam noch die von einer seltsamen Mischung von penetranten Gerüchen durchsetzte Luft hinzu. Es roch nach Ysop, Pfeffer, geröstetem Kaffee, gebratenem Fisch, frisch gebackenem Brot, menschlichem Atem, nach dem Schweiß von Menschen und Tieren und Kot. Dieser Generalangriff auf meine Sinne war fast mehr, als ich ertragen konnte.

Es fiel mir auf, dass an den Waren keine Preise angeschrieben waren. Nicht eine Besorgung, die Maria machte, ging ohne ausgiebige Diskussion ab, ehe sie dem Verkäufer das Geld für die Ware aushändigte. Wenn ihr die Preise in einem Geschäft nicht passten, ging sie in ein anderes. Dieses Feilschen über den Preis für ein Pfund Kartoffeln oder ein Dutzend Eier war mir absolut neu. Zeit spielte hier offenbar keine große Rolle. Der Mann mit dem Korb folgte uns dabei geduldig von Verkaufsstand zu Verkaufsstand, von Laden zu Laden. Hatte Maria etwas gekauft, so neigte er seinen Körper mit der Öffnung des Korbes auf seinem Rücken nach vorn gegen Maria, sodass sie das Gekaufte hineinlegen konnte.

Schließlich wichen die Häuser ein wenig auseinander, und wir kamen zu einem hohen Tor, dem Jaffator, wie mir Maria sagte. Unterdessen hatte sich der Korb des Mannes gefüllt. Unten lag ein Dreißig-Liter-Behälter mit Petroleum drin. Darüber staute sich ein buntes Sortiment von Lebensmitteln wie Tomaten, Gurken, Kartoffeln, schwarzen Oliven, Ziegenkäse, Zucker und noch einiges Gemüse, das ich nicht kannte. Dazu kamen eine Kehrichtschaufel, eine große Schachtel Zündhölzer, drei Flaschen – mit Milch, Olivenöl und Brennspiritus – sowie ein Primus-Kocher. Und aus dem allem ragte die Bürste eines Besens heraus, dessen Stiel zwischen dem ganzen Warenlager eingekeilt war.

Zusätzlich trug Maria im Korb auf ihrem Kopf ein paar runde, braune Brote und ein Dutzend kleine Eier, dazu in einer Hand noch eine Petroleumlampe. Mein Anteil an dieser ganzen Last war gering, aber wichtig für mich: der Schlüssel zu meinem frischgemieteten Postfach, den ich sorgfältig in meiner Tasche versorgt hatte. Inmitten all des Neuen und Unbekannten schien dieser kleine Schlüssel mich noch mit Dänemark zu verbinden. Als wir das Jaffator passierten, traten wir wieder ins grelle Sonnenlicht. Meine Augen brauchten einige Augenblicke, um sich an die blendende Helligkeit des Staubes und der Steine zu gewöhnen. Nach einigen Schritten drehte ich mich um und folgte mit meinem Blick der in nördlicher Richtung verlaufenden Altstadtmauer. Vorher war es mir gar nicht aufgefallen, wie viel verschiedene Farben in der Mauer zu finden waren. Die Steine des Jaffatores durchliefen einige Grautöne, während jene der Mauer einen zarten Hauch von Braun aufwiesen, das ihr im Sonnenlicht ein warmes Aussehen verlieh.

Als wir das Haus von Fräulein Ratcliffe erreichten, folgte uns der Mann mit dem Korb die Steintreppe hinunter in den Hof, wo er sich hinkniete, sodass Maria dem Korb das Eingekaufte entnehmen konnte. Jetzt überraschte mich die anschließende Diskussion zwischen ihm und Maria schon nicht mehr. Es war nicht schwer zu erraten, dass sie um die Entlohnung für seinen geleisteten Dienst feilschten. Endlich schienen sie sich geeinigt zu haben. Der Mann steckte das Geld irgendwo in die Falten seines weiten Gewandes und verabschiedete sich. Ich hatte den Eindruck, dass er mit dem erhaltenen Lohn recht zufrieden war, aber sich hütete, es sich anmerken zu lassen.

Ich dankte Maria für ihre Hilfe und machte mich an die Arbeit, die gekauften Sachen einzuräumen. Die kleinen Dinge wanderten auf die Regale, die größeren platzierte ich neben der Kammer so auf den Boden, dass es nicht unordentlich aussah. Zum Schluss nahm ich meinen neuen Besen und wischte den Fußboden. Fräulein Ratcliffe hatte mir kurz erklärt, dass sich die palästinensische Währung nach dem Dezimalsystem richtete. Ein *Pfund* teilt sich in hundert *Piaster* auf und ein Piaster in zehn *Milliemen*. Nachdem ich mein Zimmer in Ordnung gebracht hatte, rechnete ich zusammen, was ich ausgegeben hatte:

Lebensmittel	89 Piaster (etwa 11,50 Mark)
Petroleum	28 Piaster
Brennspiritus	6 Piaster
Lampe	47 Piaster
Primus-Kocher	62 Piaster
Besen und Kehrichtschaufel	17 Piaster
Mann mit Korb	15 Piaster
	264 Piaster (etwa 35 Mark)

Es blieben mir noch gut 45 Mark in palästinensischem Geld und 195 Mark in Reiseschecks. Ich fing an auszurechnen, wie lange ich damit auskommen würde, kam jedoch zum Schluss, dass das nur Zeitverschwendung bedeutete. Meine Reserven würden offensichtlich bald einmal erschöpft sein – ob eine Woche früher oder später, machte keinen besonderen Unterschied.

Am Nachmittag kam Fräulein Ratcliffe herunter und wollte sehen, wie ich zurechtkam. Ich benutzte die Gelegenheit und erkundigte mich nach der Wasserversorgung, wobei ich erwähnte, was Fräulein Gustafsson über die Wasserverseuchung gesagt hatte.

„Nun, die Situation ist nicht ganz so schlimm", antwortete Fräulein Ratcliffe lächelnd. „Jerusalem hat schon seit Jahrhunderten Wasserprobleme gehabt. In einigen Stadtteilen gibt es heute eine städtische Wasserversorgung. Aber fast alle Häuser aus der türkischen Zeit besitzen unterirdische Zisternen, die das Regenwasser vom Dach auffangen. Das ist auch bei uns hier der Fall. Mit den Jahren hat sich mein Magen wohl schon daran gewöhnt, nehme ich an. Jedenfalls koche ich normalerweise mein Wasser nicht ab."

Im weiteren Verlaufe des Tages gab mir Maria eine erste Lektion, wie man mit einem Primus-Kocher umgeht, und am Abend kochte ich zum ersten Mal damit – zwei weiche Eier. Dazu gab es einen grünen Salat, Tomaten und Gurken sowie hartes Brot, Ziegenkäse, ein paar Oliven und eine Tasse heißen Tee. Um mein Brot etwas aufzuweichen, tauchte ich es in Olivenöl, aber ich konnte mich nicht davon überzeugen, dass Öl jemals die gute dänische Butter ersetzen könnte!

Nach dem Essen räumte ich den Tisch ab, holte meine Bibel und den Stadtplan von Jerusalem hervor und breitete sie im Schein meiner neuen Lampe aus. Zuerst suchte ich sorgfältig den Weg heraus, den Maria und ich heute gegangen waren – westlich von der Altstadt, der Nordmauer entlang, westwärts durch das Damaskustor und zurück auf der Westseite des Hinnomtales.

Dann schlug ich die Psalmen auf und forschte nach Versen, die Bezug auf Jerusalem hatten. Ich las: „Nun stehen unsere Füße in deinen Toren, Jerusalem" (Psalm 122,2). Genau das hatten meine Füße heute Vormittag getan!

„Wünschet Jerusalem Glück! Es möge wohl gehen denen, die dich lieben" (Vers 6). Wie viel hatte Gottes Volk damals von seiner Liebe zu Jerusalem zu erzählen! Eine persönliche Beziehung verband sie mit der Stadt – fast wie die eines Kindes zu seiner Mutter oder wie die eines jungen Mannes zu seiner Braut.

Als ich später vor dem Schlafengehen zum Beten niederkniete, musste ich nochmals an dieses Thema denken. „Ich danke dir, Herr, dass du mich nach Jerusalem gebracht hast", betete ich wieder. „Ich verstehe nicht, warum ich hier bin, und ich fühle mich auch nicht würdig, hier sein zu dürfen. Aber bitte hilf mir, diese Stadt zu lieben, wie deine Knechte sie alle Jahrhunderte hindurch geliebt haben."

Mein Platz

Der folgende Tag war ein Sonntag. Ich besuchte den von Fräulein Ratcliffe gehaltenen Morgengottesdienst, welcher in einem länglichen Raum ihres Hauses stattfand. Ungefähr fünfundzwanzig Personen waren anwesend, meistens Frauen und Kinder. Ein paar Kinder sangen einige lebendige Chorusse auf Arabisch. Dann sprach ein britischer Polizist in Uniform über die Wichtigkeit des täglichen Bibellesens. Er wurde von einer Frau übersetzt, die anscheinend auch Polizistin war.

Am Nachmittag schrieb ich einen langen Brief an meine Mutter und schilderte ihr die Reise und meine ersten Eindrücke von Jerusalem. Ich nahm mir dabei vor, ihr jede Woche wenigstens einmal zu schreiben. Weitere Briefe gingen an Valborg, Kristine Sonderby und Prediger Rasmussen, und ich teilte allen meine neue Adresse mit.

In den nächsten Tagen begann ich mir einen Tagesplan aufzustellen, der meiner neuen Umgebung angepasst war. Weil ich meine tägliche Bibellese systematischer als bisher gestalten wollte, teilte ich die Bibel in drei Hauptteile ein: die Geschichtsbücher von 1. Mose bis Esther, die Lehrbücher und die Propheten, das Neue Testament. Jeden Morgen fing ich mit dem Neuen Testament an; in der Tagesmitte las ich in den Geschichtsbüchern, und am Abend beschloss ich den Tag mit Abschnitten aus den Lehrbüchern beziehungsweise den prophetischen Büchern.

Darüber hinaus suchte ich bestimmte Themen heraus, die ich auf meine neue Situation anwenden konnte: die Stadt Jerusalem, die Macht des Gebets, verschiedene Möglichkeiten zum Dienst für Gott. Ich wollte ja wissen, zu welcher Aufgabe ich hier in Jerusalem bestimmt war, und zudem war es hauptsächlich das Gebet gewesen, durch das Gott mir bisher seine Führung geschenkt hatte. Ich wählte für jedes Thema eine besondere Farbe – blau für Jerusalem, grün für Gebet, rot für Dienst – und unterstrich die einzelnen Abschnitte in den entsprechenden Farben. Am Ende des Tages verglich ich alle Stellen, die ich in derselben Farbe unterstrichen hatte, und war davon beeindruckt, wie sie Licht aufeinander warfen.

Noch eine andere Notwendigkeit wurde mir bewusst: Ich musste meine Englischkenntnisse verbessern. Ich beschloss, das mit meinem Bibellesen zu verbinden. Ich legte meine beiden Bibeln nebeneinander und las zuerst die dänische und danach die englische. Sobald ich den Eindruck hatte, eine neue Phrase zu beherrschen, probierte ich sie in der Unterhaltung mit Fräulein Ratcliffe aus. Von Zeit zu Zeit entlockte ich ihr ein Lächeln, so zum Beispiel, wenn ich sagte, dass ich „meinen Mantel umgürtet" oder meinen Primus „erleuchtet" hatte, und manchmal lachte sie hell heraus, wenn ich noch komischer danebengegriffen hatte!

Dann reservierte ich auch eine bestimmte Zeit, um für meine früheren Kollegen von der Schule in Korsør zu beten. Ich wusste ja, zu welcher Zeit sie sich gewöhnlich zur großen Vormittagspause im Lehrerzimmer versammelten, und richtete mich so ein, dass ich gerade um diese Zeit – unter Berücksichtigung der Zeitdifferenz – dafür betete, dass Gott ihnen irgendwie seine Wirklichkeit offenbaren möchte, so wie er es bei mir getan hatte.

Es dauerte nicht lange, bis Fräulein Ratcliffe mich auf die Notwendigkeit des Sprachstudiums aufmerksam machte. „Je eher Sie die Landessprache zu erlernen beginnen, desto besser ist es", sagte sie.

„Mit welcher Sprache sollte ich nach Ihrer Meinung anfangen?", fragte ich sie.

„Es hat keinen Wert, Hebräisch zu lernen – die wenigsten sprechen es", erwiderte Fräulein Ratcliffe. „Die in Palästina geborenen Juden sprechen hauptsächlich Arabisch. Die eingewanderten Juden sprechen die Sprache ihres Herkunftslandes und dazu vielleicht noch Jiddisch. Arabisch werden Sie am meisten brauchen. Die Frau, die am Sonntagmorgen das Klavier spielte, ist Sprachlehrerin."

Ich machte mit dieser arabischen Frau ab, dass sie mir für umgerechnet gut sechs Mark fünf Lektionen pro Woche erteilen sollte. Nach den ersten beiden Wochen hätte ich am liebsten aufgegeben. Einige der Laute, besonders die Kehllaute, waren völlig verschieden von jenen meiner eigenen

Sprache. Meine Kehle schmerzte vor lauter Anstrengung, sie richtig aussprechen zu wollen. Auch die Schrift war ganz anders. Man schreibt von rechts nach links und verwendet drei verschiedene Arten von Buchstaben, je nachdem, ob sie am Anfang, in der Mitte oder am Schluss eines Wortes stehen. Das Vokabular war ebenso fürchterlich. Meine Lehrerin sagte mir, dass es vierzig verschiedene arabische Wörter für „Kamel" gibt. Ich hatte den Eindruck, dass der Rest meines Lebens nicht ausreichen würde, um eine Sprache wie diese zu meistern!

Als ich mich so mit dem Arabischen herumschlug, kam mir von unerwarteter Seite Hilfe und Ermutigung. Neben Maria lebte noch eine ältere, blinde Araberin in Fräulein Ratcliffes Haus; Nijmeh hieß sie. Weil sie viel mit Missionaren zu tun gehabt hatte, konnte sie gut Englisch. Sie las regelmäßig in einer in Blindenschrift geschriebenen englischen Bibel und zitierte gerne daraus mit ihrer trockenen, rauen Stimme. Wie viele Blinde kompensierte sie ihr Sehunvermögen mit einer erhöhten Sensibilität auf andern Gebieten.

Mit nichts anderem als nur ihrem dünnen, weißen Stock pflegte Nijmeh alleine in die Altstadt zu gehen und brachte dort ein oder zwei Stunden im Tag zu. Sie wusste, wie man mit Menschen ins Gespräch kommt, und beinahe jedes Mal mündeten ihre Gespräche in ein Zeugnis von ihrem Glauben an Jesus.

„Ich nenne das meine Fischzüge", erklärte sie. „Ich versuche den Worten des Herrn zu gehorchen – ein Menschenfischer zu sein."

Nijmeh besaß sowohl die Zeit als auch die Geduld, die es brauchte, um mir in meinem Konflikt mit der arabischen Sprache beizustehen. Tag für Tag kam sie zu mir, nachdem meine Sprachlehrerin gegangen war, und übte mit mir die neuen Wörter und Phrasen so lange, bis sie mit meiner Aussprache zufrieden war. Oft wiederholte ich ein Wort zwanzig- oder dreißigmal, ehe sie ausrief: „El-hamd il-Allah!" – „Gott sei Dank!" – um damit kundzutun, dass ich es endlich geschafft hatte.

Ich begleitete Nijmeh oft auf ihren „Fischzügen" bis zum Jaffator und ging dann allein weiter, um die Gegend außerhalb der Altstadtmauern zu erforschen. Damit verband ich einen Gang zum Postamt, um nachzusehen, ob ein Brief von Dänemark gekommen war. Doch das Postfach war immer leer. Mehr als einmal sah ich Frauen, die mich an meine Vision erinnerten, doch nie befand sich die von mir gesuchte darunter. Ich fand es schließlich nicht weise, mich zu viel mit ihr zu beschäftigen. Wenn es Gottes Wille war, dass ich sie treffen sollte, so würde er zu seiner Zeit und auf seine Weise dafür sorgen.

Bei der Rückkehr von einem dieser Ausflüge stieß ich auf einen jüdischen Leichenzug. Vier Männer gingen voraus und trugen eine Bahre, auf welcher der in einen quastenverzierten Gebetsschal eingewickelte Leichnam ruhte. Langsam folgten die Trauernden, die Männer zuerst, in Schwarz gekleidet und mit schwarzen, breitrandigen Hüten auf den Köpfen. Hinter ihnen folgten die Frauen, die mit aufgelöstem, über das Gesicht herabfallendem Haar sich einem anhaltenden Klagen hingaben. Die Gesichter aller drückten hoffnungslosen Kummer aus. Nie zuvor hatte ich Menschen gesehen, die wie diese vom Schrecken des Todes ergriffen waren. Wie sehr brauchten diese Menschen den Einen, der am Grabe von Lazarus ausrief: „Ich bin die Auferstehung und das Leben" (Johannes 11,25).

Endlich – ich war bereits mehr als drei Wochen in Jerusalem – fand ich einen Brief von Mutter im Postfach vor. Meine Hände zitterten, als ich ihn öffnete. Ich las ihn sofort durch, ohne mir erst Zeit zu nehmen, das Postfach wieder zu schließen. Mutters Brief enthielt eine Fülle von lokalen Nachrichten. Inge, die Tochter des Posthalters, hatte einen amerikanischen Matrosen geheiratet. Hans Peter, mein Spielkamerad aus der Kindheit, war zum Direktor unserer Stadtsparkasse ernannt worden. Als ich zum Schlusssatz kam, verschwammen vor lauter Tränen die Worte vor meinen Augen. Mutter hatte unterschrieben: „Deine dich liebende und für dich betende Mutter". Auf dem Weg zurück vom Postamt ging ich in einen Buchladen und kaufte mir eine arabische Bibel. Von jetzt an hatte ich drei Bibeln vor mir auf dem Tisch: die dänische, die englische und die arabische. Eines Tages erzählte ich Nijmeh stolz, dass ich meinen ersten Bibelvers auf Arabisch gelesen hatte.

„Welcher Vers war es?", wollte sie wissen.

„Der erste Vers aus dem Johannesevangelium."

„Wie lange hast du dafür gebraucht?"

„Ungefähr zwei Stunden."

„*El-hamd il Allah!*", lautete ihr Kommentar.

Eines Morgens – es war Mitte November und gerade einen Monat nach meiner Ankunft in Jerusalem – erwachte ich mit dem seltsamen Gefühl, dass sich die Welt um mich herum verändert hatte. Die Luft war von einem ständigen, trommelnden Geräusch erfüllt. Zuerst begriff ich nicht, was es zu bedeuten hatte. Plötzlich dämmerte es mir – es regnete. Ich konnte es durch die Eisenstäbe an meinem Fenster sehen.

Fasziniert stand ich einige Minuten am Fenster und konnte meine Augen nicht vom Regen abwenden. Er fiel nicht in Tropfen hernieder, sondern kam wie ein einziger Strom von oben herab. Es war das erste Mal, dass ich es regnen sah, seit ich meinen Fuß auf den Boden Palästinas gesetzt hatte. Das war also der lang erwartete „Frühregen", welcher der seit April andauernden Dürre ein Ende bereitete.

Es regnete ohne Unterbrechung den ganzen Tag bis in die Nacht hinein. Die Temperatur in meinem Zimmer fiel beträchtlich. Die Wände und der Fußboden schwitzten einen feinen Film von Feuchtigkeit aus. Zog ich meine Fingern darüber hinweg, hinterließen sie eine Spur auf der Nässe. In der Nacht brauchte ich alle Decken, die ich mir von Dänemark mitgebracht hatte, um mich warm zu halten, und als ich am nächsten Morgen meine Bibel las, musste ich dazu meinen Mantel anziehen.

Ich entsann mich, auf meinen Streifzügen durch die Altstadt eine Straße gesehen zu haben, wo alle Arten von Heizöfen ausgestellt gewesen waren. Als der Regen nachließ, suchte ich diese Straße auf. Wo zwei Tage vorher Staub den Boden bedeckt hatte, musste ich jetzt durch einen dicken Dreck hindurch, der zähe an meinen Schuhen klebte. Ich tat mein Bestes, um Marias Beispiel beim Einkaufen zu folgen, und ging von Laden zu Laden, um mich nach den Preisen zu erkundigen. Endlich fand ich einen passenden Ofen und bot dem Verkäufer die Hälfte des von ihm genannten Preises an. Zu meiner Überraschung ging er sofort darauf ein! Da merkte ich, dass er offensichtlich ein viel niedrigeres Angebot von mir erwartet hatte … Ich fasste den Ofen an seinem Griff und trat den Heimweg an. Als ich an einem Manne mit einem Korb auf dem Rücken vorbeiging, war ich versucht, ihn meinen Ofen für mich tragen zu lassen. Aber ich stellte schnell eine Kopfrechnung an. Vierzehn Mark hatte ich für den Ofen ausgegeben; es blieben mir also noch knapp zehn Mark im Portemonnaie und beinahe hundert Mark in Reiseschecks. Ich beschloss, meinen Ofen lieber selber zu tragen!

Ende November erhielt ich einen Brief von Valborg: „Letzten Sonntag ging ich in die Pfingstgemeinde. Prediger Rasmussen betete mit mir, und ich redete in neuen Zungen! Jetzt verstehe ich, was Sie so glücklich gemacht hat, sogar als alles gegen Sie war ... Sie werden nie erraten können, wo ich jetzt arbeite – bei Fräulein Storm! Sie suchte mich vor einem Monat auf und fragte, ob ich nicht bei ihr arbeiten würde. Sie erkundigt sich bei mir immer wieder nach Ihnen und möchte wissen, was Ihr Leben so verändert hat. Ehrlich gesagt, habe ich den Eindruck, dass sie sehr suchend ist, es aber nicht zeigen möchte ..."

„Das heißt, ich muss jetzt zweimal so viel für Erna Storm beten!", nahm ich mir vor.

Von Zeit zu Zeit, als ich meine Geldreserven zusammenschrumpfen sah, fasste ich die Möglichkeit ins Auge, irgendeine Arbeit zu suchen. Vielleicht gab es irgendwo eine Schule, wo ich wenigstens einige Stunden unterrichten konnte. Doch dann kam mir in den Sinn, dass mein Besuchervisum ja keine Arbeitsbewilligung war. Sollte ich versuchen, mein Visum umändern zu lassen? Jedes Mal, wenn ich mir das vornahm, verlor ich meinen inneren Frieden, und ich merkte, dass mir der Heilige Geist damit sagen wollte: „Kalt". Wenn Gott mir doch nur zeigen würde, worin meine Aufgabe in dieser Stadt bestand! Zwei Tage nach Valborgs Brief traf ein weiterer ein, von einer mir unbekannten Handschrift geschrieben und in Beirut, Libanon, aufgegeben. Wer sollte mir wohl von Beirut schreiben? Ich kannte keinen Menschen dort. Der Brief war auf Dänisch abgefasst. Unter dem Briefkopf *Dänische Mission in Bibelländern* stand Folgendes geschrieben:

Liebes Fräulein Christensen,

Ihren Namen habe ich durch Herrn Pedersen, Schulvorsteher in Korsør, erhalten. Er teilte mir mit, dass Sie an seiner Schule Hauswirtschaftslehre unterrichtet haben, sich jetzt aber in Jerusalem befinden.

Ich möchte Sie fragen, ob Sie bereit wären, in diesem Fach hier in unserer Mädchenschule in Beirut zu unterrichten. Wir haben ungefähr zweihundert Schüler und beabsichtigen, unsere Hauswirtschaftsabteilung auszubauen. Wir haben den Eindruck, dass das unter geeigneter Führung ein wichtiger Bestandteil unserer Arbeit unter den Libanesen werden könnte.

Libanon ist ein reizvolles Land und weist ein ausgezeichnetes Klima sowie ein unvergleichliches Landschaftsbild auf. Ihr Ge-

halt würde sich nach den von der Missionsleitung festgelegten Normen richten und niedriger sein als jenes, welches Sie an der staatlichen Schule in Korsør erhielten. Dafür wären jedoch Ihre persönlichen Auslagen gedeckt, und nach zehn Jahren kämen Sie in den Genuss der Pensionsberechtigung. Prüfen Sie bitte unsern Vorschlag sorgfältig und lassen Sie mich so bald als möglich von Ihnen hören.

Mit freundlichen Grüßen
Martha Ditloffsen, Rektorin

Jedes Mal, wenn ich das Wort *Hauswirtschaftslehre* las, schlug mein Herz schneller. Das war schließlich lange Zeit mein Interessengebiet gewesen. Welch eine Herausforderung, es den Mädchen eines wenig privilegierten Landes nahezubringen! Ich begann mir Vorstellungen darüber zu machen, wie ich die in Korsør erfolgreich angewandten Methoden anpassen und vereinfachen könnte. Sollte Gott wirklich für mich eine Tür im Libanon öffnen? Seit zwei Monaten weilte ich in Jerusalem, und nichts hatte sich gezeigt. Mein Geld ging langsam zur Neige, und niemand schien Verwendung für mich zu haben.

Ich las den Brief noch einmal durch. Dann steckte ich ihn hinten in meine dänische Bibel. An den folgenden Tagen nahm ich ihn immer wieder hervor und las ihn mehrere Male durch, ohne mich jedoch zu einer Antwort entschließen zu können.

Nach dem ersten schweren Regenfall, der den Winteranfang anzeigte, folgte ein eher wechselhaftes Wetter. Es gab schöne und sonnige Tage und dazwischen starken Wind und Regen. Manchmal regnete es ohne Aufhören acht oder zehn Stunden lang. Eines Tages erinnerte mich eine hauchdünne Schneedecke daran, dass es bis Weihnachten nur noch eine Woche war.

Ich bekam einige Weihnachtskarten von meinen beiden Schwestern in Dänemark, von früheren Kollegen in Korsør und einigen andern Bekannten. Von Søren kein Wort! Auch ein Weihnachtsgeschenk erhielt ich: einen wunderschönen hellblauen Pullover, den Mutter eigenhändig für mich gestrickt hatte.

Dies würde das erste Mal in meinem Leben sein, dass ich Weihnachten nicht zu Hause war. Gewöhnlich blickte ich Weihnachten mit einem Gefühl von Erwartung entgegen und das hatte sich seit meiner Kindheit nicht geändert. Aber dieses Jahr empfand ich eher ein starkes Unbehagen, um nicht zu sagen, eine böse Vorahnung. Fräulein Ratcliffe hatte mich für den Weihnachtstag zum Essen eingeladen, aber für mich war die eigentliche Zeit zum Feiern immer der Heiligabend gewesen. Wie sollte ich ihn feiern können – allein in einem kalten Raum, ohne einen befreundeten oder verwandten Menschen?

Ich setzte mich hin und machte Bilanz über meine Finanzen. Ein paar Tage zuvor hatte ich meine letzten Reiseschecks eingelöst. Davon hatte ich Fräulein Ratcliffe meine Miete für Dezember abgeliefert. Auch meine Arabisch-Lehrerin hatte ich pünktlich bezahlt. Nachdem ich noch einen Vorrat Lebensmittel und Brennmaterial für meine Lampe und den Ofen eingekauft hatte, waren mir noch ungefähr dreizehn Mark geblieben. Aus irgendeinem mir unerklärlichen Grunde spürte ich, dass ich damit bis nach Weihnachten auskommen musste. Wer wusste schließlich, was noch alles geschehen konnte?

Gegen fünf Uhr am Heiligabend zündete ich meine Lampe an und begann, mein Weihnachtsessen zuzubereiten: ein kleines Stück Schaffleisch, das ich in Olivenöl zusammen mit Kartoffeln und Auberginen auf meinem Primus gekocht hatte – obwohl ich mich gegen die Erinnerung an jene Schafsköpfe am Boden des Metzgerladens wehren musste! Der Nachtisch bestand aus einer Art süßem, klebrigem Gebäck, *bakalawi* genannt, das ich kürzlich in der Altstadt entdeckt hatte. Eine Tasse starken Kaffees rundete meine Mahlzeit ab. (Ich hatte gelernt, auf dem Primus Kaffee nach dänischer Art zu kochen.) Während ich an meinem Kaffee nippte, stellte ich mir meine Familie zu Hause vor. Ich sah den langen Esstisch, von einem Ende zum andern mit all den guten Dingen beladen, die ich schon von Kind auf gemocht hatte. Der Mann meiner Schwester Ingrid ging von Platz zu Platz und schenkte den dunkelroten Wein in die Kristallgläser ein, während am andern Ende Kezias Mann Knud die Papierfähnchen von der Gänsebrust entfernte. Ich versuchte mir Mutter vorzustellen, aber irgendwie gelang es mir nicht. Ich sehnte mich danach, einen Blick in ihr Gesicht zu erhaschen.

Es kam dasselbe überwältigende Einsamkeitsgefühl über mich, wie ich es zum ersten Mal auf dem Dock in Marseille erlebt hatte. Ich kämpfte gegen die aufsteigenden Tränen. Mit einer Willensanstrengung räumte ich die Reste meiner Mahlzeit ab und legte die dänische Bibel auf den Tisch.

An diesem Abend stand mir der Sinn nicht nach Englisch und noch weniger nach Arabisch. Ich wollte nur meine Muttersprache.

Als ich die Bibel öffnete, fiel der Brief aus Beirut heraus. Ich brauchte ihn gar nicht erst zu lesen. Ich kannte jeden Satz auswendig: „... ob Sie bereit wären, in diesem Fach ... Libanon ist ein reizvolles Land ... Ihre persönlichen Auslagen gedeckt ..." War das wirklich die Aufgabe, die Gott so lange für mich aufgespart hatte? Sollte Jerusalem tatsächlich nur das Sprungbrett nach Beirut sein?

Am Abend vorher war ich mit meinem Bibellesen bis zu Psalm 136 gekommen. Ich begann den nächsten Psalm zu lesen. Es war derselbe, den ich am ersten Abend in meiner neuen Wohnung hier gelesen hatte:

„Vergäße ich dein, Jerusalem, so verdorre meine Rechte.
Meine Zunge soll an meinem Gaumen kleben, wenn ich
nicht deiner gedenke, wenn ich nicht lasse Jerusalem
meine höchste Freude sein." Psalm 137,5–6

War es mir wirklich ernst damit? Wenn ja, dann war die Frage beantwortet. Ich hatte zu Gott darum gebetet, dass er mir den Platz zeigen möge, den er für mich bestimmt hatte, und er hatte es getan. Es war Jerusalem – nicht Beirut oder irgendein anderer Ort auf der Welt. Nichts konnte daran etwas ändern! Sollte es Einsamkeit bedeuten oder gar Verhungern, dann wollte ich eben da verhungern, wo Gott mich hingeführt hatte! Aber meine Berufung war Jerusalem. Kein eigener Wunsch und kein persönlicher Ehrgeiz durfte mir wichtiger sein als das!

Es gab eine Möglichkeit, die Angelegenheit zu erledigen. Ich holte mein Schreibzeug hervor und fing einen Brief an Martha Ditloffsen in Beirut an. Zuerst musste ich nach Worten suchen, doch dann flossen sie in die Feder. Ich dankte ihr für den Brief und ihr verlockendes Angebot, legte ihr aber dar, dass Gott mich nach Jerusalem – und nur nach Jerusalem – berufen hatte. Abschließend schrieb ich: „Ich muss gestehen, dass ich noch nicht weiß, welche Aufgabe Gott für mich in Jerusalem hat. Aber ich kann nur versuchen, ihm zu vertrauen und zu gehorchen, wenn er mich Schritt für Schritt führt."

Nachdem ich den Brief adressiert und verschlossen hatte, legte ich ihn auf meine Kommode, ich wollte ihn bei meinem nächsten Gang zum Postamt mitnehmen. Dann wandte ich mich um und schaute mein Zimmer an. Es hatte sich nichts verändert – und trotzdem sah alles so anders aus. Die einfachen Holzmöbel, der steinerne Boden, das vergitterte Fenster – wie kahl und einfach auch alles aussah, es war dennoch mein Platz! Im Gehorsam gegen Gott war ich hier. Auf das alleine kam es an! Ich spürte in mir Freude aufsteigen und wusste, sie kam vom Heiligen Geist.

Mein Blick fiel auf den Besen, der in der Ecke stand. Mir kam in den Sinn, wie ich mit solch einem Ding getanzt hatte an jenem Abend, als der Herr mich mit seinem Geiste taufte. Der Fußboden hatte kein Auffegen nötig, aber ich musste den sich in mir ausbreitenden Empfindungen Ausdruck geben. Ich ergriff den Besen und fegte mit kräftigem Schwung in Richtung Tür. „Hinaus mit dir, *Zweifel*!", sagte ich. „Hier ist kein Platz für dich! Und du auch, *Einsamkeit*!" (Ein weiterer Schwung mit dem Besen.) „Und du, *Niedergeschlagenheit* – auch du, *Kompromiss*!" (Mehrere Besenschwünge.) „Hinaus mit euch allen! Ich habe genug von euch!"

Ich hielt einen Moment inne und lehnte mich auf den Besen, um wieder zu Atem zu kommen. Plötzlich fiel mir noch etwas ein: „Und das ist für dich, *Selbstmitleid*!", sagte ich und schwang den Besen ein letztes Mal.

Dann schaute ich mir das Zimmer noch einmal an. „Schließlich", sagte ich zu mir selbst, „wurde Weihnachten das erste Mal ja auch in einem Stall gefeiert. Was du heute Abend hier hast, ist noch der reinste Luxus dagegen!"

Mein Blick wurde zur Bibel hingezogen, die immer noch aufgeschlagen unter der Lampe lag. Ich ging hinüber zum Tisch, nahm den blauen Farbstift in die Hand und unterstrich sorgfältig die Verse, die ich soeben gelesen hatte. Als ich zum letzten Abschnitt kam, unterstrich ich die Worte doppelt: „… wenn ich nicht lasse Jerusalem meine höchste Freude sein."

Die erste Aufgabe

Es war der Freitag nach Weihnachten, ein grauer, kalter Tag. Ich hatte gerade zu Mittag gegessen, als ich Schritte die Hoftreppe herunterkommen hörte. Ich warf einen Blick durchs Fenster, gerade rechtzeitig genug, um noch ein Paar hosenbekleideter Beine zu sehen. Im nächsten Augenblick klopfte es. Als ich auftat, sah ich mich einem mittelgroßen, etwa dreißig-jährigen Manne mit einem Bart gegenüber. Er trug einen abgetragenen europäischen Anzug, und auf seinem Hinterkopf saß ein Käppchen, die traditionelle jüdische Kopfbedeckung.

„Guten Tag", sagte er, „sind Sie Fräulein Christensen?"

Zu überrascht, um sprechen zu können, nickte ich mit dem Kopf. Woher wusste er, wie ich hieß?

„Mein Name ist Cohen", fuhr er fort, „Elieser Cohen. Meine Frau und ich haben ein Baby, das im Sterben liegt. Ich bin gekommen, um Sie zu fragen, ob Sie es nicht zu sich nehmen könnten." Sein Englisch war schwerfällig.

„Ein sterbendes Baby?", wunderte ich mich. „Aber – aber ich verstehe doch nichts von Babys! Woher wissen Sie eigentlich, dass ich hier bin?"

„Meine Frau und ich, wir glauben an Gott. Wir beteten: ‚Gott, zeige uns, was wir tun sollen!'" Der Mann legte seine Hände wie zum Gebet zusammen und schaute nach oben. „Heute Morgen traf meine Frau am Jaffator eine Blinde, die ihr sagte, eine sehr freundliche Dame sei von Dänemark nach Jerusalem gekommen und lebe im Erdgeschoss dieses Hauses. Sind Sie diese Dame?"

Nijmeh! Wie war sie nur auf die Idee gekommen, diesen Leuten meinen Namen anzugeben? Laut sagte ich zu dem Manne: „Es stimmt, ich komme aus Dänemark, aber ich bin weder Krankenschwester noch etwas Ähnliches."

„Was wollen Sie hier tun? Sind Sie gekommen, um uns zu helfen?" In der Stimme des Mannes klang ein unüberhörbarer Ton der Verzweiflung mit. Es war dieselbe Frage, die ich mir schon Hunderte von Malen gestellt hatte: *Wofür bin ich hierhergekommen?* Aber bestimmt wollte Gott nicht von mir, dass ich einen sterbenden Säugling bei mir aufnahm – in diesem kalten Zimmer!

„Ich möchte sicher nicht ungefällig sein", entgegnete ich, „aber ich bin nicht in der Lage, etwas für Sie zu tun. Ich habe keinen Platz für das Baby und auch keine Medizin, nichts mehr zu essen und kein Geld, um etwas zu kaufen! Sie sollten Ihr Kind ins Krankenhaus bringen."

„Das haben wir schon versucht", erwiderte der Mann, „aber dort wollten sie es nicht haben. Sie sagen, sie können nichts für das Kind tun. Es ist ein Zwilling. Das andere ist vor zwei Monaten gestorben, und jetzt stirbt uns dieses auch noch! Das übersteigt die Kräfte meiner Frau. Sie kann nicht mehr!"

„Herr Cohen", sagte ich, „es ist nicht, dass ich nicht helfen möchte. Aber ich sehe wirklich nicht, was ich tun könnte." In diesem Moment fing ich den Ausdruck seiner Augen auf – denselben leeren, hoffnungslosen Blick, den ich bei den Leuten im Leichenzug wahrgenommen hatte. „Zum Mindesten müssen Sie mir Zeit geben, darüber zu beten. Wenn ich dann finde, ich könne etwas tun, werde ich Sie aufsuchen. Wo wohnen Sie?" Er beschrieb mir, wie ich seine Wohnung finden konnte, und ich versprach, mich mit ihm in Verbindung zu setzen, wenn ich irgendeine Möglichkeit sah, ihnen zu helfen.

Zögernd verabschiedete sich der Mann. Auf der Treppe blieb er noch einmal stehen, drehte sich zu mir um und bat: „Warten Sie bitte nicht zu lange!"

Ein paar Minuten später kam meine Arabisch-Lehrerin, doch ich konnte mich unmöglich konzentrieren. Am Schluss der Lektion gab ich ihr die sechs Mark fünfzig, die ich ihr für diese Woche schuldete. Als sie gegangen war, leerte ich den restlichen Inhalt meines Portemonnaies auf den Tisch und zählte: zwei Mark achtzig. Das war alles, was ich besaß!

Bald darauf kam Nijmeh, um mit mir die Arabisch-Lektion zu wiederholen. „Nijmeh, hast du am Jaffator eine jüdische Frau getroffen und ihr gesagt, dass ich ihr krankes Baby aufnehmen würde?"

„Hm, ich habe tatsächlich heute Vormittag eine Frau getroffen, die wie eine Jüdin sprach. Sie war in großer Not wegen ihrem Kind, und ich erzählte ihr von Ihnen."

„Aber, Nijmeh, wie bist du darauf gekommen, dass ich ihr helfen könnte?"

„Fräulein Christensen, ich habe seit Jahren zu Gott gebetet, er möchte jemand schicken, der für die Kinder in dieser Stadt sorgt, die kein Heim haben. Ich glaube, Sie sind diese Person." Ich starrte sie überrascht an. „Ich, Nijmeh? Es gibt doch sicher Kinderheime in Jerusalem!"

„Ja, Waisenhäuser – große Institutionen. Aber ich kenne keinen Platz, den ich ein *Heim* nennen würde, wo sich ein Kind geliebt und akzeptiert fühlen kann."

„Aber, Nijmeh, ich habe nicht einmal Platz für ein einziges Kind, ich habe kein Geld mehr und auch keine Mission hinter mir …"

Nijmeh erhob sich und tastete sich zur Tür. „Ich werde weiterbeten." Augenblicke später hörte ich das Tappen ihres Stockes, als sie sich die Treppe hinaufbegab.

„Aber es ist doch wahnsinnig!", sagte ich zu mir selbst. „Nicht einmal das Krankenhaus wollte das Kind nehmen. Und was soll ich dann machen?"

Als mir die Sache weiter durch den Kopf ging, kam mir eine Bibelstelle in den Sinn, die ich heute Morgen im Neuen Testament gelesen hatte. Ich schlug meine Bibel auf. Die Verse 14 bis 18 im letzten Kapitel des Jakobusbriefes waren grün unterstrichen – die Farbe, die ich für *Gebet* verwendete. Ein Satz besonders schien mir in die Augen springen zu wollen: „Das Gebet des Glaubens wird dem Kranken helfen …" (Vers 15). Wollte mir Gott damit sagen, dass das Gebet das Leben des Kindes noch retten konnte, auch wenn alle menschlichen Möglichkeiten erschöpft waren?

Beinahe fürchtete ich mich vor der zu erwartenden Antwort – ich beugte den Kopf über den Tisch und sagte: „Herr, zeige mir, ob es dein Wille ist, dass ich dieses Kind nehmen soll."

Es folgten einige Minuten der Stille. Ich hörte, wie meine Armbanduhr die Sekunden wegtickte. Dann erinnerte ich mich eines Satzes aus dem

Gleichnis Jesu von den Schafen und Böcken: „Was ihr getan habt einem unter diesen meinen geringsten Brüdern, das habt ihr mir getan" (Matthäus 25,40). Diese Worte kamen mir so deutlich und direkt, dass es beinahe war, wie wenn Jesus selbst sie hörbar zu mir gesprochen hätte. Ich schaute auf meine Uhr: fast vier Uhr nachmittags. Bis zum Dunkelwerden blieb nur noch eine Stunde – zu spät, um noch Herrn Cohens Adresse finden zu wollen. Ich müsste also gleich morgen früh gehen. Aber jetzt hörte ich eine andere Stimme. Die Stimme von Herrn Cohen, wie er sich beim Fortgehen nochmals umdrehte und sagte: „Warten Sie bitte nicht zu lange!" Ich trat ans Fenster und versuchte zu entscheiden, was zu tun war. Die kostbaren Minuten des Tageslichtes verrannen. Unter all den widerstreitenden Gedanken war einer, den ich nicht loswurde: *Wenn das Baby diese Nacht stirbt, bin ich dafür vor Gott verantwortlich.* „Herr, hilf mir, dich nicht zu enttäuschen", flüsterte ich. Dann griff ich nach meinem Mantel und knöpfte ihn zu, während ich die Treppe hinaufging. Halb ging ich, halb lief ich bis zum Allenby-Platz. Von hier an musste ich langsamer gehen, um mich an die Wegbeschreibung zu halten, die mir Herr Cohen gegeben hatte. Etwa 400 Meter weiter kam ich an einem großen Gebäude auf meiner Rechten vorbei, über dem der Union Jack, die englische Fahne, wehte. Das musste der Gerichtshof sein. Hier müsste eine Straße nach rechts führen. Richtig, da war sie! Herr Cohen wohnte im dritten Haus links.

Ich stieg ein paar rissige Steinstufen hinauf und klopfte an die Tür. In den paar Augenblicken der darauf folgenden Stille konnte ich mein eigenes Herz schlagen hören. Dann wurde der Schlüssel im Türschloss umgedreht und die Tür einen kleinen Spalt weit geöffnet.

„Wer ist da? Was wollen Sie?", fragte eine Männerstimme.

„Ich bin es – Fräulein Christensen", sagte ich. „Sie baten mich zu kommen."

Die Tür öffnete sich weit. Herr Cohen stand in der Öffnung, sein Käppchen immer noch auf dem Kopf. „Endlich!", sagte er. „Ich dachte schon, Sie kämen nicht mehr!"

Ohne weitere Worte ging er in ein großes, schwach erleuchtetes Zimmer voran. Der Fußboden war mit rauen, schlecht passenden Steinplatten belegt. Die Decke wölbte sich von allen vier Ecken bogenförmig zu einer kleinen Kuppel, so wie man während der Türkenzeit gebaut hatte. Die kalte, feuchte

Luft, zusammen mit der dunklen, gewölbten Decke und dem unebenen Boden, erweckten eher den Eindruck eines Kellers als den eines Zimmers.

Eine schwächlich aussehende Frau saß zusammengekauert auf einem Eisenbett, Kopf und Schultern in einen schwarzen, groben Schal gehüllt. „Das ist meine Frau Hadassa", sagte Herr Cohen. „Sie versteht kein Englisch."

Herr Cohen ging zu einem kleinen eisernen Kinderbett in der Ecke hinüber: „Das ist unser Baby."

Ich beugte mich über das Bett. Die einzige Kleidung des Kindes bestand aus einem abgerissenen Streifen von Handtuchstoff. Der wächserne Teint seines Gesichtes wurde durch die schwarzen Haare noch betont. Einen Augenblick lang fragte ich mich, ob es überhaupt noch lebte. Dann öffnete es seine Augen und schaute mich an. Irgendetwas kam mir an diesen großen, dunklen Augen bekannt vor. Sollte ich sie schon vorher einmal gesehen haben? Nein – das war nicht möglich.

Herrn Cohens Stimme unterbrach meine Gedanken. „Nun, wollen Sie es nehmen?"

„Ja, ich nehme es", antwortete ich. „Haben Sie etwas, um es einzuwickeln?"

Herr Cohen sagte etwas in einer Sprache, die vermutlich Jiddisch war, und in die Frau auf dem Bett kam plötzlich Leben. Sie wickelte sich den Schal von den Schultern und hüllte das Kind darin ein. Aus dem Kinderbett holte sie eine Säuglingsflasche mit etwas Milch darin und steckte sie dem Baby in den Schal. Dann drückte sie mir das ganze Bündel hastig in die Arme.

Ich ging zur Tür. Herr Cohen folgte mir. Auf der Schwelle blieb ich einen Moment stehen. „Sie haben mir nicht gesagt, wie das Kind heißt", sagte ich.

„Ihr Name ist Tikva", gab er mir zur Antwort. „Das ist das hebräische Wort für ‚Hoffnung'. Warten Sie, ich will den Namen für Sie aufschreiben."

Aus der einen Tasche zog er einen Bleistift hervor und aus der andern ein Stück Papier, das wie eine Rechnung aussah. Er kniete auf dem Boden nieder, glättete es auf einem Stein aus und schrieb einige Worte darauf. „Wir haben unsern Tisch verkauft, um Medikamente zu kaufen", erklärte er entschuldigend, ohne vom Schreiben aufzublicken. „Aber sie haben nicht geholfen!" Darauf sprang er wieder auf die Füße und steckte den Zettel zur Flasche in den Schal.

Ohne weiteres Zögern machte ich mich auf den Weg zu Fräulein Ratcliffes Haus zurück. Der letzte Schein des Tageslichtes war gerade noch am Himmel sichtbar, doch in den engen Straßen war es schon beinahe finster. Das Baby wimmerte zunächst ein wenig, dann aber verstummte es. In der Jaffastraße ließen die Ladenbesitzer eilig ihre Schaufensterläden herunter. Nur ein paar Bummler blieben noch auf der Straße.

Bis ich zum Allenby-Platz kam, war es Nacht geworden, und die Straßen hatten sich entleert. Meine Augen machten die Umrisse der Altstadtmauer vor mir aus. Ich musste an die erste Nacht zurückdenken, als ich sie zusammen mit Fräulein Gustafsson vom Taxi aus gesehen hatte. Damals war sie mir fremd und abweisend vorgekommen, aber jetzt schien mir die dunkle, schattige Masse Schutz anzubieten. Instinktiv hielt ich mich so nahe wie möglich bei ihr.

Ich wollte gerade die letzte Steigung zu Fräulein Ratcliffes Haus hinaufeilen, als die Dunkelheit vor mir von einem grellen, klagenden Ton durchbrochen wurde, dessen Echo zwischen den Häusern widerhallte und mir einen fürchterlichen Schreck in die Glieder jagte. Ich drückte mich an eine Hauswand, hielt das Baby fest in meinen Armen und wagte kaum zu atmen. Etwas bewegte sich in der Straße auf mich zu. Ich strengte meine Augen an, um die Umrisse erkennen zu können. Dann stieß ich einen langen Seufzer der Erleichterung aus. Was da mitten auf der Straße unterwegs war, entpuppte sich als ein gemächlich dahertrottender, einsamer Esel!

Ich wartete noch ein paar Augenblicke, um zu sehen, ob sich jemand beim Esel befand, aber niemand kam. Als ich weitergehen wollte, stellte ich fest, dass meine Knie weich wie Pudding waren. Unter Aufwendung der letzten Willenskraft erreichte ich Fräulein Ratcliffes Haus, stolperte die Steintreppe hinunter, öffnete die Eisentür zu meinem Zimmer und legte das Baby auf mein Bett nieder.

Im Schein meiner Lampe polsterte ich meinen Flechtkoffer mit Unterwäsche aus, bettete das Baby hinein und deckte es mit dem weichen Wollpullover zu, den Mutter mir zu Weihnachten geschickt hatte. Dann holte ich die Flasche mit Olivenöl aus dem Schrank, netzte meine Fingerspitzen damit und fuhr mit ihnen behutsam über die Stirn des Kindes, indem ich sagte: „In deinem Namen, Herr Jesus!"

Bevor der Tag anbrach, zündete ich wieder die Lampe an und hielt sie über den Koffer, in dem Tikva lag. Behutsam legte ich meinen Handrücken auf ihre Stirn. Sie fühlte sich immer noch trocken und heiß an. Wenn es überhaupt möglich war, sah sie eher noch schwächer aus mit der gelben Haut, die sich über die Wangenknochen spannte. Das Lampenlicht ließ sie für einen Moment ihre Augen auftun. Als sie den meinen begegneten, hatte ich wieder dieses Gefühl von Vertrautheit. Sollte ich sie möglicherweise doch schon vorher gesehen haben?

Und dann erinnerte ich mich mit einem Male – der Gebetstag in der Pfingstgemeinde in Korsør! Auf den Knien dort hatte ich die Gegenwart Gottes zum Greifen nahe verspürt. Und dann hatte ich das Gesicht eines Babys gesehen; es lag in einem kistenähnlichen Etwas und blickte mich mit seinen dunklen Augen an. Kein Zweifel, es war Tikva gewesen, die ich gesehen hatte, und die „Kiste" war nichts anderes als mein Weidenkoffer!

All das war also wirklich von Gott so geplant gewesen – ehe es tatsächlich geschah! Diese Erkenntnis ergriff mich aufs Tiefste. Wie wichtig war es, dass ich meinen Platz treu ausfüllte, damit Gottes Wille vollumfänglich geschehen konnte. Nur gerade wir zwei befanden uns in diesem Raum – Tikva und ich –, aber beide waren wir Teil einer offensichtlich göttlichen Führung.

Die Milch in der Säuglingsflasche war geronnen. Ich spülte sie aus, füllte sie mit frischem Wasser und setzte sie an Tikvas Lippen. Ein paar schwache Saugversuche war alles, wozu sie fähig war. Ich stopfte den blauen Pullover etwas fester um sie und begab mich dann wieder zu Bett, um den Tag abzuwarten.

Während ich dalag, begann ich mir in Gedanken eine Liste zusammenzustellen, was ich alles einkaufen musste, sobald die Geschäfte geöffnet waren: Milch, Windeln, Sicherheitsnadeln, ein Nachthemd, ein sauberes Leintuch und wenn möglich eine zweite Säuglingsflasche. Aber was konnte man eigentlich für zwei Mark achtzig kaufen? Und was, wenn Tikva während meiner Abwesenheit etwas zustoßen sollte?

Ich wurde in meinen Gedanken von einem Geräusch auf der inneren Treppe unterbrochen. Es war das Tappen von Nijmehs Stock.

„Entschuldigen Sie, dass ich zu so früher Stunde komme", sagte sie. „Aber der Herr weckte mich vor Tagesanbruch auf und hieß mich Ihnen das hier zu bringen." Sie drückte mir sechs Mark fünfzig in die Hand. „Es ist nicht viel, und ich weiß auch nicht, warum Sie es gerade brauchen – aber Gott weiß es!"

Es vergingen einige Augenblicke, bis ich sprechen konnte. „Nijmeh, erinnerst du dich an das kranke Baby, von dem wir gestern sprachen?"

„Natürlich erinnere ich mich daran, habe ich doch seither dafür gebetet. Werden Sie es aufnehmen?"

„Ich *werde* nicht – ich *habe* es bereits aufgenommen. Ich ging gestern Abend hin."

„Gestern Abend sind Sie gegangen? In der Dunkelheit? Wo ist es?"

„In meinem Flechtkoffer. Aber es ist sehr schwach."

Ich fasste Nijmeh an der Hand und geleitete sie zum Koffer. Dort knieten wir Seite an Seite nieder. Vorsichtig führte ich Nijmehs Hand an Tikvas Stirn.

„Wie ihre Haut brennt!", rief Nijmeh aus.

„Ich weiß. Wenn nur das Fieber nachlassen würde!"

„Fräulein Christensen, der Herr hat gesagt, dass er Gebet erhören will, wenn zwei eins werden in dem, worum sie bitten. Wir zwei wollen gerade jetzt zusammen im Glauben darum bitten, dass Gott das Fieber wegnimmt."

Unsere Hände berührte sich auf Tikvas Kopf, während wir abwechselnd für das Kind beteten und Gott anflehten, sein Leben zu erhalten und das Fieber weichen zu lassen. Als es schien, dass wir nicht mehr beten konnten, schwiegen wir einige Minuten. Dann spürte ich, dass Nijmeh und ich wirklich eins im Geiste geworden waren und unser vereintes Gebet zu Gott durchgedrungen war. Auch Nijmeh musste das gemerkt haben, denn sie nahm meine Hand von Tikvas Kopf fort und umfasste sie mit beiden Händen. „Gott hat unser Gebet erhört", sagte sie. Indem ich sie zum Stuhl zurückführte, sagte ich: „Nun muss ich gehen und einkaufen, was ich für Tikva nötig habe. Das ist der Grund, warum Gott dir den Auftrag gab, mir das Geld zu bringen. Sonst hätte ich nicht genügend gehabt. Bleibe du hier und pass auf Tikva auf."

So schnell ich konnte, eilte ich von Geschäft zu Geschäft. Ich wollte meine Zeit nicht mit Feilschen verschwenden, aber andererseits wollte ich auch sparsam mit meinem Geld umgehen. Als ich zurückkehrte, fand ich Fräulein Ratcliffe und Maria in Nijmehs Gesellschaft vor. Unverzüglich trat ich zu Tikva. In ihrem Zustand war keine Veränderung eingetreten. Es war das erste Mal, dass ich Fräulein Ratcliffe sichtbar aufgeregt sah. „Fräulein Christensen", sagte sie mit einer Stimme, tiefer als gewöhnlich, „soll das bedeuten, dass Sie alleine nach Einbruch der Dunkelheit hinausgegangen sind und dieses Baby geholt haben?"

„Es war noch hell, als ich ging", versuchte ich mich zu rechtfertigen, „aber es wurde Nacht, ehe ich zurückkommen konnte."

„Ich kann Gott nur danken, dass er Sie bewahrt hat", sagte sie weiter, „hoffentlich machen Sie so etwas nicht wieder!"

„Ja, das hoffe ich auch", antwortete ich.

In diesem Augenblick unterbrach uns Maria: „Schaut, das Baby!"

Ich beugte mich nieder zu ihm und fühlte seine Stirn. Sie war klatschnass. Ihr schwarzes Haar glänzte vor Nässe und kleine Schweißtropfen perlten auf ihrer Stirn. Plötzlich wurde mir klar, was geschehen war! „Nijmeh", rief ich, „das Fieber lässt nach!" Nijmeh erhob ihre Arme und fing an, Gott auf Arabisch zu preisen. *„El-hamd il-Allah! El-hamd il-Allah!"*, wiederholte sie immer wieder. Maria tat es ihr nach, ebenfalls auf Arabisch, während Fräulein Ratcliffe sich auf Englisch anschloss. Ich für meinen Teil konnte in diesem Augenblick nur auf Dänisch meinen Empfindungen Ausdruck geben. Und so war das Zimmer vom Lobpreis in drei verschiedenen Sprachen erfüllt. Von diesem Moment an begann ich an die Genesung Tikvas zu glauben.

Gegen Abend konnte ich – wenn auch nur leichte – Anzeichen entdecken, dass wirklich eine Besserung eingesetzt hatte. Ihr Atem ging leichter, und sie konnte jetzt ihre Augen wenigstens zwei oder drei Minuten aufs Mal offenhalten. Wenn ich meinen Zeigefinger in ihre Hand legte, versuchte sie ihn zu umklammern.

Die Ereignisse des Morgens bestätigten die Lektion, die ich in Marseille gelernt hatte: Gebet vermag viel, wenn es zum Lobpreis wird.

Ich entschloss mich daher, Tikva beständig in eine Atmosphäre des Lobens einzuhüllen. Sooft ich konnte, preis ich laut Gott, sowohl im Gebet als auch im Gesang. Aber auch bei der Beschäftigung mit praktischer Arbeit lobte ich in meinem Herzen den Herrn in andern Sprachen.

Am Sonntagmorgen hörte ich jemand vom Hof her rufen: „Fräulein Christensen! Fräulein Christensen!" Ich erkannte Herrn Cohens Stimme und öffnete ihm. Er stand auf der andern Hofseite so weit wie möglich weg von meiner Tür.

„Ist sie schon tot?", fragte er. Wieder dieser beinahe abergläubische Schrecken vor dem Tod!

„Nein", erwiderte ich, „sie ist nicht tot – und sie wird auch nicht sterben! Kommen Sie herein und schauen Sie selber!"

„Nein, nein!", sagte er. „Ich komme nicht herein, ich bleibe hier draußen!"

Ich drängte ihn, sich doch selber zu überzeugen, aber er blieb noch ein paar Minuten an seinem Platz und verabschiedete sich dann.

Sonntag war der Tag, an dem ich Mutter meinen wöchentlichen Brief schrieb. Selbstverständlich handelte er an diesem Nachmittag vor allem von Tikva. Ich wollte Mutter als Erste in Dänemark von ihr wissen lassen. „Bete, dass ich sie behalten darf", schloss ich.

Beide, Nijmeh und Maria, zeigten sich beinahe so besorgt um Tikva wie ich. Das erleichterte meine Aufgabe beträchtlich. Musste ich weggehen, so konnte ich die eine oder die andere bitten, Tikva zu hüten.

Am ersten Tag des Jahres 1929 erhielt ich einen Brief von Valborg mit einer Weihnachtskarte und einem Geldbetrag von 26 Mark. In einer kurzen Notiz erklärte sie: „Ich hatte dies rechtzeitig für Weihnachten abgeschickt, aber der Brief kam zurück, weil er ungenügend frankiert war."

Wenn ich auf die letzten paar Tage zurückschaute, konnte ich nur staunen über die Zeiteinteilung Gottes. Hätte Valborgs Brief keine Verspätung gehabt, würde ich ihn vor Weihnachten bekommen haben, also ehe ich Tikva zu mir genommen hatte. Mein Entschluss, sie aufzunehmen, hatte sich nur auf einen einzigen Punkt gegründet: auf der Überzeugung, dass es Gottes Wille für mich war – ohne ein Anzeichen, dass ich auf menschliche Unterstützung zählen konnte. Erst nachdem ich meinen Entschluss in die Tat umgesetzt hatte, ließ Gott das Geld kommen, zuerst von Nijmeh und nun von Valborg.

Mitte der Woche hörte ich wieder Herrn Cohen vom Hof her rufen. Mein Herz stand für eine Sekunde still. War er gekommen, um Tikva zu holen?

„Ich bringe Ihnen Tikvas Bett", sagte er und stellte es im Hofe ab, „für den Fall, dass Sie es brauchen."

„Natürlich brauche ich es", sagte ich zu ihm. Als er gegangen war, fügte ich zu mir selber hinzu: „Aber ich werde sie nicht wieder auf diese schmutzige, lumpige Matratze legen!"

Am folgenden Tag ging ich in die Altstadt einkaufen und kehrte mit einer neuen Matratze, einer Kanne weißer Farbe sowie mit einem großen Pinsel zum Anstreichen zurück. Vierundzwanzig Stunden später hob ich

Tikva aus dem Weidenkoffer und legte sie stolz auf ihre neue Matratze in einem leuchtend weißen Kinderbett. Vom Einkauf dieser und anderer Dinge waren mir noch zehn Mark übrig geblieben.

Ich machte mir jetzt aber keine unnötigen Sorgen mehr über den genauen Geldbetrag, den ich noch besaß. Meine Verantwortung bestand darin, dass ich mich um Tikva kümmerte. Wenn ich hierin treu war, konnte ich die Verantwortung für das Geld Gott überlassen. Statt für meine Bedürfnisse zu beten, fing ich an, Gott beständig für all das zu danken, was er mir schon erwiesen hatte. Danksagung stärkte meinen Glauben mehr als das Bitten um die verschiedensten Dinge.

Als ich am nächsten Morgen die Tür nach dem Hof öffnete, entdeckte ich, dass ein Umschlag daruntergeschoben worden war. Er enthielt ein einziges palästinensisches Pfund, etwa 13 Mark, aber keinerlei Notiz. Das war ja beinahe zum Fürchten. Es musste jemand in der Dunkelheit da gewesen sein. Ich überlegte, wer das gewesen sein konnte. Vielleicht jemand, der die Versammlungen von Fräulein Ratcliffe besuchte? Ich hatte keine Ahnung. Aber schließlich war das nicht meine Sorge! Woher auch die Hilfe kam, es war letzten Endes doch der Herr.

Die nächste Überraschung ließ nicht auf sich warten. Es kam ein Brief von Kristine Sonderby in Korsør mit einer Geldüberweisung von 150 Mark sowie einem Kalenderblock für das neue Jahr. Sie schrieb in ihrem Brief: „Einige von uns Lehrern waren Weihnachten beieinander, und wir beschlossen, dir dies als verspätetes Weihnachtsgeschenk zu schicken." Am überraschendsten war der Zusatz am Schluss: „16 Mark davon sind von Erna Storm."

Erna Storm! Dieselbe Person, die gesagt hatte, meine Anwesenheit wäre eine Schande für die ganze Schule! Gott kann sogar Steine in Brot verwandeln, sinnierte ich.

In meinem Dankesbrief an Kristine Sonderby erzählte ich ihr von Tikva und fügte ergänzend hinzu: „Was du über den Hirten auf dem Kalender sagtest, wird wahr. Jesus hat eines seiner Lämmer in meine Arme gelegt."

Ich hatte mich so sehr an ein einfaches Leben gewöhnt, dass mir 150 Mark wie ein Vermögen vorkamen! Ich beschloss, 50 Mark für momentane Bedürfnisse zu behalten und mit dem Rest bei der Barclays-Bank mein eigenes Konto zu eröffnen. Als ich die Bank verließ, lag mir das Tanzen näher als das Gehen!

Auf meinem Heimweg kam ich an einem Geschäft vorbei, das auf eingeführte europäische Lebensmittel spezialisiert war. Ich entdeckte im Schaufenster dänischen Blaukäse. Ein kleines Stück davon kostete ebenso viel wie eine vollständige Mahlzeit aus einheimischer Nahrung. Aber die Versuchung war zu groß, wieder einmal etwas richtig Dänisches zu essen. Ich kaufte also ein Stück von diesem Käse und dazu noch etwas Butter aus Dänemark. Zum Mittagessen strich ich Butter und Käse genießerisch auf das einheimische grobe, braune Brot. Ein Gast im Tivoli-Restaurant in Kopenhagen hätte keinen größeren Genuss haben können!

Langsam aber sicher ging es Tikva besser. Aber ihre Hautfarbe machte mir Sorge. Ihre Wangen waren immer noch zu fest gespannt und sahen wie Pergament aus. Wahrscheinlich war das lange Liegen in dem dunklen, grottenähnlichen Raum, wo ich sie gefunden hatte, schuld daran. Sie brauchte frische Luft und Sonnenlicht.

Ich machte mich auf und suchte einen Kinderwagen. Schließlich entdeckte ich einen in einem Gebrauchtwarengeschäft an der Jaffastraße – ein englisches Produkt mit großen Rädern und langem, elegantem Chassis. Er war alles andere als neu, aber sauber und in gutem Zustand. Der Ladenbesitzer verlangte 65 Mark dafür. Nach zehn Minuten Feilschen bekam ich ihn auf 39 Mark herunter.

An diesem Abend schaute Fräulein Ratcliffe zu mir herein und hielt einen Umschlag in der Hand. „Das habe ich gerade heute bekommen", sagte sie. „Es sind 39 Mark von einem anonymen Spender – ‚Für ein jüdisches Kind in Not'. Ich kenne niemand, der das Geld besser brauchen könnte als Sie!"

Ich staunte einmal mehr über Gottes rechtzeitige Hilfe.

Als ich am folgenden Tage Tikva im Kinderwagen spazieren führte, hatte ich das Gefühl, als ob Jerusalem mir gehörte. War je eine Mutter stolzer und glücklicher gewesen als ich?

Von nun an ging ich mit Tikva jeden Tag hinaus, und ihr Zustand begann sich schnell zu bessern. Ihre Wangen verloren die Spannung und nahmen dafür Farbe an. Es dauerte nicht lange, und ich konnte ihr zusätzlich zu ihrer Milch auch etwas Weizenschleimsuppe zu essen geben.

Während unsern Spaziergängen sprach ich mit Tikva, wie wenn sie alles verstehen würde. Ich sang ihr auch Evangeliumschorusse vor, die ich von den Pfingstlern in Korsør gelernt hatte. Die Lieder kannte ich nur auf Dänisch, aber sonst sprach ich englisch mit ihr. Es war für sie sicher wichtiger, Englisch zu verstehen und zu sprechen als Dänisch.

Tikva schien das ebenso viel Vergnügen zu bereiten wie mir. Solange ich sang oder mit ihr sprach, lag sie still in ihrem Kissen da und hielt ihre dunklen Augen wie mit ernstem Einverständnis auf mich gerichtet. Schwieg ich aber oder wandte ich meine Aufmerksamkeit von ihr ab, so wurde sie unruhig und verdrießlich, gähnte und rieb sich die Augen, wie wenn sie mir protestierend sagen wollte: „Warum sprichst du nicht mit mir?"

Während ich eines Tages den Kinderwagen durch die *King George V Avenue* schob, hörte ich auf dem Gehsteig zwei Ehepaare dänisch reden. Es war das erste Mal, dass ich seit meinem Abschied von Kitty in Marseille meine Muttersprache hörte. Ich konnte der Versuchung nicht widerstehen, ihrer Unterhaltung zuzuhören. Sie waren auf der Suche nach einem bestimmten Reisebüro. Ich entschuldigte mich für meine Einmischung und erklärte ihnen den Weg.

„Verzeihen Sie bitte meine Frage", sagte eine von ihnen, „ist das Ihr Kind? Es ist so dunkel, und Sie haben doch blondes Haar!"

„Ja", entgegnete ich, „es gehört mir, aber ich bin nicht seine Mutter."

Meine Antwort löste weitere Fragen aus, und schließlich bestanden sie darauf, mich in ein nahes Café zu einer Tasse Kaffee „und zu gutem dänischem Gebäck" einzuladen. Hier saßen wir eine ganze Stunde lang, während ich ihnen von meiner Herkunft in Dänemark erzählte und wie ich nach Jerusalem geführt worden war. Im Laufe des Gesprächs erfuhr ich, dass die beiden Herren pensionierte Beamte von der Direktion der Dänischen Staatsbahnen in Kopenhagen waren und sich mit ihren Frauen auf einer privaten Reise im Heiligen Lande befanden.

Ehe wir uns voneinander verabschiedeten, baten sie um meine Adresse, und eine der Damen drückte mir unauffällig etwas Geld in die Hand. „Sie werden von uns hören", sagte sie.

Als ich wieder auf die Straße trat, schaute ich auf das Geld in meiner Hand: 65 Mark.

„Tikva", sagte ich, „Gott ist gütig zu uns!" Das Glänzen in ihren Augen schien zu besagen, dass sie ganz meiner Meinung war.

Mahaneh Yehuda

Gegen Ende Januar informierte mich Fräulein Ratcliffe, dass das von ihr bewohnte Haus verkauft worden war, und der neue Eigentümer beabsichtigte, sofort nach Ablauf des Mietvertrages einzuziehen. „Das heißt, wir müssen zu *Muharram* draußen sein", schloss sie. „*Muharram?*"

„Ein jährliches islamisches Fest", erklärte sie, „es fällt auf Anfang Frühling. Nach einer Tradition aus der türkischen Zeit laufen die Mietverträge jeweils von *Muharram* zu *Muharram*. Deshalb sieht man im Frühling in den Straßen Jerusalems viele Leute beim Umzug. Und dieses Jahr werden wir zwei auch dazugehören!"

Zehn Tage später sagte mir Fräulein Ratcliffe, dass sie einen Mietvertrag unterzeichnet hätte für ein Haus in Musrara, einem Stadtviertel nur wenige Hundert Meter nördlich vom Damaskustor. „Leider enthält es keinen getrennten Raum, den ich an Sie weitervermieten könnte", fügte sie entschuldigend hinzu.

„Es ist sehr freundlich von Ihnen, sich so um mich zu kümmern", sagte ich. „Aber vielleicht möchte Gott mir zeigen, dass es für Tikva und mich Zeit ist, eine eigene Wohnung zu finden."

„Ich an Ihrer Stelle würde mich nicht darauf einstellen, Tikva lange behalten zu können", warnte mich Fräulein Ratcliffe. „Wenn es Ihnen gelingt, Tikva wieder gesundzupflegen, wird ihre Familie sie wahrscheinlich wieder zurückhaben wollen."

Ich sagte darauf nichts, doch Fräulein Ratcliffes Worte beunruhigten mich mehr, als ich zugeben wollte. Die Aussicht, nun selber auf die Suche nach einem Hause gehen zu müssen, war alles andere als verlockend. Aber das Schlimmste war die Vorstellung, eventuell von Tikva getrennt zu werden. „Letzten Endes hat Gott mich hierher gebracht, um ihr Leben zu retten, und sie hat mich immer noch nötig", sagte ich zu mir selbst.

Meine täglichen Ausflüge mit Tikva im Kinderwagen wurden jetzt zu Haussuche-Expeditionen. Ich begann damit in Musrara, in der Hoffnung, nicht weit von Fräulein Ratcliffe zu bleiben. Erst als ich nach einigen Tagen in Musrara noch nichts gefunden hatte, verlegte ich widerwillig meine Suche in andere, westlicher gelegene Stadtviertel.

Endlich machte ich im Stadtviertel von Mahaneh Yehuda ein kleines, zweistöckiges Haus aus, dessen oberes Stockwerk unmöbliert zu vermieten war. Das Haus gehörte zu einer Gruppe von sechs beieinanderstehenden Gebäuden auf einem sonst leeren, sandigen Grundstück, knapp 50 Meter nördlich von der Jaffastraße gelegen. *Mahaneh Yehuda*, fand ich heraus, war die hebräische Benennung für „Lager Judas" und bezeichnete irgendwie ein Bollwerk des Judaismus. Ich fragte mich, wie wohl die Bewohner einer so ausschließlich jüdischen Gegend auf einen „heidnischen" Eindringling reagieren würden. Bis *Muharram* waren es jedoch nur noch zwei Wochen, und ich wagte keinen Aufschub mehr.

Das obere Stockwerk bestand lediglich aus zwei durch eine Tür miteinander verbundenen Zimmern und einer Außentreppe. Die Miete betrug 39 Mark im Monat und musste im Voraus bezahlt werden. Ich zählte das Geld in meinem Portemonnaie – 22 Mark 75. In der Hoffnung, auf der Bank noch genügend für den Rest zu haben, gab ich dem Besitzer eine Anzahlung von 20 Mark und versprach, mit dem noch fehlenden Betrag innerhalb von 24 Stunden zurück zu sein. Auf meinem Heimweg ging ich bei der Bank vorbei: Mein Guthaben betrug knapp 13 Mark. Auch mit dem bisschen Kleingeld in meinem Portemonnaie würde ich den benötigten Betrag nicht zusammenbringen!

An diesem Abend brauchte ich viel länger als sonst, um einzuschlafen. Wenn ich den fehlenden Betrag nicht am nächsten Tag aufbringen konnte, riskierte ich, die bereits geleistete Anzahlung zu verlieren.

Schließlich stand ich auf und kniete auf dem harten Steinboden nieder. „Herr, wenn du mich in Mahaneh Yehuda haben willst, dann glaube ich, dass du mich mit allem nötigen Geld versorgen wirst – für den Mietzins, für die Möbel, für den Umzug …" Unwillkürlich begann ich zu überlegen, von wo eine solche Summe wohl herkommen könnte, doch dann erinnerte ich mich der Lektionen, die Gott mich gelehrt hatte.

Meine Verantwortung war es, zu beten; Gottes Verantwortung war es, zu bestimmen, wie er mein Gebet erhören wollte.

Am folgenden Tage steckte nur ein einziger Brief in meinem Postfach, von der Schule in Korsør. „Beiliegend finden Sie eine Rückzahlung der Krankenversicherung." Das „Beiliegende" erwies sich als ein Bankwechsel von über 550 Mark. Ich begab mich zur Bank, deponierte dort meinen Wechsel und hob ab, was ich brauchte. Damit ging ich stracks nach Mahaneh Yehuda und bezahlte den Rest meiner ersten Monatsmiete.

Am Abend war ich zum Nachtessen bei Fräulein Ratcliffe eingeladen. „Sagen Sie mir", fragte ich sie, „warum lässt Gott uns oft bis zur letzten Minute auf die Dinge warten, die wir brauchen?"

„Das habe ich mich auch schon oft gefragt", erwiderte sie lächelnd. „Vielleicht will Gott uns lehren, tagtäglich von ihm abhängig zu sein. Als Jesus die Jünger das Vaterunser lehrte, sagte er ihnen: ‚Euer Vater weiß, was ihr bedürfet, ehe denn ihr ihn bittet.' Dennoch hieß er sie bitten – jeden Tag bitten."

Die nächsten zwei Wochen verband ich die Ausfahrten mit Tikva mit dem Einkauf von Möbeln, was mir eine Unmenge von Gelegenheiten bot, meine Kunst im Feilschen weiterzuentwickeln. Eines Tages kam ich die Jaffastraße herunter – ich transportierte gerade einen Stuhl mit dem Kinderwagen heimwärts –, als ich fast in Herrn Cohen hineinfuhr. Er staunte über die Veränderung von Tikva und sagte mehrmals: „Das ist nicht mehr das gleiche Kind! Das ist nicht mehr das gleiche Kind!" Aber mir fiel unwillkürlich auf, dass er trotz seiner Bemerkungen über Tikvas Fortschritte kein Wort des Dankes für mich hatte. Ich musste an Fräulein Ratcliffes Warnung denken und gab ihm nur äußerst ungern meine zukünftige Adresse in Mahaneh Yehuda.

Bis Ende Februar türmte sich, für den Umzug bereit, ein Haufen verschiedenster Möbel – meistens gebrauchte – an der Wand meines Zimmers entlang auf. Als Datum war der 7. März festgelegt. Fräulein Ratcliffe und ihre Haushälterin sollten zwei Tage später ausziehen. Ich hatte mit einem älteren Juden namens Jona abgemacht, dass er kommen und meine Sachen mit seinem Karren abholen sollte. Dieser entpuppte sich als eine dürftige Konstruktion aus ein paar Brettern, auf zwei Balken genagelt und mit vier wackligen Rädern daran, und wurde von einem abgezehrten schwarzen Gaul gezogen. Es war schwer zu sagen, wer magerer aussah – Jona oder sein Ross.

Maria half mir beim Hinauftragen und Aufladen meiner Habseligkeiten. Dann begab sie sich zu Fräulein Ratcliffe und Nijmeh auf den Gehsteig, um Abschied zu nehmen. Jede von ihnen umarmte zuerst mich und dann Tikva, die ich danach in ihren Kinderwagen legte, und beide schlossen wir uns Jona und seinem Gefährt an. Das Letzte, was ich hörte, war Nijmehs brüchige Stimme, die uns nachrief: „Kommt und besucht uns bald!"

Jona ging neben seinem Pferd her. In der einen Hand hielt er den Zügel, in der andern trug er eine Peitsche, gebrauchte sie jedoch nur als Waffe gegen die Fliegen. Jedes Mal, wenn der Karren über ein Schlagloch rollte, schwankte und wackelte alles. Zweimal fiel mein Weidenkoffer auf die Straße. Jona und sein Pferd standen dann still, während ich den Koffer aufhob und auf den Wagen zurücklegte.

Als wir die Jaffastraße erreichten, gerieten wir unverzüglich in das Durcheinander von anderen, sich ebenfalls beim Umzug befindlichen Haushalten. Die ärmeren Leute schleppten ihre Habe selber – in Kisten und Koffern oder in Bündeln auf ihrem Rücken. Andere verwendeten Handkarren, Esel, Kamele und Fuhrwerke. Einige ganz wenige hatten ihr Eigentum auf Autos oder Lastwagen aufgetürmt. Kinder liefen auf der Straße neben ihren Eltern her. Die Atmosphäre glich der eines Karnevals.

Als wir uns langsam durch die Jaffastraße vorwärts mühten, wurde mein Blick einmal mehr von der Altstadtmauer zu meiner Rechten angezogen. Seltsam, wie sich mein Eindruck von ihr gewandelt hatte. Am Anfang hatte ich sie mit den herausgeputzten, sauberen Häusern von Korsør verglichen, und sie war mir unnahbar, beinahe bedrohlich vorgekommen. Doch jetzt stand sie wie ein vertrauter Freund da, der den Weg für mich bewachte.

Gegen Mittag kam ich in meinem neuen Heim in Mahaneh Yehuda an. Am einen Ende des Hauses – dort, wo die Außentreppe zum oberen Stockwerk hinaufführte – setzte Jona meine Habe auf dem staubigen Boden ab. Dann ließ er sich den abgemachten Lohn von dreizehn Mark auszahlen und überließ mich meinem Schicksal.

Als Erstes trug ich Tikvas Kinderbett hinauf und legte sie hinein. Dann schleppte ich meine übrigen Sachen hinauf und stellte eines nach dem andern an seinen Platz. Das äußere Zimmer richtete ich als Küche und Esszimmer ein, wobei ich in der einen Ecke Platz für den Kinderwagen ließ. Das Zimmer gegenüber – etwas geräumiger – sollte uns als Schlaf- und Wohnzimmer dienen.

Im ganzen Hause gab es weder eine Wasserleitung noch ein Klosett. Als ich einen Blick hinten hinaus warf, entdeckte ich einen Hof und mitten drin auf einer Zementplatte eine Wasserleitung. Auf der einen Seite überdeckten ein paar auf Pfosten ruhende rostige Blechplatten eine Reihe von verzinkten Spülbecken. Ich beobachtete, wie einige Frauen dort ihre Wäsche wuschen, während andere in Behältern, die früher Petroleum enthalten hatten, Wasser in ihre Wohnungen trugen. Auf der andern Seite befand sich eine Reihe von Klosetts – tiefe Gruben, jede mit einem Holzverschlag darüber und innen mit einem kreisrunden Loch und einem Deckel darüber.

Diese sanitärische Einrichtung sowie die Wasserstelle wurden offensichtlich von den Bewohnern aller sechs Häuser geteilt – von den Myriaden von Fliegen nicht zu reden.

Auf meinem Weg zurück zu meiner Wohnung hinauf stellte ich fest, dass der unter meinem Wohnzimmer befindliche Raum im Erdgeschoss als Lebensmittelladen eingerichtet war. Von innen her drangen die wohlvertrauten Laute des Feilschens an mein Ohr, teils auf Arabisch, teils auf Jiddisch. Die Tür zum zweiten Raum unten war zu, und die Fensterläden waren geschlossen. Ich konnte nicht feststellen, wer darin wohnte.

Der Tag mit seiner Arbeit hatte mich müde gemacht, und so lag ich um neun Uhr im Bett, als ich vom Laden unter mir Stimmen und verhaltenes Gelächter heraufdringen hörte. Dann begann ein Grammophon das „Lied der Wolgafischer", gesungen von einem Männerchor, zu spielen. In der Mitte des Liedes blieb die Nadel in derselben Rille stecken und wiederholte immer und immer wieder die gleichen zwei oder drei Worte. Endlich musste jemand die Nadel weiterbewegt haben, und die Schallplatte wurde zu Ende abgespielt.

„Welch sonderbare Idee", sagte ich zu mir selbst, „um diese Zeit und in einem Lebensmittelladen das ‚Lied der Wolgafischer' spielen zu lassen!"

Während ich mich noch darüber wunderte, begann der Plattenspieler von Neuem. War es möglich? Tatsächlich, es war dasselbe Lied! Und wieder blieb die Nadel stecken, genau an der gleichen Stelle. Beim dritten Male schöpfte ich einen unangenehmen Verdacht. Geschah das etwa mir „zuliebe"?

Als die Platte ein viertes Mal abgespielt wurde, war kein Zweifel mehr möglich. Vor meinem Umzug nach Mahaneh Yehuda hatte es mich ja wundergenommen, wie eine ausschließlich jüdische Gemeinschaft auf einen nichtjüdischen Eindringling reagieren würde. Jetzt war meine Frage beantwortet. Unter mir war mein Empfangskomitee in Aktion getreten!

Gegen Mitternacht hatte ich das „Lied der Wolgafischer" nach meiner Schätzung ungefähr vierzigmal gehört! Und kein einziges Mal versäumte die Nadel an besagter Stelle ihren Aufenthalt. Manchmal verweilte sie etwa zwei Minuten in dieser Rille, bis sie weiterbewegt wurde. Wer immer sich im Laden unter mir befand – er legte einen Eifer an den Tag, der einer edleren Sache würdig gewesen wäre.

Mit jeder Wiederholung des Liedes wurde mein Schlaf aufs Neue vertrieben. Ich hatte Watte für Tikva eingekauft und stopfte etwas davon in meine Ohren. Vergeblich! Die männlichen Stimmen drangen sogar durch die Watte. Als ich merkte, dass Tikva wach war, stand ich auf, um nach ihr zu sehen. Sie lag auf dem Rücken, die Augen weit offen, und gurrte leise vor sich hin. Ihr bereitete die Musik anscheinend Vergnügen. „Tikva", sagte ich, „diesmal sind wir nicht gleicher Meinung!" Es musste gegen drei Uhr nachts gewesen sein, als die Erschöpfung die Oberhand gewann und ich unter den anhaltenden Klängen von unten in einen unruhigen Schlaf verfiel.

Am nächsten Tage stellte ich bald fest, dass ich im Mittelpunkt der Aufmerksamkeit der ganzen Gemeinschaft stand, welche die sechs Häuser bewohnte. Ging ich zum Klosett oder holte ich Wasser, so brachen die andern Frauen ihre Unterhaltung ab, wandten sich um und starrten mich an. Die Kinder kicherten ungeniert und machten sich untereinander auf mich aufmerksam. Ihre Kommentare erfolgten in einer Sprache, die ich nicht verstand. Das erinnerte mich an die Atmosphäre im Schulhof von Korsør, nachdem die Nachricht von meiner Taufe an die Öffentlichkeit gedrungen war. Nur hatte mir in Korsør meine Stellung als Lehrerin eine gewisse Autorität verschafft, und ich verstand die Sprache.

Gegen vier Uhr kam jegliche Betätigung um die sechs Häuser herum zum Erliegen, und mir kam in den Sinn, dass ja der Sabbat begann. Ich zog mich in meine Wohnung zurück und versuchte, über verschiedene Dinge nachzudenken, aber innerlich musste ich gegen eine zunehmende Spannung ankämpfen. Würde sich die Serenade von letzter Nacht wiederholen? Oder führte man etwas anderes im Schilde? Ich beobachtete die Zeiger meiner Uhr, während die Zeit dahinschlich. Es wurde neun Uhr – und nichts geschah. Dann zehn Uhr. Doch die Stille der Nacht wurde nicht unterbrochen. Anscheinend hatten meine Nachbarn diese Nacht keinen Willkommensgruß für mich bereit. Vielleicht hielt sie der Respekt vor dem Sabbat davon ab. Zu müde, um mir weiter den Kopf darüber zu zerbrechen, sank ich in einen tiefen Schlaf.

Am folgenden Morgen wusch ich Tikvas Windeln und etwas von meiner Wäsche und hängte sie draußen im gemeinsamen Hof auf die Wäscheleine. Gegen Mittag ging ich hinaus, um die trockene Wäsche zu holen. Ich musste feststellen, dass jedes einzelne Stück herabgerissen und in den Staub getrampelt worden war. „Wer das getan hat, sollte sich schämen!", rief ich aus. Ich ließ meinen Blick in die Runde schweifen, um ein Anzeichen zu entdecken, wer dafür verantwortlich sein könnte. Keine einzige Seele zeigte sich, und doch hatte ich den Eindruck, dass zahlreiche Augenpaare auf mich gerichtet waren. Mit so viel Würde, wie ich unter den gegebenen Umständen aufbringen konnte, hob ich meine verstreuten Wäschestücke auf und begab mich zurück in meine Wohnung.

Ich setzte mich an den Tisch, bemüht, meine Fassung zurückzugewinnen. Ich war auf eine Periode der Umstellung und sogar der Einsamkeit in Mahaneh Yehuda vorbereitet gewesen. Aber was hatte ich mir zuschulden kommen lassen, um mir die Feindschaft von Leuten zuzuziehen, mit denen ich noch gar kein Wort gesprochen hatte? Entweder hatte ich einen Fehler gemacht, hierher zu ziehen, oder ich sollte eine Lektion lernen, die ich nicht verstand. Es kam mir in den Sinn, dass Fräulein Ratcliffe heute in ihr neues Haus in Musrara übersiedelte. Ich nahm mir vor, morgen in ihren Gottesdienst zu gehen und zu sehen, ob sie mir nicht einen Rat geben konnte.

Von Mahaneh Yehuda bis Musrara waren es ungefähr anderthalb Kilometer. Ich machte mich am Sonntagmorgen auf den Weg und schob Tikvas Kinderwagen vor mir her. Indem ich Mahaneh Yehuda hinter mir ließ, wurde mir leichter zumute, und ich ertappte mich, wie ich vor mich hinsang. Tikva teilte meine Erleichterung auf ihre Weise: Sie klatschte in die Hände und versuchte, meine Laute nachzumachen.

Nijmeh und Maria begrüßten uns freudig und bestanden darauf, Tikva während der Versammlung in Obhut zu nehmen. Später nahm ich Fräulein Ratcliffe auf die Seite und erzählte ihr von der feindseligen Aufnahme in Mahaneh Yehuda. „Ich verstehe wirklich nicht, weshalb man mich so behandelt", schloss ich. „Ich habe doch keinem etwas zuleide getan."

Fräulein Ratcliffe schwieg einen Moment. Dann sagte sie: „Die Wurzeln Ihres Problems reichen weit in die Geschichte zurück. Zunächst einmal müssen Sie die jüdische Haltung gegenüber dem Christentum begreifen. Für sie ist es eine Sache der Volkszugehörigkeit und des kulturellen Erbes und nicht eine Sache des Glaubens vom Einzelnen. In diesem Lande ist man automatisch entweder Jude oder Moslem oder Christ."

„Aber warum sollten sie etwas gegen die Christen haben?"

„Die Antwort der Juden darauf ist traurig, aber für sie selbst sehr überzeugend. Im Mittelalter massakrierten die Kreuzfahrer – unter dem Zeichen des Kreuzes – in Europa ganze jüdische Gemeinschaften. Später, als sie Jerusalem eroberten – ‚befreien' nannten sie es –, vergossen sie mehr Blut und begingen schlimmere Gräueltaten als irgendein früherer Eroberer, die Römer vielleicht ausgenommen. Und noch später waren es in den Gettos von Europa und Russland die christlichen Priester, die – mit dem Kruzifix in der Hand – den Mob zu brutalen Übergriffen gegen die jüdischen Gemeinschaften aufhetzten."

„Aber ich würde doch Menschen, die solche Dinge tun, nicht Christen nennen, geschweige denn selber so etwas tun!"

„Schon recht; aber bereits Ihr Name *Christensen* genügt Ihren Nachbarn in Mahaneh Yehuda, um Sie mit solchen Leuten in einen Topf zu werfen. Ihre Anwesenheit erinnert sie genau an die Dinge, wegen denen sie geflohen und in dieses Land gekommen sind. Übrigens haben Sie mit Ihrer Wäsche und dem Aufhängen vor aller Augen ihren Sabbat verletzt!"

Jetzt war es an mir zu schweigen – als Christ mitschuldig an den Verbrechen, die durch Jahrhunderte hindurch am jüdischen Volk begangen worden waren. Und jetzt noch mein eigener Fehler, dass ich an ihrem heiligen Tage Wäsche gemacht hatte! „Was würden Sir mir anraten zu tun, Fräulein Ratcliffe?"

Fräulein Ratcliffe griff nach ihrer Bibel. „Lassen Sie mich mit den Worten von Paulus antworten: ‚Aber das alles von Gott, der uns mit sich selber versöhnt hat durch Christus und uns das Amt gegeben, das die Versöhnung predigt ... So sind wir nun Botschafter an Christi statt ...'" (2. Korinther 5,18.20).

„Botschafter?"

„Schauen Sie, zuerst musste Jesus Sie mit Gott selbst versöhnen. Und jetzt hat er Ihnen das Amt der Versöhnung unter den Menschen von Mahaneh Yehuda gegeben, um die Trennwand der Angst und des Misstrauens niederzureißen, die während Jahrhunderten errichtet wurde. Es ist eine hohe Berufung, Fräulein Christensen."

Den ganzen Tag hindurch beschäftigten mich Fräulein Ratcliffes Worte. Ich hatte zu Gott gebetet, mir meine Lebensberufung zu zeigen, und er hatte mich nach Jerusalem gebracht und mir Tikva zur Fürsorge anvertraut. Darüber bestand kein Zweifel bei mir. Aber stand ich jetzt einer weiteren Aufgabe gegenüber – eine Botschafterin Christi in Mahaneh Yehuda zu sein?

„Worin besteht die Verantwortung eines Botschafters?", fragte ich mich. Nicht darin, die Menschen, zu denen er gesandt ist, zu verändern, sondern den König zu repräsentieren, dem er dient. Wie unwürdig fühlte ich mich doch für diese Aufgabe! Aber ich hatte gebetet, dass Gott mir zeigen sollte, was ich zu tun hatte, und jetzt durfte ich nicht widerstreben.

Im Laufe der nächsten paar Tage vollzog sich in meiner Haltung eine Veränderung. Das Widerstreben wich einer wachsenden Erwartung. Ich begann meine Nachbarn in einem ganz neuen Lichte zu sehen. Ihre Zurückhaltung mir gegenüber, die zeitweise an ausgesprochene Grobheit grenzte, kränkte mich nicht länger. Ich sah darin nunmehr eine Herausforderung. Um diese Menschen zu überwinden, musste ich zu meiner Rolle als Botschafterin Ja sagen und mit diplomatischem Geschick vorgehen.

Ich beschloss, meine erste Annäherung bei der Ladenbesitzerin unter mir zu versuchen, indem ich bei ihr einkaufte. Sie hieß Shoshanna. (Ich fand heraus, dass es das hebräische Wort für „Rose" war.) Sie war eine feste, fröhliche Frau Anfang vierzig, mit zwei schulpflichtigen Kindern. Tagsüber weilte sie in ihrem Lebensmittelgeschäft, ging aber jeden Abend heim in ihre in einer andern Stadtgegend gelegene Wohnung. Sie hatte sich mehrere Jahre in den Vereinigten Staaten aufgehalten und verstand deshalb recht gut Englisch. Von ihrem Mann sprach sie nie. Nur einmal erwähnte sie, dass er in New York arbeitete.

Jedes Mal, wenn ich in den Laden zu ihr hinunterging, nahm ich Tikva mit. Es dauerte nicht lange, und die Neugier siegte über sie.

„Ist das ein jüdisches Kind?", wollte sie wissen.

„Ja", erwiderte ich.

„Wie alt ist es?"

„Etwas über fünfzehn Monate."

„Fünfzehn Monate!", rief sie ungläubig aus, „es sieht nicht einmal halb so alt aus! Ist es krank gewesen?"

Das war die Gelegenheit, auf die ich gewartet hatte. Ich erzählte ihr von meinem Ringen um Tikvas Leben und von meinem Bemühen, sie wieder gesund zu pflegen und zu Kräften kommen zu lassen. Das Resultat war genau das, was ich erhofft hatte. Der mütterliche Instinkt erwies sich stärker als ihr religiöses Vorurteil. Von dieser Stunde an wurde sie im Kampf um Tikva zu meiner Verbündeten. Kam ich von nun an mit Tikva in den Laden, nahm sie mir das Kind ab, fütterte es mit einer Banane oder Orange und unterhielt sich mit ihr die ganze Zeit über auf Jiddisch in typisch mütterlicher Manier. Mittlerweile war Tikva kräftig genug geworden, um sich einige Augenblicke auf den Beinen zu halten, wenn sie sich irgendwo festhalten konnte.

Shoshannas Laden war für die Bewohner aller sechs Häuser so etwas wie eine inoffizielle Nachrichtenzentrale. Nach zwei oder drei Wochen kannten alle Frauen Tikvas Geschichte, und die Folge davon war, dass ihre Haltung mir gegenüber sich zu ändern begann. Bald einmal grüßten sie mich mit „Schalom". Einige von ihnen boten an, auf Tikva aufzupassen, wenn ich Wasser holen ging oder Wäsche aufhängte. Natürlich gab ich acht, dass ich das nie mehr an einem Sabbat tat!

Beim Lesen des Alten Testamentes stieß ich auf die Sabbatvorschriften, die Moses gegeben worden waren. Eine davon war das Verbot, am Sabbat Feuer anzufachen. Meine Nachbarn in Mahaneh Yehuda bezogen das auch auf solche Dinge wie Zigarettenrauchen oder Anzünden einer Lampe oder eines Ofens. Ich bemerkte jedoch, wie viele der Männer sich am Samstag zum Klosett hinausschlichen und verstohlen einige schnelle Züge an ihrer Zigarette machten. Führte mich mein Weg in ihrer Nähe vorbei, pflegte ich zu husten, um sie von meinem Nahen in Kenntnis zu setzen, und schaute absichtlich auf die andere Seite. Auf diese Weise entwickelte sich zwischen uns eine Art stillschweigender Übereinkunft.

Meine Diplomatie zeitigte gute Resultate bei den Frauen und Männern, mit den Kindern jedoch war es problematischer. Sie machten sich ein besonderes Vergnügen daraus, meinen Kehrichteimer umzuwerfen, der unten beim Treppenaufgang stand. Ihr Anführer schien ein etwa zwölfjähriger Junge namens Ephraim zu sein. Hier lag eine weitere Herausforderung an meine diplomatischen Künste.

Gelegentlich hörte ich, wie ein Mann – wahrscheinlich ein Verwandter – mit Ephraim englisch sprach. Ich beschloss, hier anzusetzen.

„Ephraim", sagte ich, als ich ihn eines Morgens bei der Treppe traf, „wo hast du so gut Englisch gelernt?"

Ephraim wurde augenblicklich ein paar Zentimeter größer!

„Mein Großvater stammt aus London", antwortete er.

„Dann bist du genau der Richtige, der mir bei den andern Kindern helfen kann", fuhr ich fort. „Sie wissen überhaupt nicht, wie man sich anständig benimmt. Jeden Tag stoßen sie meinen Kehrichteimer um."

„Ich will ihnen das abgewöhnen. Sie machen, was ich sage!" Ephraim sprach mit dem Selbstbewusstsein eines Kommandeurs, der im Begriff ist, seiner Truppe Befehle zu erteilen.

Damit hörten meine Schwierigkeiten mit den Kindern auf, und Ephraim und ich wurden bald gute Freunde. Sah er mich, wenn ich von meinem Spaziergang mit Tikva zurückkehrte, so packte er beim Kinderwagen an und half mir, ihn die Treppe hinaufzutragen.

Mit der Frau, die im Zimmer neben Shoshannas Laden wohnte, war der Kontakt schwerer herzustellen. Sie war ein verhutzeltes, kleines Geschöpf, das sich allezeit – ungeachtet der Temperatur – in einen wollenen Schal hüllte. Sie hieß Vera und sprach nur Polnisch und Jiddisch, vermengt mit etwas Arabisch, und das verunmöglichte beinahe jegliche Unterhaltung zwischen uns. Von Shoshanna erfuhr ich jedoch, dass der Hauptgrund für ihre Zurückhaltung darin bestand, dass ihr Großvater Rabbiner gewesen war. Sie hatte ihren Mann verloren und lebte von der bescheidenen Unterstützung ihres Sohnes in Chicago.

Eines Freitagabends – ich schaute nach Sonnenuntergang gerade aus dem Fenster – erblickte ich Vera, wie sie den leeren Platz vor unserem Hause, der freitags um diese Zeit normalerweise verlassen dalag, hastig überquerte. Kurz darauf klopfte es an meiner Tür. Als ich sie hereinließ, ging sie zu meiner Lampe hinüber, die auf dem Tisch brannte, und zeigte auf sie. Dann deutete sie nach unten, wo ihr Zimmer lag.

„Möchten Sie meine Lampe haben?", fragte ich sie.

Vera starrte mich einen Moment ratlos an, ergriff mich dann beim Ärmel und zog mich zur Tür. Verwundert ließ ich mich von ihr nach unten führen und in ihre Stube. Dort stand ihre Lampe – unangezündet – auf dem Tisch. Sie nahm eine Zündholzschachtel, zog ein Streichholz heraus und machte die Bewegung des Anzündens.

Plötzlich begriff ich! Vera war zu spät heimgekehrt, um noch vor Sonnenuntergang ihre Lampe anzünden zu können. Als Jüdin war es ihr nicht erlaubt, das zu tun, weil der Sabbat schon angefangen hatte. Aber für mich, eine „Heidin", war das kein Problem. Schnell zündete ich die Lampe an und stellte die Flamme richtig ein. Veras Freude kannte keine Grenze. „*Habeebti! Habeebti!*", sagte sie und tätschelte meinen Arm. *Habeebti*, so viel wusste ich, war der arabische Ausdruck für „mein Liebling".

Von nun an nahm Vera es als selbstverständlich hin, dass ich jeden Sabbat herunterkam und ihr die Lampe anzündete. Auf diese Weise brauchte sie sie erst eine halbe Stunde später anzumachen und sparte dadurch ein klein wenig Petroleum ein – typische Sparsamkeit eines Menschen, der seine Lebensbedürfnisse einzuschränken gezwungen ist. Das Lampenanzünden wurde zum Bestandteil meines eigenen Sabbatrituals, während sie ihrerseits mich wie eine ihrer besten Freundinnen behandelte. (In Wirklichkeit besaß sie gar keine andere.) Immer wenn ich an ihrer Tür vorbeiging oder ihr beim Wasserholen begegnete, rief sie mir „Habeebti!" zu.

Als Folge meines Umzuges nach Mahaneh Yehuda wollte meine Arabischlehrerin nicht mehr kommen und mir Unterricht erteilen. Ich forschte nach dem Grund, aber sie gab mir nur ausweichende Antworten. Schließlich erkundigte ich mich bei Fräulein Ratcliffe, ob sie den Grund wüsste.

„Als Araberin, glaube ich, fürchtet sie sich, in eine ausschließlich jüdische Gegend zu gehen."

„Aber niemand in Mahaneh Yehuda würde ihr etwas zuleid tun!"

„Wahrscheinlich nicht. Aber wenn man sie zu oft dorthin gehen sieht, würde sie bei ihren eigenen Leuten in ein schiefes Licht geraten. Gegenwärtig beobachten sich beide Seiten misstrauisch gegenseitig, aber in einer solch gespannten Atmosphäre braucht es nur einen Funken, um einen großen Brand anzufachen."

Als Ersatz für die verloren gegangenen Arabischstunden ging ich zwei- oder dreimal in der Woche zu Fräulein Ratcliffe und übte mich bei Nijmeh im Reden. Außerdem nahm ich regelmäßig jeden Sonntagmorgen an Fräulein Ratcliffes Gottesdiensten teil. Doch mein Zuhause war jetzt Mahaneh Yehuda.

Es war Mitte April, als mir einfiel, dass ich bereits sechs Monate in Jerusalem war und mein Visum erneuert werden musste. Mit Tikva im

Kinderwagen machte ich mich zur Einwanderungsbehörde auf und betete auf dem ganzen Wege, dass man mir keine Schwierigkeiten bei der Visumserneuerung machen würde. Zu meiner Erleichterung stempelte der Beamte ohne Weiteres das neue Visum in meinen Pass hinein und händigte ihn mir wieder aus.

Auf dem Heimweg hörte ich mich mit einem Male von einer schrillen Stimme auf Schwedisch angerufen: „Fräulein Christensen, was machen Sie denn hier mit einem Kinderwagen?" Ich wandte mich um. Es war Fräulein Gustafsson.

Ich erklärte ihr die Umstände, unter welchen Gott Tikva zu mir geführt hatte.

Fräulein Gustafsson war alles andere als beeindruckt. „Ich hoffe, dass sie nicht zu viel von Ihrer Zeit beansprucht", meinte sie. „Es gibt sicher wichtigere Dinge, die Ihre Aufmerksamkeit verdienen, als ein kleines Baby!"

Den ganzen Weg heim wollten mir Fräulein Gustafssons Worte nicht aus dem Kopf. Sie hatte etwas ausgesprochen, was mir schon einige Zeit zu schaffen gemacht hatte. Ich war schließlich ausgebildete Lehrerin und gewöhnt, in meinen Klassen 200 Schüler pro Woche zu unterrichten. War es tatsächlich vernünftig, meine ganze Zeit einem einzigen Baby zu widmen?

Tikva schien auf seltsame Weise meine Gedanken erraten zu können. Als ich sie aus dem Kinderwagen heraushob und die Treppe in unsere Wohnung hinauftrug, umklammerte sie mit ihren Armen meinen Hals und presste ihr Gesicht an meine Brust. Es war fast, als ob sie sagen wollte: „Danke, dass du dich um mich kümmerst!"

Ungefähr eine Woche später erhielt ich einen eingeschriebenen Brief vom Sitz der Dänischen Staatsbahnen in Kopenhagen. Er kam von jenen beiden dänischen Ehepaaren, die mich zu Kaffee und Kuchen in der *King George V Avenue* eingeladen hatten. „Hier in unserm Büro", begann der Brief, haben wir einen besonderen Lydia-Freundeskreis gebildet, zu dem Zweck, Ihnen in Ihrer Arbeit in Jerusalem zu helfen. Verwenden Sie bitte einen Teil dieser Gabe, um Tikva etwas Nettes zu kaufen."

Inliegend befand sich eine Geldanweisung von 260 Mark. Zur Feier des Tages kaufte ich in Shoshannas Laden die beste Salami, die sie hatte.

Mittlerweile hatte ich mir eine besondere Methode zum Einkauf in Shoshannas Laden einfallen lassen. Ich band an eine genügend lange

Schnur einen Korb und ließ ihn von meinem Fenster hinunter vor Shoshannas Tür. Sah sie den Korb herniederschweben, streckte sie den Kopf
durch die Tür und erkundigte sich nach meinen Wünschen, wobei sie
jedes Mal das Verlangte in den Korb legte. Dann zog ich ihn hoch, leerte
ihn und ließ ihn ein zweites Mal hinunter, diesmal mit dem Geldbetrag.

Anfang Mai kam ein Paket von Mutter an. Es enthielt einen rosafarbe-
nen Pullover, den sie für Tikva gestrickt hatte. Ich nahm etwas von dem
Geld, das mir der Lydia-Freundeskreis in Kopenhagen geschickt hatte,
und kaufte davon ein passendes rosa Kleidchen und ein Paar weiße Ba-
byschuhe. Am nächsten Morgen, als ich Tikva in ihrer neuen Ausstattung
ausfuhr, war sie der Mittelpunkt der Bewunderung meiner Nachbarinnen.

Ich war dankbar für die große Veränderung in der Haltung meiner Nachbarn zu mir, aber die beste Gesellschaft hatte ich immer noch in Tikva.
Sie bildete den Schwerpunkt meiner kleinen, aber dennoch ausgefüllten
Welt. Manchmal fühlte ich mich wegen meiner Zufriedenheit beinahe
etwas schuldig. Hatte Fräulein Gustafsson recht gehabt, wenn wie mich
dafür schalt, dass ich meine ganze Zeit einem Baby widmete? Vielleicht
sollte ich mich wirklich nach einem größeren Betätigungsfeld umschauen
… Doch der seltsame Friede in mir schien mir zu sagen, dass mir diese
Aufgabe von Gott zugewiesen worden war. Tikva für ihren Teil entwickelte
ein seltsames Gespür für meine jeweilige innere Verfassung. War ich mit
Haushaltsarbeit beschäftigt, zum Beispiel mit Waschen oder Bügeln, stand
sie in ihrem Bett da, hielt sich am Geländer fest und verfolgte mit ihren
ernsten schwarzen Augen jede meiner Bewegungen. War ich mit irgendeiner anstrengenden Arbeit fertig, stieß sie einen Seufzer der Erleichterung
aus, wie wenn sie sagen wollte: „So, das wäre endlich geschafft!"

Aber mehr als alles andere gefiel ihr das Beten und Loben. Eine meiner
Möbelerwerbungen, die uns beiden manche vergnügte Stunde bereitete,
war ein alter Schaukelstuhl, dessen Sitzfläche und Rückenlehne aus Rohrgeflecht bestanden. Oft nahm ich Tikva auf meinen Schoß und schaukelte
betend und singend auf und ab. Es spielte keine Rolle, wie lange das ging
– sie lag vollkommen ruhig in meinen Armen da oder begleitete mein
Beten mit ihrer eigenen Babysprache.

Eines Nachts Mitte Mai erwachte ich von einem heftigen, brennenden
Schmerz an meinem Bein. Ich griff nach meiner Taschenlampe und beleuchtete die Stelle. Mein Knöchel war rot und geschwollen. Etwas musste

mich im Bett gestochen haben! Ich durchsuchte das ganze Bett Stück für Stück, bis ich einen winzigen, rotbraunen Käfer fand, der sich im Saum der Matratze verstecken wollte. Ich langte nach dem Kamm und der Bürste auf der Kommode und zerquetschte ihn zwischen beiden. Ein Tröpfchen dunkler Flüssigkeit quoll hervor – mein eigenes Blut. Am Morgen darauf zeigte ich meinen geschwollenen Knöchel Shoshanna. „Ein Bettenkäfer!", stellte sie fest. „Wenn die Nächte wärmer werden, kommen sie aus den Fußbodenritzen und kriechen die Bettfüße hinauf. Sie müssen vier leere Dosen nehmen und sie unter die Füße Ihres Bettes stellen. Dann füllen Sie die Dosen mit Petroleum, und die Käfer können nicht mehr das Bett hinaufkriechen." Ich folgte ihrem Rat und hatte in dieser Nacht wieder einen guten Schlaf. Nach einigen ungestörten Nächten wollte ich schon über Shoshannas erfolgreiche Strategie frohlocken, als mich wieder dieses fürchterliche Brennen aus dem Schlaf riss. Schnell zündete ich die Lampe an, wischte den Käfer auf den Fußboden und zertrat ihn dort. Wieder gab es einen kleinen Blutfleck.

Wie nur war der Käfer in mein Bett gelangt? Ich ließ meinen Blick durch das Zimmer schweifen. Tatsächlich – hinter meinem Bett dort an der Wand war ein weiterer Käfer unterwegs! Als er die Zimmerdecke erreicht hatte, begann er gegen die Mitte des Raumes zu krabbeln, ließ sich plötzlich fallen und landete sauber mitten in meinem Bett. Im nächsten Augenblick hatte ich ihn zwischen Kamm und Bürste zerdrückt. Diesmal kam kein Blut hervor.

Die auf diese Weise aufgedeckte teuflische Geschicklichkeit des Käfers verblüffte mich. Wahrscheinlich verbarg sich im Fußboden noch eine ganze Menge davon. Ich konnte unmöglich jede Nacht aufbleiben und sie einen um den anderen abfangen, wenn sie auf mein Bett fielen. Und doch würde ich mit keinem ruhigen Schlaf mehr rechnen können, wenn ich nicht ein Mittel gegen sie fand. Aber was? „Herr, ich brauche deine Hilfe", betete ich.

Fast augenblicklich kam mir die Geschichte von den Plagen Ägyptens in den Sinn. Eine ganze Folge von unangenehmen Viechern war da losgelassen worden: Frösche, Stechmücken, Fliegen. Aber sie standen unter Gottes Macht, und der Herr bewahrte sein Volk davor. Konnte er nicht dasselbe mit diesen Bettkäfern tun?

Ich kniete neben meinem Bett nieder. „Herr", sagte ich, „diese Käfer sind eine Plage und ich weiß nicht, wie ich mich davor schützen soll. Ich bitte dich, nimm sie weg und lass sie nie mehr zurückkommen."

Einige Wochen vergingen, bis mir mit einmal bewusst wurde, dass Gott mein Gebet erhört hatte. Von jener Nacht an ließ sich kein einziger Käfer mehr in meinem Zimmer sehen!

Es war gegen Ende Mai, als Tikva ihre ersten selbstständigen Schritte wagte. Natürlich musste ich mit ihr zu Shoshanna hinunter und sie an diesem denkwürdigen Ereignis teilhaben lassen. Zu demselben Zweck packte ich Tikva in den Kinderwagen und suchte Fräulein Ratcliffes Haus auf.

Wegen ihrer Körperschwäche war es mit Tikvas Laufenlernen etwas lange gegangen. Dagegen war ihre geistige Entwicklung dadurch überhaupt nicht beeinträchtigt worden. Sie konnte zu diesem Zeitpunkt schon einfache Wörter wie *Milch* und *Töpfchen* auf Englisch sagen. Aber am meisten freute ich mich, wenn ich sie *Mama* sagen hörte. Ihr liebstes Spiel war, wenn ich ihr die Bezeichnungen für die verschiedenen Gesichtsteile beibrachte. Ich legte dabei den Finger auf mein Auge und sagte: „Auge". Darauf legte ich den Finger auf ihr Auge und wartete, bis auch sie „Auge" sagte. Hatte sie „Auge" sagen gelernt, wiederholte ich das Spiel mit „Nase", „Mund" und so weiter.

Eines Tages, als ich Tikva gerade zu ihrem Mittagsschlaf hingelegt hatte, erschien unangemeldet Herr Cohen an meiner Tür. Es war das erste Mal, dass er mich seit meinem Umzug nach Mahaneh Yehuda aufsuchte. Ich legte meinen Finger an die Lippen und führte ihn hinüber zum Kinderbett, wo Tikva schlief. Er schaute ein oder zwei Minuten auf sie herab. Dann führte ich ihn zurück in die Küche und schloss die Tür.

„Wie geht es ihr?", fragte er.

„Ausgezeichnet", erwiderte ich, „vor zwei Wochen hat sie angefangen zu laufen."

„Das ist gut." Herr Cohen macht eine Pause. Er vermied es, mich anzuschauen. Ich konnte sehen, dass er etwas wollte. „Wissen Sie …" – wieder machte er eine Pause. „Nun, die Wahrheit ist, dass Hadassa mich verlassen hat. Sie ist nach Tel Aviv gegangen. Ich muss sie suchen gehen."

„Es gut mir leid, das zu hören", sagte ich.

„Ich bin gekommen, um Tikva wieder zurückzuholen." Jetzt blickte er mich zum ersten Mal an. „Wenn Hadassa weiß, dass Tikva bei mir ist, wird sie wieder zu mir zurückkommen. Ich werde Tikva nach Tel Aviv mitnehmen."

„Tikva mitnehmen?" Mein Mund war plötzlich wie ausgetrocknet. „Aber begreifen Sie nicht? Sie ist doch für so etwas noch nicht kräftig genug! Ihr Leben könnte noch einmal in Gefahr geraten! Es war ja nur durch Gebet, dass …"

„Ich muss sie jetzt mitnehmen", unterbrach mich Herr Cohen. „Der Bus nach Tel Aviv fährt in knapp einer Stunde."

„Aber, Herr Cohen …" – eine Menge von Einwänden kam mir in den Sinn, doch die Worte erstarben mir auf den Lippen. Etwas, was sich stärker als mein eigener Wille und meine Gefühle erwies, war über mich gekommen. Zu meinem eigenen Erstaunen hörte ich mich sagen: „Lassen Sie mich Tikva anziehen."

Ich trat ins Schlafzimmer, suchte einige von Tikvas Sachen zusammen und packte sie in einen braunen Papiersack. Dann hob ich Tikva – sie schlief noch halb – aus ihrem Kinderbett und legte ihr das rosa Kleidchen sowie ihre weißen Schuhe an. Sie protestierte leise wimmernd, fiel aber gleich wieder in meinen Armen in den Schlaf.

Ich kehrte in die Küche zurück und legte sie in die Arme ihres Vaters. Sie schlug die Augen auf, schaute in sein Gesicht und fing an zu weinen. Einen Augenblick lang war er verwirrt und ich fragte mich, ob er nicht seine Meinung ändern würde. Dann fiel sein Blick auf den Kinderwagen. „Den werde ich brauchen, damit sie ein Bett hat", sagte er.

Als Herr Cohen Tikva in den Kinderwagen legte, füllte ich eine Säuglingsflasche mit Milch und legte sie, zusammen mit dem Sack mit Kleidern, zu ihr in den Wagen. Immer noch verwundert über mein eigenes Tun, half ich ihm, den Kinderwagen nach unten zu tragen. Dort hielt Tikva einen Augenblick mit Weinen inne und streckte ihre Arme nach mir aus, damit ich sie herausnehmen sollte. Stattdessen wandte ich mich um und lief die Treppe hinauf. Ich ging zum Schlafzimmerfenster und schaute Herrn Cohen nach, wie er den Kinderwagen vor sich her schob, bis er die Jaffastraße erreichte und meinen Blicken entschwand. Das Letzte, was ich von ihm sah, war das schwarze Käppchen auf seinem Kopfe.

Endlich drehte ich mich vom Fenster weg und ging langsam durch das mir leer und unfreundlich erscheinende Zimmer. Ich konnte es nicht ertragen, auch nur einen Augenblick länger hierzubleiben. So schnell ich konnte, eilte ich zum Hause von Fräulein Ratcliffe und ging direkt in Nijmehs Zimmer.

„Tikvas Vater ist gerade da gewesen und hat sie mitgenommen", brach es aus mir heraus. „Er will mit ihr nach Tel Aviv. Ich wollte es ihm ausreden, aber etwas in mir hielt mich davon ab … Oh, Nijmeh! War es ein Fehler von mir, dass ich sie ihm überließ?"

Nijmeh blieb eine Weile stumm. Dann sagte sie: „Nein, Sie haben keinen Fehler gemacht. Es war der Heilige Geist, der Sie davon abhielt, sich dagegen zu wehren. Denken Sie daran: Wie sehr Sie auch Tikva lieb haben, Gott liebt sie noch mehr!"

„Aber Nijmeh, sie ist noch nicht kräftig genug! Ihr Vater kann ihr doch nicht die Pflege geben, die sie braucht. Ich weiß, Gott hat sie mir anvertraut. Ich verstehe nicht …"

Nijmeh tastete sich vorwärts, bis sie meine Hand fand. „In solchen Momenten kommt es nicht darauf an, dass wir verstehen, sondern dass wir *vertrauen*", sagte sie.

„Beten Sie für mich, Nijmeh! Ich möchte vertrauen – aber in mir ist alles aufgewühlt!"

Wir saßen längere Zeit beieinander, Nijmehs Hand lag immer noch auf der meinigen. Schließlich sagte sie: „Ich möchte Ihnen etwas verraten, was ich gelernt habe, als ich mein Augenlicht verlor: Gott zu vertrauen ist nicht ein Gefühl, es ist eine Entscheidung! Wir können nicht immer unsere Gefühle verändern, aber wir können unsern Willen gebrauchen."

„Aber wie kann ich aufhören, mir Sorgen um sie zu machen?"

„Das können Sie nicht. Aber Sie können sich mit Ihrem Willen entschließen, sie Gott anzuvertrauen – und dann versiegeln Sie Ihren Entschluss, indem Sie ihn laut mit Ihrer Stimme bekennen."

Und hier, in Nijmehs Gegenwart, traf ich meine Entscheidung: „Was immer auch geschieht, ich will Gott vertrauen – für Tikva – für mich – für alles, was die Zukunft bringt!"

Die Auslieferung

Die folgende Woche war ein einziger Kampf. Mit allen Mitteln versuchte ich, meine Gedanken zu meistern und sie dem Entschluss unterzuordnen, den ich mithilfe meines Willens gefasst hatte, Gott zu vertrauen – ungeachtet der Gefühle oder Umstände. Ich verbrachte so viel Zeit wie möglich mit Bibellesen und dem Sprachstudium, aber es kostete mich einen ständigen Kampf, um meine Gedanken zu konzentrieren.

Nachts war es am schlimmsten. Immer wieder stürmten Fragen nach Tikvas Ergehen auf mich ein. War Frau Cohen zu ihrem Manne zurückgekehrt oder versuchte er selber, sich um Tikva zu kümmern? Bekam Tikva regelmäßig zu essen? Kam sie an die frische Luft, was sie so nötig hatte? Ich konnte das Bild nicht aus meinem Innern verbannen, wie sie da unten am Fuße der Treppe im Kinderwagen lag, die Arme nach mir ausgestreckt, und darauf wartete, dass ich sie aufnahm. Zweimal erwachte ich mitten in der Nacht und ging automatisch zu Tikvas Kinderbett hinüber, um nach ihr zu schauen – nur um daran erinnert zu werden, dass das Bett leer war.

Als Shoshanna vernahm, dass Tikvas Vater sie mir weggenommen hatte, um seine Frau zurückzugewinnen, meinte sie nur kurz: „Die Männer sind alle gleich – sie denken nur an sich selbst!" Die Nachricht breitete sich – wie gewohnt – von Shoshanna zu all meinen Nachbarn aus. Auf verschiedene Art und Weise suchten sie mir ihre Sympathie auszudrücken. Am nächsten Sabbatabend, als ich nach unten ging, um Vera bei ihrer Lampe behilflich zu sein, hielt sie ein Geschenk für mich bereit: ein Kümmelbrot, das sie selber gebacken hatte.

Eine Woche, nachdem Herr Cohen Tikva weggeholt hatte, ging ich auf die Bank und machte die Entdeckung, dass mir nur noch 25 Mark geblieben waren. Ich war in Gedanken so mit Tikva beschäftigt gewesen, dass ich überhaupt nicht ans Geld gedacht hatte. Es kam mir in den Sinn, dass das letzte Geld, das ich erhalten hatte, jene Gabe war, die mir Ende April der Lydia-Freundeskreis geschickt hatte.

Eines Tages – es war in der letzten Juniwoche – ließ ich meinen Korb für Shoshanna hinab und holte ihn wieder mit einem Brot sowie mit einigen Orangen und Feigen hinauf. Ich öffnete meine Geldbörse, leerte ihren Inhalt in den Korb und ließ ihn wieder hinab. Shoshanna zählte das Geld und rief dann hinauf: „Noch 30 Pfennig!"

„Ich habe im Augenblick nicht mehr", rief ich zurück. „Sobald ich wieder Geld habe, werde ich es Ihnen bezahlen." Shoshanna war damit einverstanden, und ich zog den leeren Korb einmal mehr nach oben.

Wie lange kann ein Mensch von einem Brot und ein paar Früchten leben? Ich streckte meinen Vorrat auf vier oder fünf Tage, aber der Moment kam, wo ich zum Brotkorb ging und nichts mehr darin fand. Ich kehrte ihn um, doch lediglich ein paar Krumen fielen heraus. Die nackte Tatsache stand vor mir: *Ich hatte weder zu essen noch Geld.* Ich warf einen Blick auf den Kalender – es war Montag, der 1. Juli.

„Wie gut, dass ich in einem solchen Augenblick nicht Tikva bei mir habe", redete ich mir selber zu, und dann fragte ich mich: „Hat Gott es vielleicht darum zugelassen, dass sie mir weggenommen wurde?" Ich sah wieder auf das Kalenderbild. War das vielleicht seine Botschaft an mich – mich daran zu erinnern, dass der Gute Hirte immer noch sein Lämmlein auf seinen Armen trug?

Doch was sollte ich in meiner jetzigen Lage tun? Shoshanna würde mich sicher auf Kredit bei ihr kaufen lassen, doch ich fand, dass das nicht richtig wäre. Ich könnte vielleicht auch Fräulein Ratcliffe um Hilfe bitten. Aber ich wusste, dass sie selber kaum genug zum Leben hatte.

Je länger ich meine Lage überdachte, desto mehr verstärkte sich in mir der Eindruck: Gott wollte von mir, dass ich von ihm alleine die Antwort erwartete. Ich erinnerte mich eines Satzes, den ich von Prediger Rasmussen in Korsør wiederholt gehört hatte: „Des Menschen Verlegenheit ist Gottes Gelegenheit." Ich konnte mich des Gedankens nicht erwehren, dass Gott hier eine seiner Gelegenheiten herbeigeführt hatte und nur auf mich wartete, um sie nützen zu können.

Bei meiner mittäglichen Bibellese hatte ich begonnen, anhand von 1. Mose 12 und den folgenden Kapiteln den Weg Abrahams zu betrachten. Ich fühlte mich mit Abraham enger verbunden als mit irgendeiner anderen alttestamentlichen Gestalt. Die Predigt von Arne Konrad in der Pfingstgemeinde in Korsør hatte ich nicht vergessen. Gerade Abrahams Beispiel hatte mir den entscheidenden Anstoß gegeben, meine Lehrerstelle dort aufzugeben. Jetzt wollte ich herausfinden, welchen Weg Gott ihn führte, nachdem er dem Ruf zum Verlassen seiner Heimat Folge geleistet hatte.

Ich las in Kapitel 22, wie Abraham Gottes Aufforderung gehorchte, um seinen Sohn Isaak als Opfer darzubringen; wie er mit Isaak drei Tage weit reiste, um zum Berg Morija zu gelangen – dem zur Opferstätte ausersehenen Ort. Ich fragte mich, welche Gedanken Abraham auf dieser langen Reise wohl durch den Kopf gegangen sein mochten. Welch ein inneres Fragen und Ringen musste er erlebt haben!

Gott hatte Isaak dem Abraham durch ein Wunder gegeben. Er wusste genau, wie Abraham seinen Sohn liebte. Und dennoch verlangte Gott ihn jetzt zurück. Es war schwer zu verstehen, was Gott damit bezweckte.

Ich verbrachte den Rest des Tages mit Beten und Meditieren. Immer wieder betete ich für Tikva und vor allem, dass Gott doch ihrem Vater zeigen möchte, wie er sie zu pflegen hatte. Als es Zeit zum Nachtessen war, verspürte ich einen ungewöhnlichen Hunger. Ich musste mich gegen die wiederkehrende Vorstellung von meinem zum Abendessen gedeckten Esstisch in Korsør wehren. Schließlich trank ich zwei Glas Wasser, und das quälende Hungergefühl ließ nach.

Am Dienstagmorgen begab ich mich wie gewohnt zum Postamt, aber mein Postfach war leer. Beim Heimgehen wollte ich erst einen Umweg über Musrara machen, um mit Nijmeh zu sprechen, fühlte dann aber ein inneres Wehren. Dies war Gottes Gelegenheit – allein seine Gelegenheit! Auch der beste menschliche Rat oder Trost würde nicht genügen.

Über Mittag schlug ich nochmals 1. Mose 22 auf. Wieder stellte ich mir Abraham auf dem Berge Morija vor. Doch diesmal identifizierte ich mich mit ihm so sehr, dass mir schien, ich selber machte jetzt die Reise. Irgendwo vor mir lag mein eigener Berg Morija, mein Treffpunkt mit Gott.

Es war der *dritte* Tag, an dem Abraham zu dem Berge kam. Ich war jetzt den zweiten Tag allein, ohne zu essen. Ich wusste, dass auch ich meine Reise am dritten Tage beenden würde. „Morgen", sagte ich mir, „wird etwas geschehen."

Am Mittwoch machte ich mich wieder zum Postamt auf, doch schon bevor ich mein Fach öffnete, wusste ich, dass es leer war. Nichts würde meine äußere Lage verändern, ehe ich nicht den „Berg Morija" – meinen Treffpunkt mit Gott – erreicht hätte. Als ich in der brütenden Hitze auf dem Wege nach Hause war, wurde mir schwindlig. Nur mit Mühe stieg ich die Treppe zu meiner Wohnung hinauf, meine Knie zitterten und ich musste mich gegen die Wand lehnen. Oben angekommen, ließ ich mich auf das Bett fallen, das Zimmer verschwamm mir vor den Augen. Dann musste ich eingeschlafen sein.

Plötzlich war ich wieder wach. Ich spürte ganz deutlich, dass Gott mit mir reden wollte. Ich lag so still wie möglich auf meinem Bett.

„Ich möchte, dass du mir Tikva wieder zurückgibst!" Der Raum war von einer Stimme erfüllt – und doch vernahm ich nichts Hörbares.

„Aber, Herr", erwiderte ich, „ihr Vater hat sie wieder geholt, und sie ist nicht mehr bei mir."

„Du hast ihrem Vater erlaubt, sie zu sich zu nehmen", kam die Antwort, „aber du hast sie nicht mir überlassen. Mit deinem Willen hältst du sie immer noch fest. Ich kann nur segnen, was mir aus freien Stücken gegeben wird."

Gott war bei mir im Zimmer. Ein ehrfürchtiges Entsetzen kam über mich. Ich fühlte mich so klein und unwürdig. Und doch hatte Gott sich herabgelassen und zu mir geredet.

Still erhob ich mich von meinem Bett, kniete daneben nieder und neigte mein Haupt. Die Worte kamen langsam, eins nach dem andern: „Herr, ich überlasse Tikva dir. Du hast sie mir gegeben. Jetzt gebe ich sie dir wieder zurück. Sie ist dein! Ob sie lebt oder stirbt, ob ich sie wiedersehe oder nicht – sie ist dein! Nicht mein, sondern dein Wille geschehe!"

Allmählich breitete sich eine große Ruhe in mir aus. Ich wusste mit unerschütterlicher Gewissheit, dass Tikva in der Hand Gottes war und sein Wille in ihrem Leben geschah. Kein Mensch und keine Macht auf Erden konnten das verhindern. Meine Liebe zu ihr war unverändert geblieben. In meinem Herzen schmerzte immer noch die Sehnsucht nach ihr. Aber trotz allem und bei allem erfüllte mich vollkommener Friede. Der Sturm, der in meinem Innern drei Wochen lang getobt hatte, hatte sich gelegt.

Als ich am Morgen darauf zur Post ging, hatte ich das Gefühl, als ob alles in mir reingewaschen war. Es war mein vierter Tag ohne Nahrung, aber ich spürte keinerlei physische Schwäche mehr. Mein Herz war erfüllt von einer Liebe, wie ich sie tiefer und reiner nie gekannt hatte – Liebe zu den auf der Straße spielenden Kindern, Liebe zu dem blinden Bettler auf dem Bürgersteig, Liebe vor allem zu Jerusalem selbst. Ich musste an die Frage denken, die mich bei meiner Ankunft bewegt hatte: Würde ich jemals Staub und Steine lieben können? Nun kannte ich die Antwort: Ja, es war möglich! Gott hatte mein Gebet erhört und mir von seiner eigenen Liebe zu Jerusalem geschenkt.

Auf den Stufen des Postamtes stieß ich beinahe mit Fräulein Gustafsson zusammen. „Sieh da, Fräulein Christensen!", rief sie. „Wie ich sehe, haben Sie Ihren Kinderwagen nicht mehr bei sich."

„Nein", erwiderte ich, „ihr Vater ist gekommen und hat das Baby zurückgeholt."

„Umso besser, Fräulein Christensen, umso besser! Das wird es für Sie viel leichter machen, nach Dänemark zurückzukehren!" Ihr etwas schrilles Lachen, das ihre Worte begleitete, drang wie ein Dolch in die Wunde meines Herzens. „Wir werden wohl alle abreisen müssen, wenn wir nicht in unsern Betten umgebracht werden wollen! Ich habe meine Rückreise nach Schweden für Ende dieses Monats gebucht. Möglicherweise könnten Sie auch noch einen Platz auf demselben Schiff bekommen – es läuft auf seinem Kurs auch Kopenhagen an."

„Danke", entgegnete ich so höflich wie möglich, „aber ich beabsichtige nicht abzureisen."

In meinem Postfach lagen an diesem Morgen zwei Briefe, beide aus Dänemark. Einer kam von Mutter, ich öffnete ihn zuerst. Er enthielt einen Scheck von 390 Mark. Der beiliegende Brief gab mir Aufschluss über den Grund der Geldüberweisung: „Über das Radio vernehmen wir, dass man in Jerusalem den Ausbruch von Feindseligkeiten zwischen Juden und Arabern erwartet … Verwende bitte dieses Geld, um dir für das erstbeste Schiff, das nach Europa fährt, eine Schiffskarte zu kaufen … Ich sehne mich danach, dich wiederzusehen … Deine dich liebende Mutter."

Für einen Moment stand ich beinahe wie gelähmt da. Zu dem Schmerz um Tikva kam nun das Verlangen hinzu, Mutter wiederzusehen. War dieser Scheck von ihr Gottes Hilfe für mich? Hatte vielleicht der Herr es so eingerichtet, dass ich gerade jetzt Fräulein Gustafsson getroffen hatte und sie mir von dem nach Kopenhagen abgehenden Schiff sagen konnte?

Letzten Endes, so überlegte ich, hatte man mir Tikva wieder weggenommen. Und dann hatte ich sie ja überdies in Gottes Hand gelegt. Niemand sonst in Jerusalem schien mich zu brauchen. Sollte ich nicht doch wieder nach Hause zurückkehren, wo man mich liebte und nötig hatte? Ich konnte mir die Freude vorstellen, mit der Mutter die Ankündigung meiner Rückkehr aufnehmen würde.

Ich tat den zweiten Brief auf. Er kam ebenfalls aus Dänemark. Ich fand einen Scheck für 32 Mark darin und dazu die knappen Worte: „Für Ihre Arbeit in Jerusalem." Keine Adresse, keine Unterschrift.

Ich war an einem Scheideweg angekommen! Welche Richtung sollte ich einschlagen? War etwa diese zweite – kleinere – Gabe von Gott geschickt worden, damit ich in Jerusalem blieb? Ich wagte nicht, selber die Wahl zu treffen. Da stand ich vor meinem Postfach, neigte den Kopf und schloss meine Augen. „Herr", flüsterte ich, „lass mich deinen Weg für mich wissen. Nicht ich will entscheiden, du sollst es tun!"

Zunächst passierte gar nichts. Dann zog eine Folge von lebhaften Bildern vor meinem inneren Auge vorbei. Es waren Szenen, die ich am Morgen in den Straßen gesehen hatte: spielende Kinder, der blinde Bettler, Frauen mit Körben auf ihren Köpfen, im Menschengewirr dahintrottende Tiere mit ihren Lasten, im Hintergrund die sich von einem wolkenlosen blauen Himmel abhebende, gezahnte Silhouette der Altstadtmauer.

Jede vor mir auftauchende Szene löste eine Reaktion bei mir aus. Ich empfand eine überfließende Liebe und wusste, dass Gott selber sie in mein Herz gelegt hatte.

Meine Frage war beantwortet! Es war dieselbe Antwort, die ich in Fräulein Ratcliffes Haus am Heiligen Abend erhalten hatte. Meine eigenen Pläne und Gefühle waren menschlich und wechselhaft, Gottes Ratschluss aber war unverändert. *Mein Platz war Jerusalem!*

Ich ging zu einem Schalter hinüber und ließ mir die 32 Mark auszahlen. Dann schrieb ich Mutter schnell einige Zeilen, dankte ihr für ihre Liebe und Fürsorge und erklärte ihr, dass ich Jerusalem nicht verlassen könnte. Ihren Geldscheck schob ich ebenfalls in den Briefumschlag und schickte ihn an Mutter zurück.

Eines Morgens, in der folgenden Woche, erwachte ich mit einer starken Vorahnung. Irgendetwas würde geschehen! Ich blieb noch eine Weile liegen und versuchte mir vorzustellen, was der Tag mir wohl bringen würde. Umsonst! Schließlich wandte ich mich meiner täglichen Bibellese zu. Heute kam das elfte Kapitel des Hebräerbriefes an die Reihe. Zu meiner Überraschung stieß ich nach einigen Versen wieder auf die Spuren Abrahams. Gab es noch etwas anderes, was Gott mir durch Abraham zeigen wollte?

Der Hebräerbrief skizziert mit knappen Worten Abrahams Geschichte, die ihren Höhepunkt in der Opferung Isaaks auf dem Berge Morija findet. Aber er betont etwas, was ich im Mosesbuch nicht bemerkt hatte: Abraham hatte nie bezweifelt, dass Gott ihm Isaak zurückgeben konnte, und wenn er ihn von den Toten auferwecken musste! Irgendwie gab mir das eine andere Sicht.

Als ich in der vorangegangenen Woche in 1. Mose gelesen hatte, empfand ich eine enge Verbundenheit mit Abraham, wie er seine lange, prüfungsreiche Reise zum Berge Morija machte, um seinen Sohn zu opfern. Aber jetzt stellte ich mir vor, wie er den Berg herunterkam, als die Prüfung vorüber war. Der Glaube hatte triumphiert! Mit erhobenem Haupt und leuchtendem Gesicht stieg er den felsigen Pfad herunter. An seiner Seite ging das Kind, das er auf den Opferaltar gelegt und von Gott zurückerhalten hatte. In seinen Ohren klang immer noch die Verheißung nach, die ihm vom Himmel her gegeben worden war: „... will ich dein Geschlecht segnen und mehren wie die Sterne am Himmel" (1. Mose 22,17; Hebräer 6,14).

„Dein Geschlecht", sagte ich zu mir selber, „das war Isaak! Nicht nur gab Gott ihm Isaak zurück – er gab ihm Isaak viele Male vervielfältigt zurück!"

Die Lehre daraus war für mich so klar, dass ich unten auf der Seite notierte: *Zuerst gibt Gott uns – dann geben wir es ihm zurück – schließlich gibt Gott es uns wieder, gesegnet und über unsere Vorstellung hinaus vermehrt.*

Meine Gedanken wurden unterbrochen, weil mich ein lautes Klopfen an die Tür rief. Draußen stand eine zerbrechliche, kleine Frau. Sie trug ein verwaschenes Baumwollkleid, der Kopf war mit einem bunten Tuch bedeckt.

„Fräulein Christensen, kennen Sie mich noch?", fragte sie auf Arabisch.

Ich schaute sie prüfend an. „Nein", erwiderte ich in der gleichen Sprache, „ich fürchte nein."

„Ich bin Tikvas Mutter!"

Ich hatte sie damals in jenem dunklen, kellerähnlichen Raum nur undeutlich sehen können.

„Entschuldigen Sie", sagte ich und war froh, dass ich sprachlich jetzt so weit war, mich mit ihr unterhalten zu können. „Nun erinnere ich mich. Kommen Sie bitte herein!"

„Ich kann leider nicht bleiben! Aber ich bin gekommen, um Sie etwas zu fragen. Würden Sie Tikva wieder zu sich nehmen? Sie ist bei ihrem Vater in Tel Aviv – hier ist seine Adresse." Sie reichte mir ein Stück Papier.

„Dann sind Sie und Ihr Mann also nicht beieinander?"

„Nein, Fräulein Christensen, ich kann mit diesem Mann nicht leben! Er kümmert sich einfach nicht um mich – er lässt mich verhungern! Ich bin nach Tel Aviv gegangen, um Arbeit zu finden, aber ich habe nichts gefunden."

„Aber, Frau Cohen, wenn Ihr Mann mir Tikva nicht zurückgeben will?"

„Fräulein Christensen, beten Sie!" Sie schlug die Hände zusammen. „Ich bin sicher, er wird sie hergeben! Er muss! Sonst wird sie sterben." Augenblicke später war sie bereits die Treppe hinunter und eilte davon.

Ich warf einen Blick auf die Uhr – es war neun! Ohne Zögern steckte ich das Portemonnaie ein und machte mich zur Bushaltestelle auf. Eine halbe Stunde später war ich unterwegs nach Tel Aviv. Allerlei Fragen gingen mir durch den Sinn. Wie sollte ich Herrn Cohen ansprechen? Wenn er Tikva nicht hergeben wollte, was dann? Je mehr ich mir eine Lösung im Voraus zurechtlegen wollte, desto mehr Probleme sah ich voraus. Schließlich sagte ich: „Herr, ich will mir nichts vornehmen. Ich will dir vertrauen, dass du mir die richtigen Worte im richtigen Augenblick geben wirst!"

Von der Bushaltestelle in Tel Aviv bis zu der Adresse, die mir Frau Cohen gegeben hatte, hatte ich ungefähr anderthalb Kilometer zu laufen. Die Frau, die mir aufmachte, gab mir auf Deutsch zur Auskunft, dass Herr Cohen wohl ein Zimmer bei ihr gemietet habe, aber im Moment unterwegs auf Arbeitssuche sei. Glücklicherweise konnte ich so viel Deutsch, dass ich eine einfache Unterhaltung mit ihr führen konnte.

„Hat er ein kleines Mädchen bei sich?", fragte ich sie.

„Ja, es ist in seinem Zimmer in einem Kinderwagen", erwiderte sie.

„Kann ich es bitte sehen? Seine Mutter schickt mich."

Die Frau zögerte einen Augenblick, führte mich dann aber in ein Zimmer, das sich im hinteren Teil des Hauses befand. Der Kinderwagen stand unter dem Fenster. Ich lief schnell hinzu und blickte hinein. Tikva trug das gleiche rosa Kleid, das ich ihr angelegt hatte, als der Vater sie holen kam, aber jetzt sah es fast bis zur Unkenntlichkeit verschossen und schmutzig aus. Tikvas Wangen hatten ihre Farbe verloren, und auf ihrer Stirn entdeckte ich eine offene Wunde.

Als ich mich über sie beugte, schlug sie die Augen auf und sah mich mit einem stumpfen Blick – fast wie bei einem Blinden – an. Dann schien ein Funke des Erkennens in ihren Augen aufzublitzen. Sie streckte ihren Finger aus, berührte damit mein Auge und sagte mit einer Stimme – es war eher ein Flüstern: „Auge". Dann schloss sie ihre Augen wieder.

Die Hausbesitzerin entschuldigte sich, dass sie mich allein lassen musste. Ich nahm auf dem einzigen Stuhl im Zimmer Platz und betete: „Herr, gib mir die rechten Worte!"

Es vergingen etwa vierzig Minuten, bis ich draußen Stimmen vernahm. Augenblicke später betrat Herr Cohen das Zimmer. Überrascht blieb er stehen. „Fräulein Christensen!", sagte er. „Wie kommen Sie hierher?" Er schaute mich an, als ob ich ein Gespenst wäre.

Als ich ihn so vor mir sah, verspürte ich in mir dieselbe Kraft, die mir damals, als er Tikva holen kam, gewehrt hatte, mit ihm zu argumentieren. Aber diesmal sprach ich Worte aus, die nicht von mir kamen, sondern von einer höheren Autorität.

„Ihre Frau hat mich geschickt, damit ich Tikva holen soll", sagte ich. „Tikva ist wieder krank, und Sie sind nicht imstande, für sie zu sorgen. Wenn Sie sie bei sich behalten wollen, wird sie sterben."

Jetzt war es Herr Cohen, der zum Sprechen unfähig war. Er öffnete zwei- oder dreimal den Mund, brachte aber kein Wort hervor.

„Helfen Sie mir bitte mit dem Kinderwagen", fuhr ich fort. „Ich werde sie jetzt mit mir nach Jerusalem nehmen." Ich unternahm keinerlei Versuch, zu argumentieren oder meine Stimme zu heben, doch die Wirkung meiner

Worte auf Herrn Cohen war dramatisch. Seine Hände zitterten buchstäblich, als er den Kinderwagen anfasste. Zusammen trugen wir ihn auf die Straße und machten uns zur Bushaltestelle auf.

Dort angekommen, half Herr Cohen, den Kinderwagen auf dem Gepäckträger oben auf dem Bus zu befestigen, während ich mir, mit Tikva auf den Armen, innen einen Platz suchte. Der Bus fuhr an, und Herr Cohen blieb winkend zurück. Dabei sah ich ihn zum ersten Mal lächeln. Offensichtlich war er von einer Bürde befreit, die er nicht zu tragen imstande gewesen war. Tikva in meinen Armen schmiegte sich so fest an mich, wie sie nur konnte. Von Zeit zu Zeit legte sie ihren Finger an mein Auge oder an meine Nase, aber zum Sprechen fehlte ihr die Kraft. Dafür summte ich still jene Chorusse vor mich hin, die sie am liebsten hatte; Worte konnten sowieso nicht ausdrücken, wie sehr wir unsere Zugehörigkeit zu einander empfanden. Mein Herz war übervoll von Liebe zu ihr und von Dankbarkeit, dass Gott sie mir wieder zurückgegeben hatte. Wieder stellte ich mir Abraham vor, wie er, mit Isaak an seiner Seite, vom Berg Morija herunterkam. „Ich glaube, jetzt weiß ich, was er empfand", sagte ich zu mir selbst.

Ich wollte den Kinderwagen an Shoshannas Laden vorbeischieben, doch sie hatte mich durch die offene Tür bereits erspäht. „Tikva ist wieder da!", rief sie aus. „Sie haben sie wieder zurückbekommen!"

Als ich ihr erzählte, was geschehen war, neigte sie sich über den Kinderwagen und sprach zu Tikva wieder mit ihrer jiddischen Babysprache. Dann ging sie in den Laden hinein und kehrte mit zwei Flaschen Milch zurück. Ich wollte mein Portemonnaie öffnen, aber Shoshanna schob es beiseite.

„Ein Geschenk von einer jüdischen Mutter für ein jüdisches Baby!"

Oben in meinem Zimmer konnte ich mir Tikva genauer ansehen. Sie hatte sowohl an Gewicht als auch an Kraft verloren. Die Wunde auf der Stirn hatte ich bereits vorher gesehen, aber jetzt fand ich auf ihrem Rücken noch andere, geschwollen und voller Eiter. Ohne ärztliche Hilfe würde ich sie wohl nicht behandeln können. Dafür war Tikvas Zustand zu bedenklich. Doch die Hauptsache war, dass Gott sie mir wieder zurückgegeben hatte. Er würde mich nicht im Stich lassen!

Als Nächstes rechnete ich aus, wie es finanziell mit mir stand. Die Gabe des unbekannten Gönners in Dänemark war fast aufgebraucht. Es war bereits die zweite Juliwoche, und ich hatte meine Monatsmiete noch nicht bezahlt. Ich hatte Tikvas Vater ihre besten Kleider mitgegeben, und in der Aufregung hatte ich jetzt nicht daran gedacht, sie zurückzuverlangen. Also musste ich neue kaufen. Dazu würden noch die Arztkosten kommen … „Ich brauche wirklich einen ziemlichen Betrag", sagte ich halb zu mir und halb zum Herrn, „mindestens 150 Mark!" Es war Feststellung, Wunsch und Gebet in einem.

Im Postfach lag am nächsten Morgen ein Brief – aus Dänemark! Aufgeregt drehte ich ihn um, um den Absender zu lesen. Erna Storm! Meine Aufregung schlug in Enttäuschung um. Was sollte mir Erna schon zu schreiben haben! Gewiss, sie hatte mir durch Kristine Sonderby mal etwas Geld schicken lassen, aber mit einem ähnlich hohen Betrag würde ich in meiner momentanen Lage nicht weit kommen.

Indem ich Ernas Brief zu lesen begann, verwandelte sich meine Stimmung nochmals – aus der Enttäuschung wurde Staunen:

Liebe Lydia,

zuerst muss ich dich um Verzeihung bitten für all das Schlechte, was ich über dich sagte, als du dich vor zwei Jahren taufen ließest. Ich fürchte, es hat eine Weile gebraucht, bis ich einsah, wie sehr ich im Unrecht gewesen bin, aber Gott ist gütig und geduldig mit mir gewesen.

Ich kann dir nicht alles erzählen, was sich seit deinem Weggang von Korsør ereignet hat, aber am Sonntag, dem 23. Juni, habe ich die kostbare Gabe des Heiligen Geistes empfangen, und eine Woche später hat mich Prediger Rasmussen getauft. Rate einmal, wo! Im Großen Belt!

Natürlich spricht jetzt jeder in der Schule über mich, wie damals bei dir. Aber heute kann ich verstehen, wie du dabei trotz allem so ruhig und glücklich bleiben konntest. Diesmal wird man meinen Fall nicht erst wieder vor höhere Instanzen bringen müssen. Diese Frage ist ein für allemal erledigt worden, als das Parlament die Entscheidung in deinem Fall traf.

Kristine Sonderby, Valborg und ich kommen jetzt jede Woche zusammen, um für dich zu beten. Die politische Lage sieht ernst aus, aber wir halten für dich an der Verheißung von Psalm 34,7 fest: „Der Engel des Herrn lagert sich um die her, die ihn fürchten, und hilft ihnen aus."

Die beigelegte Gabe ist von uns dreien.
Deine dankbare Erna

Ich griff nochmals in den Briefumschlag hinein und zog ein Stück Papier hervor. Es war ein Scheck von 300 Mark!

Es dauerte einige Minuten, bis ich begriff, was geschehen war. Gott hatte mir nicht nur das Geld geschickt, das ich nötig hatte, sondern das Doppelte dessen, was ich zu wünschen gewagt hatte. Und dazu hatte er etwas noch viel Wunderbareres getan: Er hatte meine Gebete für Erna erhört. Hätte ich mir vorstellen können, als ich vor neun Monaten Korsør verließ, dass Erna, Kristine und Valborg sich eines Tages zusammentun würden, um für mich zu beten?

Die Belagerung

Hinter ihrem Ladentisch war Shoshanna dabei, ein Stück Salami ab-
zuschneiden. Jetzt unterbrach sie ihre Beschäftigung. Wenn sie aufgeregt
wurde, brauchte sie beide Hände zum Gestikulieren.

„Warum muss es immer uns Juden so ergehen?", rief sie. „In Europa
waren es die Christen, die uns nicht in Ruhe lassen konnten – hier sind es
die Moslems! Jeden Tag diese Woche hat es Kämpfe gegeben. Sogar bei der
Klagemauer müssen sie kämpfen! Ich sagen Ihnen, es sieht nicht gut aus!"

„Glauben Sie, dass die Engländer dem allem Einhalt gebieten werden?",
fragte ich sie.

„Die Engländer!", schnaubte Shoshanna verächtlich. „Alles, was sie
tun, ist, Kommissionen einzusetzen! Was hilft uns das schon? Wenn wir
nicht lernen, uns selber zu verteidigen, wird es niemand für uns tun!"

Shoshanna reichte mir meine Salamiwurst, und gleichzeitig gab sie
Tikva, die neben mir stand, ein Stückchen Orange. Einige Minuten später
schlenderte ich, Tikva an der Hand haltend, die Jaffastraße hinunter.

Anderthalb Monate waren es jetzt her, seit ich Tikva aus Tel Aviv zurückgeholt hatte. Der Arzt bezeichnete ihre seither fortschreitende Besserung als „fantastisch". „Wunderbar!", hatte ich ihn im Stillen korrigiert. Ich
konnte sie jetzt ohne Kinderwagen auf kürzere Spaziergänge mitnehmen.
Wenn sie müde wurde, nahm ich sie hoch und setzte sie auf meine Schultern. So reiten zu können – mit ihren Beinen um meinen Hals und mit ihren
Händen um meine Stirn geklammert – war ihr neuestes Spiel geworden.

Ich war vor einem Schuhgeschäft stehen geblieben und überlegte
gerade, ob ich mir ein Paar Sandalen für Tikva leisten könnte, als ich auf

ein Durcheinander von immer lauter werdenden Rufen und Schreien aufmerksam wurde. Als ich mich dahin wandte, von wo der Lärm herkam, sah ich, wie eine Menschenmasse durch die Jaffastraße in meine Richtung strömte. Meine besondere Aufmerksamkeit richtete sich auf eine Gruppe von Frauen an der Spitze. Die Haare hingen ihnen wirr ins Gesicht, sie stießen schrille Schreie aus und schlugen sich an die Brust. Zunächst meinte ich, in einen Leichenzug geraten zu sein, aber dafür bewegte sich die Menschenmenge zu schnell vorwärts.

Rasch nahm ich Tikva auf die Arme und presste mich in eine enge Nische zwischen dem Schuhladen und dem danebenliegenden Geschäft. So bewegungslos wie möglich beobachtete ich die Menschen vorbeihasten. Den Frauen folgten Männer und Knaben – alles Juden, wie das Käppchen auf ihrem Kopfe verriet. Sie trugen ein eigentümliches Sortiment von Waffen bei sich: Äxte, Brecheisen, Hackmesser und sogar Besenstiele, an denen Brotmesser befestigt waren.

Nach einer Weile nahm die Menge ab, doch immer noch kamen Leute, einzeln oder zu zweit, Männer und Frauen. Ein bärtiger Mann schwankte vorüber und presste ein blutgetränktes Taschentuch an seinen Kopf. Blut tropfte auf sein Gesicht herunter und befleckte seinen Bart.

Einige Minuten danach hörte ich jemand laut schluchzen. Es war eine junge Frau, die nur wenige Schritte von mir vorbeilief. Für einen kurzen Augenblick sah ich den schlaffen Körper eines kleinen Jungen, den sie an ihre Brust presste. Sein Gesicht war leichenblass, und sein Kopf hing über ihren Arm nach hinten. Zwischen ihrem Schluchzen brachte sie immer wieder seinen Namen hervor: „Ami – Ami – Ami."

Schließlich lag die Straße menschenleer da. Tikva begann sich unruhig zu regen. Ich konnte unmöglich in diesem Spalt zwischen den beiden Mauerwänden bleiben. Sollte ich versuchen, nach Mahaneh Yehuda zurückzukehren? Ich streckte gerade meinen Kopf ein wenig hervor, um die Lage zu prüfen, als ich einen scharfen Knall irgendwo in der Straße und ein pfeifendes Geräusch vernahm. Das musste eine Kugel gewesen sein! Ich zog mich mit Tikva tiefer in den Häuserspalt zurück.

Ich wartete noch einige Minuten, bis sich nichts mehr regte. Zentimeter um Zentimeter schob ich meinen Kopf vorwärts, bis ich die Straße in beiden Richtungen überblicken konnte. Das Erste, was mir auffiel, war ein

Judenkäppchen, das mitten auf der Straße lag. Weder rechts noch links auf der langen Straße war auch nur eine einzige Seele zu entdecken.

Ich umklammerte Tikva fester mit meinen Armen und begann, so schnell ich konnte, die Jaffastraße in Richtung Mahaneh Yehuda zu laufen. Tikva schlang ihre Arme um meinen Hals und klammerte sich mit aller Kraft daran fest. Als ich von der Straße abbog, um zu dem Grundstück mit unseren Häusern zu gelangen, stand ich plötzlich erschrocken still. Eine Decke unheimlichen Schweigens lag über der ganzen Gegend. Gewöhnlich war sie von spielenden Kindern belebt und von den Frauen, die an den Waschtrögen ihre Wäsche wuschen, aber jetzt lag sie menschenverlassen da. Die Türen waren alle geschlossen, ebenso die Fensterläden. Ich hämmerte an zweien von ihnen – „Shoshanna! Vera!" –, aber es kam keine Antwort. An der Hausecke trat ich auf einen kleinen runden Gegenstand, der sich unter meinem Fuß bewegte und mich beinahe zu Fall brachte. Als ich hinschaute, war es eine Kugel! Instinktiv blickte ich in die Runde, um festzustellen, wer da geschossen haben könnte. Niemand war zu sehen. Ich nahm zwei Stufen auf einmal und stürzte in meine Wohnung hinauf. Ich nahm mir nur gerade so viel Zeit, um Tikva in ihr Bett zu legen. Dann verriegelte ich die äußere Tür und schob den Küchentisch davor. Als Nächstes schloss ich alle Fensterläden und lehnte mich, außer Atem geraten, an die Wand meines Schlafzimmers.

Als ich wieder zu Atem gekommen war, öffnete ich die Fensterläden des Schlafzimmers einen kleinen Spalt breit und spähte hindurch. Mahaneh Yehuda erweckte den Eindruck einer belagerten Stadt. Auf der Jaffastraße lagen, so weit das Auge sehen konnte, Haufen von großen Steinen und Felsbrocken aufgetürmt vor den Türen, Fenstern und Balkonen der Häuser. Wozu wohl? Um als Kugelfang zu dienen oder sie auf Angreifer zu schleudern? Damit kann man allerdings gegen die mit Gewehren gut ausgerüsteten Araber herzlich wenig ausrichten, musste ich denken.

Etwas später beobachtete ich, wie einzelne Männer und Frauen aus den Häusern traten und eine Straßensperre in der Jaffastraße zu errichten anfingen. Die Frauen gruben Steine aus dem Straßenpflaster aus oder schleppten sie von verlassenen Grundstücken herbei. Andere wieder füllten leere Petroleumkanister mit Sand. Dann reichten sie sie an die Männer weiter, die sie quer über die Straße aufeinanderstapelten. Sobald die Barrikade fertiggestellt war, verschwanden die Männer und Frauen wieder in den Häusern.

Aber immer noch regte sich in meinem kleinen Häuserviertel nicht das Geringste. Das Schweigen war entnervend. Hatten alle meine Nachbarn die Flucht ergriffen oder gab es noch etliche, die sich, wie ich, in ihren Wohnungen verbarrikadiert hatten? Die heiße Augustsonne brannte auf das Dach hernieder, fast kein Lüftchen regte sich, und die Hitze in meiner Wohnung stellte meine Ausdauer auf eine harte Probe. Obendrein schufen die verschlossenen Fensterläden ein künstliches Zwielicht, was das Gefühl des Isoliertseins noch verstärkte.

Ich beschloss, meinen Lebensmittelvorrat zu überprüfen, für den Fall, dass ich hier längere Zeit eingeschlossen sein sollte. Wenn ich sparsam damit umging, würde er einige Tage ausreichen können. Ich war besonders froh über eine Flasche voll Milch. Aber als ich in den Tonkrug schaute, in dem ich das Wasser hielt, sank mir der Mut. Er enthielt nicht mehr als einen Liter. Ich hatte vorgehabt, nach meinem Spaziergang mit Tikva frisches Wasser auf dem Hof zu holen.

Sollte ich gerade jetzt noch hinausgehen und den Wasservorrat auffüllen? Das würde bedeuten, dreißig oder vierzig Meter über den offen daliegenden Hof gehen zu müssen, um zur Wasserstelle zu gelangen. Ich war noch beim Überlegen, als die Schießerei von Neuem einsetzte, irgendwo östlich von uns. Von Zeit zu Zeit höre ich eine Kugel am Haus vorbeischwirren. Es wäre eine Verrücktheit, mich am hellen Tage draußen im Freien zu zeigen. Angenommen, ich würde von einer Kugel getroffen und könnte nicht mehr in meine Wohnung zurück – was würde dann mit Tikva geschehen? Ich begann mir Vorwürfe zu machen, dass ich nicht besser vorgesorgt hatte. Denn schließlich war ich ja von verschiedenen Leuten darauf hingewiesen worden, dass Unruhen zu erwarten seien.

Neben der Hitze und dem Wassermangel war die Ungewissheit über die Lage mein größtes Problem. Ich hätte es vorher nicht für möglich gehalten, dass eine Stadt von der Größe Jerusalems mitten am Tage so still sein könnte. Es war jedes Mal fast eine Erleichterung, wenn ein Gewehrschuss das lastende Schweigen durchbrach. Es gelang mir nicht, mir eine Vorstellung von den augenblicklichen Vorgängen zu machen. „Wenn ich hier jemals lebendig herauskomme", versprach ich mir selbst, „so wird mein erster Einkauf ein Radio sein!"

Die Nacht brach herein, und ich hätte mich nicht isolierter fühlen können. Sogar in den besten Zeiten war Mahaneh Yehuda nur spärlich beleuchtet. Aber jetzt war überhaupt kein Lichtschein mehr zu sehen, weder in den Straßen noch in den Häusern, und meine eigene Lampe wagte ich auch nicht anzuzünden.

In unregelmäßigen Abständen trat ich ans Fenster und starrte durch die Fensterlädenspalten hinaus, aber außer den dunklen Umrissen der Häuser vor dem sternenklaren Himmel konnte ich nichts ausmachen. Einmal glaubte ich eine gebückte Männergestalt zwischen den Häusern dahineilen zu sehen. Kurz darauf vernahm ich gedämpfte Schritte unmittelbar unter meinem Fenster, und mein Herz begann in meiner Brust heftig zu klopfen. Doch die Schritte entfernten sich, und außer den sporadisch knallenden Gewehrschüssen herrschte wieder Stille.

Gegen Mitternacht wurde der Himmel über der Altstadt von einem roten Schein erleuchtet, der ein oder zwei Stunden anhielt, bevor er langsam erlosch. Unwillkürlich malte ich mir in der Vorstellung das Bild brennender Häuser aus und dachte an das Los der Menschen, die darin wohnten. Schließlich legte ich mich voll angekleidet aufs Bett und versuchte, etwas zu schlafen. Umsonst. Nur allzu deutlich klangen noch in meinen Ohren die Worte von Fräulein Gustafsson auf den Stufen des Postamtes nach: „… wenn wir nicht alle in unsern Betten umgebracht werden wollen!"

Am nächsten Morgen ließ sich keine sichtbare Veränderung der Lage feststellen. Überall waren die Haustüren noch verschlossen, die Fensterläden zu, die Straßen verlassen. Ich kümmerte mich um Tikva, so gut ich konnte. Sie zu waschen, daran war jetzt überhaupt nicht zu denken. Ich fand, es sei das Beste, die Milch mit Wasser zu strecken und es ihr in ihrem Fläschchen zu trinken zu geben. Ich selber nahm auch ein paar Schlucke davon.

Gegen Mittag legte ich Tikva wieder zurück in ihr Bett. Das Gefühl der Verlassenheit schien mir jetzt fast unerträglich geworden zu sein. Ohne Radio, ohne Zeitung, ohne Kontakt zu den Nachbarn blieb mir nur noch eine Informationsquelle, an die ich mich wenden konnte – die Bibel. Mit Gottes Wort vor mir auf meinem Tisch betete ich: „Herr, wenn du ein Wort für mich hast, das mir besser verstehen hilft, was das alles bedeutet und welche Rolle ich dabei zu spielen habe, so zeige es mir bitte jetzt." Dann schlug ich die Bibel auf.

Auf der Seite vor mir sprang mir ein Bibelvers in die Augen, den ich früher schon blau unterstrichen hatte:

„O Jerusalem, ich habe Wächter über deine Mauern
bestellt, die den ganzen Tag und die ganze Nacht nicht
mehr schweigen sollen. Die ihr den Herrn erinnern sollt,
ohne euch Ruhe zu gönnen, lasst ihm keine Ruhe, bis er
Jerusalem wieder aufrichte und es setze zum Lobpreis
auf Erden" (Jesaja 62,6–7).

Wächter – über deine Mauern – die ... nicht mehr schweigen sollen.
„Damit müssen betende Menschen gemeint sein", dachte ich, „Menschen,
die mit allem Ernst und anhaltender Ausdauer beten und zwar für einen
Ort – Jerusalem." Aber warum Jerusalem? Was unterschied diese Stadt von
allen andern? Ich blätterte in der Bibel, um eine Antwort darauf zu finden.

Während der folgenden vier Stunden bekam ich eine völlig neue Sicht.
Es war, wie wenn ich von der Erde gelöst war und von Gottes Warte auf
die Welt herniederschaute. Die Erde, wie ich sie sah, hatte einen von Gott
bestimmten Mittelpunkt: Jerusalem. Vor diesem Zentrum sollten nach
dem göttlichen Plan Wahrheit und Friede in alle Nationen ausgehen, und
umgekehrt sollten alle Völker nach Jerusalem kommen, um ihre Opfer zu
bringen und anzubeten. In der Erfüllung dieses Gottesplanes würde die
einzige Hoffnung der Welt liegen.

Das verlieh den vertrauten Worten aus Psalm 122, „Erbittet darum für
Jerusalem Frieden" [so in der englischen wie in der Bruns-Bibelüberset-
zung, A. d. Ü.], eine neue Bedeutung. Jetzt sah ich darin nicht mehr nur
eine Aufforderung, für eine Stadt in einem Lande zu beten, das nur einen
winzigen Teil auf der Erdoberfläche einnimmt. Die Erhörung dieses Gebetes würde Segen über alle Länder und Völker bringen. Der Friede der
ganzen Welt hängt vom Frieden Jerusalems ab.

Warum aber wurde denn diese Stadt – mehr als irgendeine andere –
drei Jahrtausende lang von allem heimgesucht, was das Gegenteil von
Friede darstellt: Krieg, Massaker, Zerstörung und Unterdrückung? Ich
konnte nur eine Erklärung dafür finden: *Jerusalem ist das Schlachtfeld
unsichtbarer Mächte.*

Einige Bibelstellen, die ich las, ließen bei mir keinen Zweifel mehr
übrig, dass in der Welt böse Geistesmächte am Werke sind – „Mächtige und
Gewaltige" nennt Paulus sie –, die bewusst und systematisch den Absichten
Gottes sowie seinem Volke Widerstand entgegensetzen. Nirgendwo auf der

Erde war dieser Widerstand so intensiv und konzentriert wie in Jerusalem. Gottes Erwählung dieser Stadt zum Segenszentrum für die Welt machte sie auch zum Brennpunkt der bösen Mächte. Ich begann sogar in Jerusalem die Kulisse zu erkennen, vor der dieser kosmische Konflikt zwischen Gut und Böse zu seinem Höhepunkt gelangen wird – einem Höhepunkt, den die Propheten vorausgesehen haben und der nahe vor der Tür steht.

Das ist der Grund, weshalb die Probleme Jerusalems allen Versuchen trotzten, Lösungen auf lediglich politischer Ebene zu finden, wie mir auch die Lage um mich herum bestätigte. Weder Politiker mit ihren Konferenzen noch Generäle mit ihren Armeen können Jerusalems Probleme lösen. Die Antwort muss auf einer höheren Ebene gesucht werden. Geistesmächten kann man nur mit Geistesmächten gegenübertreten. Es gibt nur eine Macht, die stark genug ist, um die bösen Mächte zu überwinden – die Macht des Gebetes.

Ich schlug noch einmal Psalm 122 auf: „Erbittet darum für Jerusalem Frieden." Ich spürte für mich eine göttliche Betonung auf dem Worte „erbittet" heraus. Nichts anderes würde Jerusalem Frieden bringen können als das Gebet.

„Milch, Mama – Milch!" Tikvas Wimmern unterbrach meine Gedanken. Ihr Baumwollkleid war nass vor Schwitzen, sodass ich es ihr auszog und sie nur ihre Windeln anbehielt. Ich schüttete wieder etwas Wasser in die Milch und gab ihr zu trinken. Zuerst wollte ich auch etwas davon nehmen, unterließ es dann aber – wir besaßen nur noch eine Tasse Wasser und halb so viel Milch zum Trinken. Bis ich unsern Vorrat wieder ergänzen konnte, musste ich alles für Tikva aufheben.

Ich hielt sie eine Weile auf meinem Schoß, um sie zu trösten. Als sie wieder still war, legte ich sie in ihr Bett zurück und wandte mich erneut der Bibel zu. Das erregende Gefühl, neue Erkenntnisse in der Heiligen Schrift zu gewinnen, ließ mich meinen Durst und das schwüle Dämmerlicht in meinem Zimmer vergessen. Beim Forschen nach Gottes Plan für Jerusalem stieß ich ganz natürlich auf seine Absichten mit Israel. Die zwei, so fand ich heraus, sind miteinander verquickt und können nicht voneinander getrennt werden. Dieselben Prophezeiungen, die für Jerusalem Gnade und Wiederherstellung in Aussicht stellen, verheißen auch Israel dasselbe. Das eine kann nicht ohne das andere in Erfüllung gehen.

Und wie viele Verheißungen der Wiederherstellung Israels fand ich! Die prophetischen Bücher sind von A bis Z voll von ihnen. Ich fragte mich, inwieweit diese Verheißungen bereits erfüllt waren. In dem Jahrzehnt nach dem 1. Weltkrieg war ein ständiger Strom von Juden in ihr Land zurückgekommen. Aber das war – wenn ich es richtig verstand – nur das Vorspiel zu etwas weitaus Größerem. Gott selbst hat durch seine Propheten versprochen, die Juden als eine unabhängige Nation in ihrem eigenen Lande zu sammeln. Diesem göttlichen Vorhaben würde sich keine Macht entgegenstellen können, lässt Gott in seinem Worte wissen.

Wie die Propheten des Alten Testamentes, so spricht auch der Apostel Paulus von der völligen Wiederherstellung Israels: „Alsdann wird das ganze Israel gerettet werden" (Römer 11,26). Gottes Heilsplan für die Menschheit schließt auch die Rettung Israels ein und kann nicht ohne sie vollendet werden. Er erinnert auch die Christen aus den Nationen, denen er schreibt, daran, dass sie ihr ganzes geistliches Erbe Israel verdanken, und fordert sie auf, ihre Dankesschuld mit Barmherzigkeit zu begleichen (siehe Römer 11,31).

„Welch eine seltsam verzerrte Schau haben wir Christen doch all diese Jahre hindurch gehabt", musste ich mir schließlich sagen. „Wir haben so getan, als ob wir uns selbst genügten – weder Israel oder Jerusalem etwas schuldeten noch etwas von ihnen brauchten. Und doch ist es Wahrheit, dass Gottes Friedens- und Segensabsichten für alle Nationen nicht zum Ziele kommen werden, bis sowohl Israel als auch Jerusalem wiederhergestellt sein werden. Und er erwartet von uns, dass wir seine Mitarbeiter in diesem Vorhaben sind!"

Sollte es tatsächlich das sein, was Gott von mir erwartete – dass ich meine persönliche Verantwortung für Jerusalem auf mich nahm und ein „Wächter auf den Mauern" wurde, der Tag und Nacht für die Verwirklichung des göttlichen Planes betete? War dies etwa der Hauptgrund, warum er mich von Dänemark hierhergebracht hatte?

Je mehr ich darüber nachdachte, desto klarer wurde mir die Sache. Inmitten der Spannung um mich herum wurde es in mir ganz ruhig. Ich hatte den Eindruck, wie wenn ein langes Suchen in mir zu Ende ging. Es waren jetzt gerade zwei Jahre her, seit ich Dr. Karlsson in der Pfingstkirche in Stockholm gehört und zu Gott gebetet hatte, mir meine Lebensaufgabe zu zeigen. Seither hatte er mir seine Absicht Stück für Stück enthüllt. Er hatte mich nach Jerusalem geführt. Er hatte mir Tikva anvertraut. Er hatte mich als seine Botin nach Mahaneh Yehuda geschickt. All das war ein Dienst an Menschen. Vielleicht würde mit der Zeit noch anderes dazukommen.

Aber jetzt wollte Gott, so erkannte ich, zu mir über einen Dienst auf höherer Ebene reden – über einen Dienst nicht an Menschen, sondern für ihn. An diesem Tage, während der Belagerung des jüdischen Teils von Jerusalem, öffnete Gott mir die Augen, um mich über alle persönlichen Nöte und Umstände hinaus seinen unwandelbaren Plan für Jerusalem und die ganze Welt sehen zu lassen. Im Lichte dessen, was er mir jetzt zeigte, rief er mich auf, meinen Platz als Wächter einzunehmen, als ein Fürbitter, der sich im Gebet der einzigen Macht bedient, die seine Absichten zur Verwirklichung führt. Ich stand unter dem Eindruck, dass ich auf diese Weise in eine große Schar solcher Wächter eingereiht wurde, die es viele Jahrhunderte hindurch gegeben hat und die alle auf den Anbruch eines neuen Zeitalters warteten.

Angesichts dieser neuen Offenbarung von Gottes Auftrag für mich spürte ich, wie schwach und ungeeignet ich war. Es war mir in ähnlichen Momenten immer so gegangen. Doch inzwischen hatte ich gelernt, dass ich nicht auf meine, sondern auf Gottes Kraft vertrauen sollte.

Ich neigte mein Haupt über die aufgeschlagene Bibel. „Herr", betete ich und wählte meine Worte bedacht und in dem Gefühl, wie wenn sie im Himmel aufgeschrieben werden würden, „mit deiner Hilfe – will ich den mir zugewiesenen Platz einnehmen – als Wächter auf den Mauern Jerusalems."

Als es Abend wurde, gab ich Tikva den Rest Milch und das letzte Wasser. Jetzt blieb mir keine Wahl mehr. Ungeachtet aller Gefahr würde ich in die Dunkelheit hinausschlüpfen und einen Eimer Wasser holen müssen.

Ich legte mich in meinen Kleidern aufs Bett und wartete bis Mitternacht. Von Zeit zu Zeit blickte ich im Schein der Taschenlampe auf meine Uhr. Noch nie waren die Stunden für mich so langsam vergangen. Hin und wieder zerriss ein Schuss die Stille der Nacht, aber keiner in unmittelbarer Nähe meiner Wohnung, wie ich feststellen konnte. Dann musste ich wider meinen Willen eingeschlafen sein.

Als ich plötzlich wieder erwachte, wusste ich im ersten Augenblick nicht, warum ich angekleidet auf dem Bette lag. Das starke Durstempfinden brachte mir alles wieder in den Sinn zurück – die Belagerung, das Schießen, die Stille, die verschlossenen Häuser. Ich tastete nach meiner Taschenlampe und leuchtete kurz die Uhr an. Es war fast eine Stunde nach Mitternacht, und eine bessere Gelegenheit, Wasser zu holen, würde sich mir nicht bieten!

Ich vergewisserte mich, dass Tikva schlief, und schob vorsichtig den Küchentisch von der Wohnungstür weg. Dann ergriff ich den Eimer und öffnete die Tür, Zentimeter um Zentimeter. Ich stand oben auf der Treppe und lauschte angestrengt in die Nacht hinaus. Nichts bewegte sich. Auf Zehenspitzen schlich ich die Treppe hinunter und vorbei an den Waschtrögen. Ich hielt den Eimer unter den Wasserhahn und drehte diesen auf. Es gab ein schwaches, stotterndes Geräusch, aber es kam kein Wasser. Für ein paar Augenblicke stand ich wie gelähmt da, in der einen Hand den Eimer und die andere Hand auf dem Wasserhahn. Dann kam mir die Wahrheit wie ein Donnerschlag – es gab kein Wasser! Irgendwie musste bei den Unruhen die Wasserversorgung unterbrochen worden sein!

Mein Verstand weigerte sich, an die Folgen zu denken. Jetzt zählte nur eines. Ich musste in die Wohnung zurück und zu Tikva! So schnell und so leise, wie ich gekommen war, schlich ich mich mit dem leeren Eimer in der Hand zurück. Tikva schlief noch. Ich legte mich wieder aufs Bett und suchte die Lage zu erfassen. Tikva und ich mussten unbedingt Wasser auftreiben. Aber wo? Es kam mir nur ein Ort in den Sinn – Fräulein Ratcliffes Haus. Sie besaß ihre eigene Zisterne und war unabhängig von der städtischen Wasserversorgung.

Ich malte mir aus, was damit zusammenhing. Bis dorthin war es zwar nicht weiter als anderthalb Kilometer, aber mit allergrößter Wahrscheinlichkeit gab es unterwegs Straßensperren. Das hieß, ich würde den Kinderwagen nicht mitnehmen können. Ich müsste Tikva auf meinen Schultern tragen. Auf halbem Wege bis zu Fräulein Ratcliffes Haus würde ich in arabisches Gebiet kommen. Das war die gefährlichste Stelle. Beidseits passte man auf jede Bewegung auf der Gegenseite auf.

Zu welchem Zeitpunkt sollte ich mich aufmachen? Ich entschloss mich, Gott um ein Zeichen zu bitten. „Herr", sagte ich, „lass Tikva bitte so lange schlafen, bis es Zeit für uns ist aufzubrechen. Wenn sie aufwacht, weiß ich, dass wir zu gehen haben."

Zu meiner Überraschung schlief Tikva an diesem Morgen länger als gewöhnlich. Während ich auf ihr Aufwachen wartete, prüfte ich von meinem Fenster aus vorsichtig die Lage. Immer noch die leere Straße! Dann erschien ganz hinten in der Jaffastraße ein Mann, überquerte in gebückter Haltung und im Schutz der Barrikade schnell die Straße, um in einer Öffnung zwischen zwei Häusern auf der andern Seite zu verschwinden. Er trug etwas in seiner Hand, was ich nicht erkennen konnte, vielleicht einen Stock – oder war es ein Gewehr? Sonst konnte ich nichts wahrnehmen, was sich regte.

Gegen halb acht Uhr wachte Tikva auf. Ihre ersten Worte waren: „Milch, Mama!" Aber natürlich war keine Milch mehr da. Ich hob sie aus ihrem Bett und setzte sie auf meine Schultern. Elend wie sie war, strahlte ihr Gesicht dennoch dabei. Mama machte mit ihr wieder ein Spiel!

Bevor ich die Treppe hinunterging, seufzte ich ein Stoßgebet: „Herr Jesus, bewahre du uns!" In diesem Moment dachte ich an den letzten Satz von Erna Storms Brief: „Wir rechnen für dich mit der Verheißung von Psalm 34,7: *Der Engel des Herrn lagert sich um die her, die ihn fürchten, und hilft ihnen aus.*" Ich hatte mir beim Lesen ihres Briefes nicht vorgestellt, wie sehr ich diese Verheißung nötig hatte!

Dann machte ich mich, mit Tikva im Huckepack, auf den Weg nach Musrara. Die frühe Vormittagssonne brannte bereits unangenehm heiß auf die verriegelten Häuser und menschenleeren Straßen hernieder. Aber noch entnervender als die Hitze war die unheimliche Stille. Jetzt wäre sogar ein Hund oder eine Katze ein willkommener Anblick gewesen. Nach etwa 50 Metern stieß ich auf eine Straßensperre aus Steinen und anderen Trümmern, die quer über der Straße aufgetürmt waren. Halb kletterte, halb kroch ich – immer Tikva auf den Schultern – mühsam darüber hinweg.

600 oder 700 Meter weiter kam ich zu einer Barrikade, die fast einen Meter höher als die andern und offensichtlich die Trennungslinie zwischen der jüdischen und der arabischen Zone war. Ich begann hinaufzukriechen, aber als ich fast oben war, verlor mein Fuß auf einem lockeren Stein den Halt und ich rutschte zusammen mit einer kleinen Geröilllawine wieder nach unten. Beinahe wäre mir dabei Tikva von den Schultern gefallen. Als ich merkte, dass meine Kräfte versagen wollten, ließ ich sie auf den Boden nieder und setzte mich auf einen Stein neben sie. Alleine würde ich bestimmt dieses Hindernis überwinden können. Aber wie sollte ich Tikva hinüberbekommen?

Plötzlich hatte ich das beklemmende Gefühl, dass Tikva und ich nicht mehr allein waren. Jeder Muskel in meinem Körper spannte sich. Ich wandte mich schnell um und erblickte nur wenige Schritte vor mir auf der Straße einen jungen Mann. Ein Schrei wollte über meine Lippen kommen, aber ehe es so weit kam, ergriff der junge Mann Tikva und setzte sie auf seine Schultern, geradeso wie ich es vorher getan hatte. Dann erklomm er offensichtlich ohne Mühe die Barrikade. Von Tikvas Bürde befreit, gelang es mir, ihm nachzuklettern.

Sobald ich auf der andern Seite war, ging der junge Mann mit Tikva die Straße weiter. Ich folgte einige Schritte hinter ihm. Während ich zu erfassen suchte, was eigentlich geschah, warf ich einen näheren Blick auf den jungen Mann. Er war ungefähr einen Meter achtzig groß und trug einen dunklen europäischen Anzug. Mit Sicherheit war er kein Araber, vielleicht ein Jude. Wo war er hergekommen? Wie hatte er es fertiggebracht, so plötzlich bei mir aufzutauchen? Was mich aber am meisten überraschte, war Tikvas Verhalten. Gewöhnlich fing sie an zu weinen, wenn ein Fremder sie auf den Arm nehmen wollte. Aber ich hatte nicht das Geringste von ihr gehört, seit der junge Mann sie sich aufgeladen hatte. Sie ließ sich so zufrieden huckepack tragen, wie sie es bei mir gewesen wäre. Sie schien daran sogar Vergnügen zu finden!

Der junge Mann ging noch ungefähr einen halben Kilometer weiter. Nie musste er den Weg suchen, sondern ging immer in der direkten Richtung nach Musrara. Jedes Mal, wenn wir an eine Straßensperre kamen, kletterte er voraus und wartete auf der andern Seite, bis auch ich sicher hinübergeklettert war. Endlich blieb er direkt vor Fräulein Ratcliffes Haus stehen. Er setzte Tikva ab, wandte sich um und begann denselben Weg zurückzugehen, den wir gekommen waren. Während unserer ganzen Begegnung hatte er nicht ein einziges Wort gesprochen, weder bei seinem unverhofften Auftauchen noch bei seinem Weggang. Eine Minute später war er nicht mehr zu sehen.

Indem ich mich immer noch fragte, ob der ganze Vorfall Traum oder Wirklichkeit gewesen war, nahm ich Tikva auf den Arm, stieg die Treppe zu Fräulein Ratcliffe hinauf und hämmerte gegen die Haustür.

„Wer ist da? Was wollen Sie?", rief von innen eine Stimme auf Arabisch. „Ich bin's, Maria! Fräulein Christensen! Lass mich bitte hinein!" „Fräulein Christensen!" Maria schnappte hörbar nach Luft. Dann vernahm ich sie durch das Haus rufen: „Es ist Fräulein Christensen! Sie ist hier an der Haustür!"

Es folgte eine Reihe von Geräuschen – schwere Möbel wurden zur Seite gerückt, ein Riegel wurde zurückgeschoben. Endlich ging die Tür auf, und als Erstes nahm Maria Tikva aus meinen Armen.

„Gott sei Dank, dass Sie wohlauf sind!", rief Fräulein Ratcliffe hinter ihr. „Zwei Tage lang haben wir uns gefragt, was wohl aus Ihnen geworden ist."

Plötzlich merkte ich, dass mir meine Beine den Dienst versagen wollten. Mit meinem letzten Quäntchen Kraft erreichte ich das Sofa und ließ mich darauf niederfallen.

„Wasser, bitte!", hauchte ich. Maria mit Tikva auf dem Arm lief hinaus und kehrte eine Minute später mit einem Glas Wasser zurück. Nie zuvor hatte mir ein Trunk so gemundet wie dieser!

„Wie sind Sie denn hierher gekommen?", wollte Fräulein Ratcliffe wissen. „Wir haben den Polizeiposten angerufen und gebeten, eine Patrouille nach Ihnen auszuschicken, aber man sagte uns, dass es unmöglich sei, nach Mahaneh Yehuda durchzukommen."

Ich beschrieb die Reise sowie den jungen Mann, der mir zu Hilfe gekommen war.

„*El-hamd il-Allah!*", rief Nijmeh und klatschte vor Aufregung in die Hände. „Gott hat unsere Gebete erhört! Wir baten ihn, Ihnen einen Engel zu Ihrem Schutz zu schicken, und genau das hat er auch getan!"

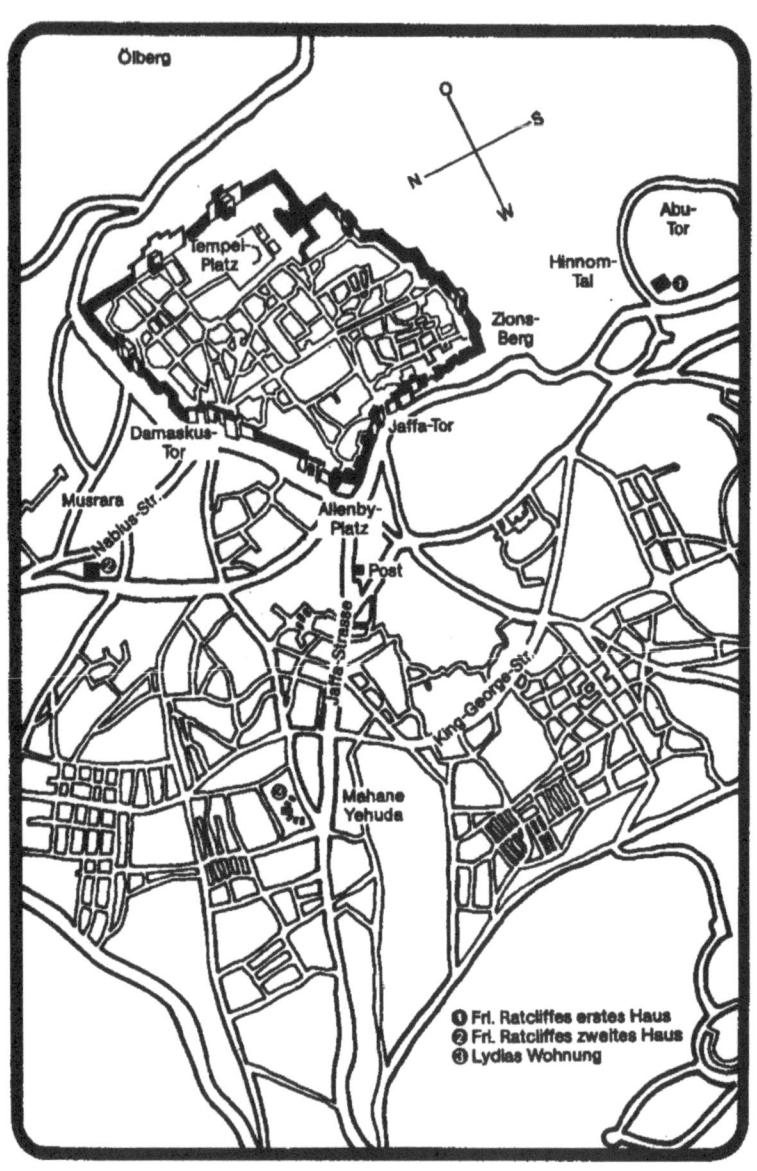

Ölberg

O
S
N
W

Abu-Tor

Tempel-Platz

Hinnom-Tal

Zions-Berg

Damaskus-Tor

Jaffa-Tor

Musrara

Nablus-Str.

Allenby-Platz

Post

Jaffa-Strasse

King-George-Str.

Mahane Yehuda

❶ Frl. Ratcliffes erstes Haus
❷ Frl. Ratcliffes zweites Haus
❸ Lydias Wohnung

Wächter auf den Mauern

Im Verlaufe des Tages gab mir Fräulein Ratcliffe eine Übersicht über die jüngsten Ereignisse, wie sie ihr durch die Radiomeldungen bekannt waren. Politische und religiöse Demonstrationen auf zionistischer wie auf moslemischer Seite hatten sich zu regelrechten Tumulten ausgeweitet. Daraufhin griffen am Freitag, dem 23. August, die Moslems verschiedene jüdische Viertel an. Das war an jenem Tage geschehen, als die Belagerung von Mahaneh Yehuda einsetzte. Bis jetzt war es den Sicherheitskräften noch nicht gelungen, die Situation unter ihre Kontrolle zu bringen. Vorläufige Schätzungen sprachen von mindestens 200 Toten, vorwiegend Juden, aber auch einigen Arabern.

„Was die Sache noch schlimmer macht", fügte Fräulein Ratcliffe hinzu, „ist die Landesabwesenheit des britischen Hochkommissars. Aber nach letzten Meldungen soll er sich auf dem Wege hierher zurück befinden."

Während den folgenden drei Tagen änderte sich nichts an der Lage in der Stadt; die Türen blieben verriegelt, die Fensterläden geschlossen und die Straßen vereinsamt. Eine spannungsgeladene, unnatürliche Stille brütete über allem und wurde nur ab und zu von dem inzwischen schon vertraut gewordenen Gewehrfeuer unterbrochen. Dann wurde am Donnerstagabend – es war der 29. August – im Radio bekannt gegeben, dass der Hochkommissar zurückgekehrt sei. „Jetzt werden sie vielleicht etwas unternehmen!", meinte Nijmeh.

In der Frühe des nächsten Tages wurde die Ruhe über der Stadt von einem neuen Geräusch gebrochen: dem scharfen Rattern von Maschinengewehrfeuer.

„Maschinengewehrfeuer!", rief Fräulein Ratcliffe aus. „Das müssen die britischen Soldaten sein. Weder die Araber noch die Juden besitzen Maschinengewehre."

Gegen Mittag vernahmen wir das Geräusch herannahender Fahrzeuge. Vorsichtig öffnete ich einen der Fensterläden einen Spalt breit. Ein britisches Panzerfahrzeug kam die Straße herauf, auf ihm ein Soldat hinter dem Maschinengewehr. Ihm folgte ein offener Polizei-Mannschaftswagen mit einem halben Dutzend Polizisten, alle mit Gewehren ausgerüstet. Die beiden Fahrzeuge fuhren am Haus vorbei und schlugen an der Ecke die Richtung ein, aus der ich von Mahaneh Yehuda gekommen war. Fünf Minuten später ertönten aus derselben Richtung mehrere Maschinengewehrsalven. Dann war es wieder still. Im Verlaufe des Tages war noch aus verschiedenen Richtungen Schießen zu vernehmen.

Am Samstag, dem 31. August, verkündete die Mandatsregierung, Herr der Lage zu sein, und gab den Einwohnern in jedem Stadtviertel 24 Stunden Zeit, die von ihnen errichteten Barrikaden zu beseitigen. Am Spätnachmittag begannen die Leute aus ihren Häusern zu kommen, und man hörte wieder Stimmen auf den Straßen. Allmählich fing das Leben an, sich wieder zu normalisieren.

An jenem Abend begab ich mich in Nijmehs Zimmer. „Nijmeh", begann ich, „ich wollte Sie schon mehrmals gerne etwas fragen – es hat mit einem Erlebnis in Dänemark zu tun, als Gott mich mit dem Heiligen Geiste erfüllte." Möglichst genau beschrieb ich ihr meine Vision von der Frau mit dem Krug auf dem Haupt und den um sie herum sitzenden Männern. „Seit ich nach Jerusalem gekommen bin", schloss ich, „habe ich viele ähnlich gekleidete Frauen mit Krügen auf dem Kopfe gesehen, aber nie diese Frau meiner Vision."

„Fräulein Christensen, ich bin ganz erstaunt! Sie haben nichts anderes als eine arabische Hochzeit beschrieben. Als Mädchen habe ich oft solche Szenen beobachtet."

„Aber warum sollte mir Gott so etwas zeigen?"

Nijmeh schwieg eine Weile. Dann sagte sie: „Während Jahren habe ich zu Gott gebetet, er wolle jemand schicken, der sich der heimatlosen Kinder in diesem Lande – seinem Lande – annimmt. Und jetzt hat er Sie hergeschickt, um den Menschen hier zu helfen – den Kindern, den Frauen und vielleicht auch andern. Wenn Sie ihm weiterhin gehorchen und sich von ihm Schritt für Schritt führen lassen, bin ich sicher, dass Sie eines Tages die von Ihnen beschriebene Szene sehen werden."

„Aber, Nijmeh", unterbrach ich sie, „ich bin jetzt beinahe ein Jahr hier gewesen, und alles, was ich getan habe, ist, ein kleines Kind zu retten. Und wenn ich daran denke, was das alles mit sich brachte, bin ich nicht sicher, ob ich noch mehr Kinder aufnehmen kann."

„Fräulein Christensen, ich glaube, Sie haben erst die Grundlage für etwas gelegt, was in der Zukunft auf Sie wartet. Und das Fundament zu legen, ist fast immer der schwerste Teil beim Bauen. Vergessen Sie auch nicht, dass Gott uns dieselbe Lektion nicht zweimal lehrt. Die Lektionen, die Sie mit Tikva gelernt haben, wird Gott nicht bei jedem weiteren Kinde wiederholen, das er Ihnen noch schickt."

„Vielleicht haben Sie recht, Nijmeh, aber im Moment fühle ich mich einer solchen Aufgabe jedenfalls nicht gewachsen."

Am nächsten Tag schien mir die Lage sicher genug zu sein, sodass ich beschloss, nach Mahaneh Yehuda zurückzukehren. Tikva begann unsere Reise zuerst an meiner Hand, landete dann aber – wie gewohnt – auf meinen Schultern. Auf dem ganzen Wege machte ich mir Gedanken über meine Nachbarn – Shoshanna, Vera, Ephraim und seine Familie. Würde ich sie alle wohlbehalten antreffen? Mir war vorher gar nicht bewusst gewesen, wie viel sie mir bedeuteten.

Shoshanna stand in der offenen Tür ihres Ladens. Sie sah uns kommen und lief uns zur Begrüßung entgegen. „Gott sei Dank!", rief sie. „Sie sind gesund! Wir alle dachten, Sie seien umgekommen. Wo sind Sie gewesen?"

Ich erzählte ihr, wie ich in der Wohnung geblieben war, bis das Wasser ausgegangen war, um dann mit Tikva nach Musrara zu gehen.

„Sie sind nach Musrara gelaufen – mit Tikva? Und sind nicht angegriffen worden?", staunte Shoshanna ungläubig.

„Ich betete und bat Gott, mich zu beschützen", erklärte ich ihr. „Und dann, als ich es alleine nicht mehr schaffte, sandte Gott mir einen Mann zu Hilfe."

„Einen Mann? Welcher Mann würde so etwas schon tun?"

„Shoshanna, könnten Sie glauben, dass Gott mir einen …" – ich zögerte – „… einen Engel zu Hilfe schicken würde?"

„Einen Engel?" Shoshanna starrte mich einen Augenblick an. „Ob ich das glauben könnte? Ich will Ihnen sagen, was ich glaube: Kein anderer als ein Engel hätte so etwas tun können!"

In diesem Moment öffnete sich Veras Tür, und sie trat heraus, wie immer in ihrem Schal eingewickelt. Sie sah noch eingeschrumpfter aus als sonst. „*Habeebti! Habeebti!*", sagte sie und streichelte dabei meinen Arm. Dann legte sie ihre Hände wie zum Gebet zusammen und blickte nach oben. Ich merkte, wie sie Gott dafür dankte, dass ich unversehrt zurückgekehrt war. Sie strengte sich aufs Äußerste an, um sich mir verständlich zu machen, und fuhr fort: „Ich – schlafen." Sie legte ihre Hände zusammen und ihren Kopf wie zum Schlafen darauf. „Ich schlafen – fünf Tage – sechs Tage – nicht essen – Wasser." Sie streckte ihre Finger aus, um ein Maß anzudeuten – eine Tasse voll, nahm ich an.

Unterdessen hatte Shoshanna Tikva mit in den Laden genommen und schälte eine Banane für sie.

Als ich sah, wie sich meine Nachbarinnen offensichtlich über meine Rückkehr freuten, traten mir Tränen in die Augen. Jetzt bestand kein Zweifel mehr bei mir, dass man mich akzeptiert hatte. Ich gehörte zu ihnen. Ich war nicht mehr länger ein fremder Eindringling. Sie waren mein Volk, ich gehörte zu ihnen, und sie gehörten zu mir.

Wieder oben in meiner Wohnung angekommen, ließ ich mein Auge über meinen eigentümlich zusammengestellten Besitzstand schweifen – das weißgestrichene Kinderbett, den englischen Kinderwagen, den Schaukelstuhl aus Rohrgeflecht, den Primus-Kocher, die Flaschen auf dem Regal. Es war, wie wenn ich wieder zu alten Freunden zurückgekehrt wäre. Jeder Gegenstand hatte seine eigene Geschichte. Ich wusste noch den Laden, wo ich ihn gefunden hatte, wie lange ich darum gefeilscht hatte.

„Es ist schön, wieder daheim zu sein!", sagte ich zu mir selbst.

Am nächsten Morgen machten Tikva und ich uns auf den vertrauten Weg zum Postamt. In den Straßen eilten die Menschen wie gewohnt geschäftig hin und her, und die Geschäfte hatten wieder geöffnet. Ich ging langsamer als sonst und nahm mir Zeit, mich an der vertrauten Umgebung mit ihrer bunten Geräuschpalette zu erfreuen. Vor einem kleinen Juweliergeschäft blieb ich stehen. Meine Aufmerksamkeit wurde gefangen genommen durch einen älteren Juden im Inneren, der über einen Stein geneigt mit offensichtlicher Konzentration an ihm arbeitete. Die Gewandtheit und Präzision seiner Bewegungen faszinierte mich.

„Stell dir mal die Zeit und die Sorgfalt vor, die er einem einzigen Stein widmet", dachte ich nachdenklich, „und an all die Jahre, die er brauchte, um sein Handwerk zu erlernen."

Ich musste an meine eigenen Erfahrungen mit Tikva denken. Ist das meine Lehrzeit gewesen? Unwillkürlich senkte ich den Kopf. „Herr, wenn du – hier in Jerusalem – noch andere Juwelen hast, die meine Fürsorge brauchen, dann bin ich bereit."

Ich spürte, wie Tikva an meiner Hand zog. „Mama – hoch!", bat sie. Ich bückte mich zu ihr nieder, hob sie auf meine Schultern, und so setzten wir unsern Weg zum Postamt fort.

Ich bezweifelte, dass bei den Unruhen überhaupt Post durchgekommen war, doch zu meiner großen Freude fand ich einen offenbar in Eile geschriebenen Brief von Mutter, in dem es hieß: „Die Nachrichten aus Jerusalem sind höchst beunruhigend und ich habe seit zwei Wochen nichts mehr von dir gehört. Bist du wohlauf? Hast du etwas nötig – Geld oder Lebensmittel? Kann ich dir irgendwie helfen?"

Am Nachmittag legte ich Mutters Brief vor mir auf den Tisch, las ihn nochmals durch und überlegte, was ich ihr auf jede ihrer Fragen antworten sollte.

War ich wohlauf? Ja, Gott sei Dank, ich war wohlauf! Und nicht bloß das, sondern es ging mir gut, ich war glücklich und fühlte mich innerlich neu gestärkt!

Hatte ich Geld nötig? Ich öffnete mein Portemonnaie. Es waren ungefähr zehn Mark darin. Die Wohnungsmiete für diesen Monat hatte ich bereits bezahlt. Auf der Bank hatte ich noch 20 Mark. Nein, Geld hatte ich nicht nötig.

Brauchte ich Lebensmittel? Mein Blick überflog die Regale. Da gab es Öl und Brot, Oliven, Feigen, Tomaten, ein paar Eier, eine Büchse Sardinen, eine Flasche Milch. Auch Zucker und Kaffee waren da. Nein – ich brauchte keine Lebensmittel.

Ich holte meinen Schreibblock und begann, Mutter einen Brief zu schreiben. Die Schilderung meiner Erlebnisse während den Unruhen und meiner Rückkehr nach Mahaneh Yehuda füllte einige Blätter. Dann schrieb ich:

„Du fragst, ob du mir helfen kannst. Ich glaube, es gibt etwas, was du – und jedes Gotteskind – tun kannst. Inmitten der Unruhen hat Gott mir etwas gezeigt, was mir eine völlig neue Sicht gegeben hat. Ich habe plötzlich erkannt, dass wir Christen Israel und Jerusalem gegenüber seit vielen

Jahrhunderten eine unbeglichene Schuld haben. Ihnen verdanken wir die Bibel, die Propheten, die Apostel, den Heiland selber. Allzu lange haben wir diese Schuld vergessen, aber jetzt ist für uns die Zeit gekommen, wo wir anfangen können, sie zurückzubezahlen. Dafür gibt es für uns zwei Möglichkeiten.

Zunächst müssen wir unsere Sünden an Israel bekennen: unsere Undankbarkeit und Gleichgültigkeit, vor allem aber unsere unverhohlene Verachtung und die Verfolgung der Juden.

Dann müssen wir in Liebe und echter Anteilnahme so beten, wie es uns der Psalmist heißt: ‚Erbittet darum Frieden für Israel', und daran denken, dass Jerusalem nur dann Frieden bekommen wird, wenn Israel sich wieder zu Gott wendet. Gott hat mir gezeigt, was von jetzt an die höchste Form meines Dienstes für ihn sein soll: in diesem Sinne für Jerusalem zu beten."

Dann nahm ich Tikvas Hand, legte sie auf die untere Blatthälfte und fuhr mit meiner Feder rund um ihre Hand und Finger. Daneben schrieb ich: „Auch Tikva sendet dir ihre Grüße."

Auf meinem Wege zum Postamt am nächsten Morgen – ich wollte den Brief an meine Mutter hinbringen – blieb ich unterwegs stehen und betrachtete nachdenklich die mir inzwischen so vertraut gewordene Altstadtmauer. Wie würde es wohl sein, da oben als Wächter zu stehen und der sengenden Hitze der Sonne und der schweigenden Kälte der Nacht standzuhalten? Das müsste sicher eine schwere und einsame Aufgabe sein, überlegte ich. Die Mauern sind riesig, die Gefahr kann aus vielen Richtungen kommen. Wenn aber viele Wächter da wären und Schulter an Schulter eine große Schar bildeten … *Herr, hilf mir, meinen Platz als Wächter auf den Mauern einzunehmen!*

***

Hiermit ist die Geschichte von Lydia Prince nicht zu Ende. Sie nahm später Scharen von elternlosen jüdischen und arabischen Kindern auf, und nach ihrer Heirat mit Derek Prince gegen Ende des 2. Weltkrieges adoptierten beide neun Mädchen jüdischer, arabischer und afrikanischer Herkunft.

Ausklang:
Drama in drei Akten

Es war im Sommer 1974 – fünfundvierzig Jahre nach den in diesem Buche geschilderten Ereignissen. Lydia und ich blickten vom Ölberg auf Jerusalem hernieder und machten die Stellen aus, wo wir gewohnt hatten.

„Dort ist Abu Tor", sagte ich und wies zu einem Hügel jenseits des Hinnomtales südlich der Altstadt hinüber. „Dorthin hast du Tikva gebracht, als du bei Fräulein Ratcliffe wohntest."

„Ja", bestätigte Lydia, „und da rechts ist Musrara, und weiter hinten muss Mahaneh Yehuda sein."

„Und genau dort drüben ist das Haus, in dem wir gewohnt haben, als der Staat Israel geboren wurde."

Noch eine ganze Weile sprachen wir über unsere Erinnerungen an Jerusalem und was diese Stadt für unser Leben bedeutet hat. Aber dann wurde Lydia – sie wäre sonst nicht Lydia gewesen! – unwillig über das ausgiebige Aufwärmen alter Erfahrungen.

„Aber was ist mit der Zukunft?", sagte sie in ihrer typischen Art. „Wie wird es mit Jerusalem weitergehen?"

Darauf konnte uns nur eines Antwort geben. Wir setzten uns auf eine niedrige Steinmauer, und ich holte meine Taschenbibel hervor. Zwei Stunden lang blätterten wir ihre Seiten um und schauten dabei immer wieder zur Stadt hinüber, die sich da vor unsern Blicken ausbreitete. Und immer wieder staunten wir über den besonderen Platz, den sie durch die Jahrhunderte hindurch in Gottes Herzen eingenommen hat.

Schließlich wandte sich Lydia mir mit jenem Entschlossenheit verratenden Blick zu, der mir an ihr wohlvertraut war. „Derek", sagte sie, „jetzt hast du mich monatelang mein Gehirn strapazieren lassen, damit ich mich an alle möglichen Dinge erinnere, die vor fünfundvierzig Jahren passiert sind." Das stimmte. Um Lydia dahin zu bringen, sich längere Zeit mit der Vergangenheit zu beschäftigen, hatte es schon eines gewissen Druckes von meiner Seite bedurft.

„Ich mache auch weiterhin mit", fuhr sie fort, „aber nur unter einer Bedingung: dass du in deinem Buch auch darüber schreibst, was wir heute über die *nächsten* fünfundvierzig Jahre gesehen haben."

Und das habe ich – um auch mein Versprechen in diesem Handel zu halten – hier getan …

***

In der sich entfaltenden Offenbarung Gottes gegenüber der Menschheit erfüllt Jerusalem eine doppelte Funktion. Es ist einerseits der Schauplatz der göttlichen Wahrheitsverkündigung und andererseits das Zentrum, von dem diese Wahrheit in die Welt hinausgeht.

Wir können uns diese Offenbarung unter dem Bilde eines Dramas in drei Akten vorstellen, das drei Jahrtausende umspannt und dessen Regisseur Gott selbst ist. Jeder Akt steht unter einem besonderen Thema, und jeder geht in Jerusalem über die Bühne.

Für Akt 1 blenden wir bis zu den Tagen Davids und Salomons zurück, dem Beginn der Geschichte Jerusalems als einer Stadt von Bedeutung. Das Thema von Akt 1 ist: *Die Glückseligkeit einer Nation, vereint unter Gott.* Der Höhepunkt der Offenbarung ist der Tempel Salomons mit seiner unvorstellbaren Pracht, erbaut inmitten eines Volkes, das sich des Friedens und eines Wohlstandes erfreute, wie er seinesgleichen in der Menschheitsgeschichte sucht.

Aber Gott schenkte ihnen – wie bei all seinem Handeln mit den Juden – solchen Wohlstand nicht nur um ihretwillen. Das Zeugnis vom Segen Gottes sollte von Jerusalem hinaus zu allen Völkern gehen. Bei den Vorbereitungen für den Tempelbau sagte David: „… das Haus aber, das dem Herrn gebaut werden soll, soll groß sein, dass sein Name und Ruhm erhoben werde in allen Landen …" (1. Chronik 22,5). Auf dem Höhepunkt der Herrschaft Salomons fand diese Bestimmung ihre Verwirklichung. Hochgestellte Persönlichkeiten aus allen Ländern, unter ihnen die Königin von Saba, kamen nach Jerusalem, um über die Herrlichkeit des Tempels, den Reichtum und die Weisheit Salomons und die Blüte des ganzen Israel zu staunen.

Der Glanz des salomonischen Reiches war jedoch von kurzer Dauer. Ungehorsam und Zerstreuung unterminierten nach Salomons Tode seine ganze Struktur. Den nördlichen Teil dieses gespaltenen Königreiches, fortan bekannt unter dem Namen *Israel*, eroberten die Assyrer, und seine Einwohner wurden unter alle Völker zerstreut. Später bezwangen die Babylonier den südlichen Teil, *Juda* genannt und mit Jerusalem als Hauptstadt. Jerusalem und der prachtvolle Tempel wurden zerstört, die Bewohner nach Babylonien ins Exil geführt.

Zu festgesetzter Zeit kehrte ein Überrest Judas zurück, um aufs Neue Jerusalem und seine umliegenden Gebiete zu bewohnen. Während den folgenden fünf Jahrhunderten musste dieser restaurierte Staat immer wieder im drohenden Schatten verschiedener heidnischer Weltreiche, deren letztes Rom war, um sein Überleben bangen. Und die Kulissen für Akt 2 wurden gesetzt …

Das Thema von Akt 2 ist: *Versöhnung – zwischen Gott und Mensch, zwischen Gottes Liebe und Gottes Gerechtigkeit.* Gott als Vater sprach zu seinen irregegangenen Kindern voller Liebe: „Kommt zurück!" Aber als Richter sprach Gott in seiner Gerechtigkeit: „Ihr seid schuldig, ihr seid unwürdig zu kommen." Auf einem Berghügel, Golgatha genannt und vor den Mauern Jerusalems gelegen, wurde diese Versöhnung vollzogen. Der Gerechtigkeit wurde ein für allemal Genüge getan durch den Sühnetod von Gottes eigenem, sündlosem Sohn, und Jesajas Weissagung erfüllte sich: „Wir gingen alle in die Irre wie Schafe, ein jeder sah auf seinen Weg. Aber der Herr warf unser aller Sünde auf ihn" (Jesaja 53,6). Jetzt konnte die Liebe das Angebot einer vollständigen Vergebung machen, wie es noch einmal bei Jesaja heißt: „… wenn eure Sünde auch blutrot ist, soll sie doch schneeweiß werden, und wenn sie rot ist wie Scharlach, soll sie doch wie Wolle werden" (Jesaja 1,18).

Wieder war Jerusalem der Ausgangspunkt für das Zeugnis göttlicher Wahrheit geworden – diesmal von der Tatsache der Versöhnung. Als Jesus nach seiner Auferstehung mit seinen Jüngern redete, erklärte er ihnen, wie durch seinen Tod die Weissagungen der Heiligen Schrift Erfüllung fanden und der Weg dafür geöffnet wurde, dass die Botschaft von der Vergebung und vom Frieden allen Nationen verkündigt werden konnte: „Also ist's geschrieben, dass Christus musste leiden und auferstehen von den Toten am dritten Tage; und dass gepredigt werden muss in seinem Namen Buße zur Vergebung der Sünde unter allen Völkern. Hebt an zu Jerusalem ..." (Lukas 24,46 f.). Er versprach auch, seine Jünger mit der übernatürlichen Kraft des Heiligen Geistes auszurüsten, damit ihr Zeugnis Durchschlagskraft bekam: „Ihr aber werdet die Kraft des heiligen Geistes empfangen, welcher auf euch kommen wird, und werdet meine Zeugen sein zu Jerusalem und in ganz Judäa und Samarien und bis an das Ende der Erde" (Apostelgeschichte 1,8).

Von Jerusalem als ihr Zentrum sollte die Botschaft von der Versöhnung hinausgehen in immer weitere Gebiete – nach Judäa, nach Samarien und bis zu den äußersten Enden der Erde. Neunzehn Jahrhunderte lang ist das der Hauptauftrag der Nachfolger Jesu gewesen.

Gegen Ende des 19. Jahrhunderts begann Gott die Bühne für Akt 3 herzurichten. Sein Thema: *Die Herrschaft der Nationen.* David weist auf den Kernpunkt hin: „Denn des Herrn ist das Reich, und er herrscht unter den Heiden" (Psalm 22,29). Der Gott Israels verkündigt, dass seine Macht sich über alle Nationen erstreckt.

Darüber hinaus hat er einen König nach seiner Wahl bestimmt, von dem er gesagt hat: „Und ich will ihn zum erstgeborenen Sohn machen, zum Nächsten unter den Königen auf Erden" (Psalm 89,28). Im Blick auf den Widerstand der Welt und ihre Zurückweisung seines Sohnes betont er: „Ich aber habe meinen König eingesetzt auf meinem heiligen Berg Zion" (Psalm 2,6). Den Herrschern der Welt gibt er die ernste Warnung, dass er die Anerkennung dieses Königs, den er eingesetzt hat, von ihnen fordert:

> „So seid nun verständig, ihr Könige,
> und lasst euch warnen, ihr Richter auf Erden!
> Dienet dem Herrn mit Furcht ...
> dass er nicht zürne und ihr umkommet auf dem Wege;
> denn sein Zorn wird bald entbrennen ..." (Psalm 2,10–12).

Am Schluss von Akt 3 wird Gott seine Macht und seinen König bestätigt und seine Herrschaft über die ganze Erde begründet haben.

Die Kulissen für Akt 3 wurden gestellt durch ein besonderes Eingreifen Gottes in die Geschichte: die Zurückführung der Juden in ihr Land. Am 14. Mai 1948 wurde nach einem Ringen, das ein halbes Jahrhundert währte, der moderne Staat Israel geboren. Die zahllosen Prophezeiungen der Bibel, die sich auf das Ende des gegenwärtigen Zeitalters beziehen, setzen alle – ohne Ausnahme – eines voraus: die Existenz Israels als eine Nation in seinem eigenen Lande. Ehe Israel nicht wieder ein Staat war, konnte sich keine dieser Prophezeiungen erfüllen. Jetzt ist der Weg zur Erfüllung offen für sie alle!

Von all den prophetischen Visionen der Endzeit ist jene in den letzten drei Kapiteln von Sacharja eine der umfassendsten. Wir wollen deshalb diese drei Kapitel als Rahmen nehmen, in dem wir skizzenartig die Hauptereignisse erkennen können, die sich in Jerusalem abspielen werden.

In den einleitenden Worten (Kapitel 12,1) gibt der Herr drei Gründe, warum er die folgenden Ereignisse mit vollkommener Genauigkeit voraussagen und steuern kann. Er ist es, „der den Himmel ausbreitet", der „die Erde gründet" und „den Odem des Menschen in ihm macht". Von den Höhen des Himmels bis zu den Tiefen der Erde hat der Herr das physische Universum unter fester Kontrolle. Darüber hinaus kennt er den „Odem des Menschen" – die innerste Gesinnung, die Motive und Absichten eines jeden Menschen auf der Erde. Deshalb sind seine Voraussagen unfehlbar.

In der Betrachtung Jerusalems als Schauplatz für Akt 3 des göttlichen Dramas wollen wir die nun folgende prophetische Vision in neun aneinandergereihte Szenen aufteilen, von denen jede eine Phase der sich entfaltenden prophetischen Schau darstellt. Einige Szenen mögen sich teilweise etwas überschneiden, zwischen andern mögen beträchtliche Intervalle liegen.

Szene 1: Die arabische Reaktion

> „Siehe, ich will Jerusalem zum Taumelbecher zurichten für alle Völker ringsherum, und auch Juda wird's gelten, wenn Jerusalem belagert wird" (12,2).

Das ist die erste, sofortige Wirkung der Staatsgründung Israels: eine heftige Reaktion „aller Völker ringsumher", die zum Angriff auf Jerusalem und Juda (das jüdische Volk) führen. Wer sind alle diese Völker rings um den Staat Israel? Libanon, Syrien, Irak, Jordanien, Saudi-Arabien, Ägypten.

Offensichtlich ist diese erste Phase der Prophezeiung in Erfüllung gegangen. Sobald der Staat Israel ausgerufen worden war, erklärten ihm alle diese Nationen den Krieg, mit dem erklärten Ziel seiner Auslöschung. Zwei Monate lang wurde der jüdische Teil von Jerusalem belagert und durch Aushungerung beinahe zur Kapitulation gezwungen. Von dieser Belagerung hing das Schicksal ganz Judas (des jüdischen Volkes in Israel) ab. Wäre das jüdische Jerusalem gefallen, hätte der Staat Israel nie überlebt.

Szene 2: Der Laststein

> „Zur selben Zeit will ich Jerusalem machen zum Last-
> stein für alle Völker. Alle, die ihn wegheben wollen, sollen
> sich daran wund reißen ...“ (12,3).

Der Umfang der Prophezeiung weitet sich. Jetzt spricht sie von *allen Völkern*, nicht bloß von den Nachbarstaaten Israels. Alle Nationen der Erde werden in das Problem Jerusalem verstrickt, doch niemand wird eine Lösung finden.

Bis zu einem bestimmten Grade ist auch das bereits geschehen. 1947/48 versuchte Großbritannien den Laststein zu heben, aber es „riss sich daran wund“. (Wie kennzeichnend ist es, dass das Auseinanderfallen des britischen Imperiums genau bis zu diesem Punkt in der Geschichte zurückverfolgt werden kann!) Als Großbritannien den Laststein nieder-legte, versuchte Graf Bernadotte von Schweden, sich als Vermittler einzu-schalten – aber er wurde ermordet. Dann wurde der Laststein den Vereinten Nationen (welche „alle Völker“ repräsentieren) übergeben und erweist sich bis heute als hartnäckigstes Problem der internationalen Politik.

Gott hat jegliche Nation, jede Regierung und jeden Politiker gewarnt, die versuchen sollten, Jerusalem eine lediglich menschliche Lösung auf-zuzwingen. Wer immer das unternimmt, wird „sich daran wund reißen“.

Szene 3: Alle Nationen gegen Jerusalem

> „... Denn es werden sich alle Völker auf Erden gegen Je-
> rusalem versammeln“ (12,3).

Zur Zeit, wo ich dies schreibe, ist das noch nicht geschehen. Aber die Möglichkeit, dass dies geschieht, liegt durchaus nicht in weiter Ferne. Im Gegenteil, die internationale Ölkrise hat eine logische Erklärung für solch eine universale *Versammlung* geliefert – eine Krise, die zur Zeit Sacharjas unvorstellbar schien, ja sogar noch bis zur Erfindung des Verbrennungsmotors in unserer Epoche.

Als die UNO 1947 für die Schaffung des Staates Israel stimmte, hieß sie auch eine Resolution gut, die Stadt Jerusalem unter internationale Kontrolle zu stellen. Diese Resolution ist nie ausgeführt worden, aber sie wurde auch nie widerrufen. Angenommen, die Vereinten Nationen würden auf diese Resolution zurückgreifen und von Israel verlangen, ihnen Jerusalem zur Verwirklichung der internationalen Kontrolle zu übergeben? Und angenommen, Israel würde sich weigern, das zu tun: Was dann? Wenn die UNO eine internationale Streitmacht aufstellen würde, um ihrer Entscheidung Nachachtung zu verschaffen, würde das Resultat genau das sein, was Sacharja voraussagte.

Das ist natürlich nur eine von verschiedenen Möglichkeiten, wie es zu diesem entscheidenden, universalen Angriff auf Jerusalem kommen könnte. Die Variationsmöglichkeiten und Kombinationen in der internationalen Politik sind so verschlungen, dass nur die unendliche Weisheit Gottes selbst den Verlauf kommender Ereignisse mit absoluter Sicherheit voraussehen kann. Aber an diesem Punkte lauert in den Kulissen die finstere Gestalt des falschen Messias, der nur auf das Stichwort für seinen Auftritt wartet. Sacharja nennt ihn den „nichtsnutzigen Hirten" (11,17). Die Schreiber des Neuen Testamentes nennen ihn „Mensch der Sünde ... Sohn des Verderbens" (2. Thessalonicher 2,3), „Antichrist" (1. Johannes 2,22), „das Tier" (Offenbarung 13,1–4). (Dieses letzte Wort bezeichnet ein wildes, reißendes Biest.) Es ist gleicherweise schwierig, die genaue Rolle vorauszusagen, die der Antichrist in dieser Phase des Dramas spielen wird. Er, ein Mann von einzigartiger Intelligenz und persönlichem Charisma, wird durch seltsame und dramatische Ereignisse zur beherrschenden Position in der Weltpolitik aufsteigen. Mit seiner unheimlichen Fähigkeit, Menschen und Nationen zu manipulieren, wird er mit Israel irgendeine Art von Vertrag aushandeln (siehe Daniel 9,27), der es den Israelis ermöglichen wird, einen nationalen Tempel in Jerusalem zu bauen. Das wird ihm bei Millionen von Juden überwältigende Gunst verschaffen. Ja, es wird dafür ausreichen, dass viele von ihnen in ihm den Messias sehen, obwohl diese Gleichsetzung in der Heiligen Schrift keine Grundlage hat.

Nach Vertragsabschluss mit Israel wird es nicht lange dauern, bis der verräterische Betrug des Antichrists offenbar werden wird. Er wird sein Wort an Israel brechen und fordern, selber in den Tempel zu gehen und als Gott verehrt zu werden (siehe 2. Thessalonicher 2,3 f.; Offenbarung 13,4.8). Jeder aufrichtige Jude wird diese gotteslästerliche Forderung entschieden ablehnen. Aus Rache wird sich der Antichrist gegen die ganze jüdische Nation wenden, und das mit einer Grausamkeit, die die Bezeichnung „wildes Tier" vollauf rechtfertigt. Er wird seinen weltweiten Einfluss geltend machen, um einen Krieg gegen den Staat Israel sowie eine Judenverfolgung in allen Ländern auszulösen.

Ohne die betrügerischen Machenschaften der Diplomatie des Antichristen zu entwirren zu versuchen, wenden wir uns ihrem entscheidenden Ergebnis zu, das – wie wir bereits sahen – klar vorausgesagt ist: „Es werden sich alle Völker gegen Jerusalem versammeln."

Die Verteidiger Jerusalems werden schließlich an den Rand einer totalen Katastrophe geraten: „… und die Stadt wird erobert, die Häuser werden geplündert und die Frauen geschändet werden. Und die Hälfte der Stadt wird gefangen weggeführt werden …" (14,2). Ja, ganz Israel wird mit einem erbarmungslosen Unheil konfrontiert werden. Zwei von drei Juden im Lande werden getötet werden. Aber der übrig bleibende dritte, durch göttliches Erbarmen verschont, wird dahin kommen, den Herrn als seinen Erlöser und Retter anzuerkennen (13,8 f.).

Das wird den Höhepunkt jener Periode darstellen, die Jeremia „die Zeit der Angst für Jakob" nennt (Jeremia 30,7). Der Engel Gabriel sagt Daniel über diese Zeit: „… Es wird eine Zeit so großer Trübsal sein, wie sie nie gewesen ist, seitdem es Menschen gibt, bis zu jener Zeit …" (Daniel 12,1).

Beide jedoch, Jeremia wie Daniel, verheißen Israel die endgültige Errettung. Jeremia sagt: „… doch soll ihm (Jakob) daraus geholfen werden" (Jeremia 30,7). Gabriel sagt zu Daniel: „Aber zu jener Zeit wird dein Volk errettet werden, alle, die im Buch geschrieben stehen" (Daniel 12,1). Das sind die, die von Gott dazu verordnet sind und mit dem Restdrittel von Sacharja identisch sind.

Szene 4: Gott greift ein

> „Und der Herr wird ausziehen und kämpfen gegen diese
> Heiden, wie er zu kämpfen pflegt am Tage der Schlacht"
> (14,3).

Zu diesem Zeitpunkt wird etwas geschehen, was dem modernen, aufgeklärten Menschen undenkbar erscheint. Wenn alle Hoffnung auf Israels Überleben als Nation dahin ist, wird Gott selbst eingreifen. Die Absicht seines Eingreifens ist ein Doppeltes: die Angreifernationen zu richten und Israel Barmherzigkeit zu erweisen (12,9 f.; 14,3).

Diese Intervention Gottes gegen die Streitmacht, die gegen Jerusalem gezogen ist, wird nicht mit gewöhnlichen „militärischen" Mitteln vonstatten gehen. Es handelt sich vielmehr um eine übernatürliche Plage, die sowohl den Verstand als auch die Leiber der angreifenden Soldaten trifft. Schlussendlich werden sie sich in totaler Verwirrung gegeneinander wenden und ihr eigenes Verderben herbeiführen (12,4; 14,12–15).

Zur selben Zeit wirkt der Herr auch durch seinen Geist an den Herzen Israels und offenbart sich ihm als der, den es verworfen und gekreuzigt hat: „Aber über das Haus David und über die Bürger Jerusalems will ich ausgießen den Geist der Gnade und des Gebets. Und sie werden mich ansehen, den sie durchbohrt haben, und sie werden um ihn klagen, wie man klagt um ein einziges Kind, und werden sich um ihn betrüben, wie man sich betrübt um den Erstgeborenen" (12,10).

Die Folge wird eine tiefe Trauer und Buße aller Übriggebliebenen in Israel sein, wie es die Nation noch nie gekannt hat (12,12–14).

Szene 5: Der König erscheint

> „Und seine Füße werden stehen zu der Zeit auf dem Öl-
> berg, der vor Jerusalem liegt nach Osten hin … Da wird
> dann kommen der Herr, mein Gott, und alle Heiligen mit
> ihm!" (14,4 f.).

Bis zu diesem Moment geschieht das Eingreifen des Herrn – gegen die Angreifer und zugunsten Israels – durch die Wirkung seiner Geisteskraft. Doch dann findet zu einem nicht genau bezeichneten Augenblick das dramatischste Ereignis der ganzen Geschichte statt. Begleitet von unzähligen Scharen – Engeln und auferstandenen Gläubigen – wird Jesus selbst vom Himmel kommen und seine Füße auf den Ölberg setzen.

Damit löst Gott das Versprechen ein, das er durch Engel den Jüngern im Augenblick der Himmelfahrt Jesu gegeben hatte: „Dieser Jesus, welcher von euch ist aufgenommen gen Himmel, wird so kommen, wie ihr ihn habt gen Himmel fahren sehen" (Apostelgeschichte 1,11). Eine Wolke hatte ihn aufgenommen, und auf einer Wolke wird er wieder erscheinen. Er war vom Ölberg aufgefahren, und er wird auf den Ölberg zurückkehren.

Szene 6: Erdbeben und Umwälzungen

> „Und der Ölberg wird sich in der Mitte spalten, von Osten bis zum Westen, sehr weit auseinander, sodass die eine Hälfte des Berges nach Norden und die andere nach Süden weichen wird" (14,4).

Als Folge der Rückkehr des Herrn auf den Ölberg treten gewaltige geologische Veränderungen im ganzen Gebiet auf. Ein Erdbeben spaltet den Ölberg so, dass der nördliche Teil (der Skopusberg) vom südlichen Teil (dem eigentlichen Ölberg) abgetrennt wird. Die Region von Jerusalem wird gehoben und gleichzeitig ausgeebnet und zum beherrschenden Berge in dieser Gegend (14,10). Das stimmt überein mit der Prophezeiung von Jesaja wie von Micha: „Es wird zur letzten Zeit der Berg, da des Herrn Haus ist, fest stehen, höher als alle Berge und über alle Hügel erhaben" (Jesaja 2,2; siehe auch Micha 4,1).

Es werden auch meteorologische Veränderungen auftreten, sodass der Tag, an dem diese Dinge geschehen, sich nicht mit irgendeinem andern der Geschichte vergleichen lässt: „Und es wird ein einziger Tag sein – er ist dem Herrn bekannt! – es wird nicht Tag und Nacht sein, und auch um den Abend wird es licht sein" (14,7).

Durch alle Jahrhunderte seiner Geschichte hindurch hat Jerusalem nie ausreichende eigene Wasserreserven gehabt. Doch als Ergebnis dieser geologischen Umwälzungen wird Jerusalem zum ersten Mal zum Wasserspender werden. Artesische Quellen brechen auf, und ihr Wasser wird sich in Flüssen nach Osten und Westen ergießen (14,8). Im Osten wird sich ein Flussverlauf durch jenes Tal erstrecken, welches durch das Erdbeben beim Ölberg entstanden ist, und sich durch die Wüste Juda bis zum Toten Meer hinziehen. Wo immer sein Wasser hinkommt, wird er Leben und Fruchtbarkeit mit sich bringen. Einzelheiten werden in Hesekiel 47,1–12 beschrieben.

Szene 7: „Im Hause derer, die mich lieben"

Nach seinem persönlichen Herniederkommen auf die Erde wird der Herr vertraute Gemeinschaft mit den Überlebenden Israels haben. Er wird sich ihnen in seiner menschlichen Gestalt als ihr Hirte offenbaren, der sein Leben für seine Schafe hingab (13,7). In tiefster Verwunderung werden sie die Male seiner Kreuzigung betrachten und ihn fragen: „Was sind das für Wunden?", und er wird ihnen antworten: „So wurde ich geschlagen im Hause derer, die mich lieben" (13,6).

Er sagt hier nicht: „… die ich liebe", sondern „die mich lieben". Nach zweitausend Jahren der Entfremdung und Ablehnung versichert der Herr sein Volk, dass er ihre Liebe zu ihm sieht.

Szene 8: Reinigung und Erneuerung

> „Zu der Zeit werden das Haus David und die Bürger Jerusalems einen offenen Quell haben gegen Sünde und Befleckung" (13,1).

Zusätzlich zu den geologischen Veränderungen wird es eine Zeit der geistlichen Reinigung und Erneuerung für das Land und seine Menschen geben. Alle Formen von Abgötterei und religiöser Täuschung werden verschwinden. Wer dennoch an diesen Dingen festhalten will, wird den Tod finden (13,2–5).

Aus diesem Läuterungsprozess wird Jerusalem wahrhaft als „die heilige Stadt" hervorgehen – nicht nur dem Namen nach, sondern in voller Wirklichkeit. Die lange Zeit bestehende Unterscheidung zwischen *heilig* und *profan* – oder zwischen *koscher* und *unrein* – wird für Jerusalem keine Bedeutung mehr haben. Alles in der Stadt wird *koscher* sein, ganz gleich, zu welchem gewöhnlichen Gebrauch es dient. In Sacharja 14,20 f. steht: „Zu der Zeit wird auf den Schellen der Rosse stehen ‚Heilig dem Herrn'. Und die Töpfe im Hause des Herrn werden dem Becken vor dem Altar gleichgestellt sein. Und es werden alle Töpfe in Jerusalem und Juda dem

Herrn Zebaoth heilig sein … und es wird keinen Händler mehr geben im Hause des Herrn Zebaoth zu der Zeit."

Niemand wird mehr das Haus des Herrn zu seinem eigenen Profitgewinn missbrauchen können.

Schlussszene: Ein einziger König über die ganze Erde

„Und der Herr wird König sein über alle Lande. Zu der Zeit wird der Herr der einzige sein und sein Name der einzige" (14,9).

Gottes ursprünglicher Plan für eine theokratische Regierungsform wird für die ganze Welt seine Verwirklichung finden. Mit Jerusalem als seinem irdischen Zentrum wird Christus als König über die ganze Erde herrschen. Nach dem Vorbild von Melchisedek (dem Priester-König, der Jerusalem zur Zeit Abrahams regierte) wird Christus in Personalunion die beiden heiligen Funktionen des Königs und des Priesters ausüben.

In seiner Eigenschaft als König wird Christus auch oberster Richter sein. Eine seiner ersten Amtshandlungen wird sein, alle Nationen vor sich zum Gericht zu laden: „Wenn aber des Menschen Sohn kommen wird in seiner Herrlichkeit und alle Engel mit ihm, dann wird er sitzen auf dem Thron seiner Herrlichkeit, und werden vor ihm alle Völker versammelt werden. Und er wird sie voneinander scheiden, gleichwie ein Hirt die Schafe von den Böcken scheidet, und wird die Schafe zu seiner Rechten stellen und die Böcke zur Linken" (Matthäus 25,31–33).

Die Scheidung der „Schafe-Nationen" von den „Böcke-Nationen" vollzieht sich nach einem bestimmten Kriterium: dem Verhalten gegenüber den Juden während ihrer Verfolgung durch den Antichrist.

Den Schafen, die den Juden in dieser Zeit geholfen haben, wird Christus sagen: „Kommt her, ihr Gesegneten meines Vaters, ererbet das Reich, das euch bereitet ist von Anbeginn der Welt … Wahrlich, ich sage euch: Was ihr getan habt einem unter diesen meinen geringsten Brüdern, das habt ihr mir getan" (Matthäus 25,34.40).

Den Böcken, die sich geweigert haben, den Juden Beistand zu leisten, wird Christus sagen: „Gehet hin von mir, ihr Verfluchten, in das ewige Feuer, das bereitet ist dem Teufel und seinen Engeln! … Wahrlich, ich sage euch: Was ihr nicht getan habt einem unter diesen Geringsten, das habt ihr mir auch nicht getan" (Matthäus 25,41.45).

Den „Schafe-Nationen" wird ein Platz im Königreiche Christi eingeräumt werden; die „Böcke-Nationen" werden daraus verbannt sein.

Das Königreich, das Christus dann aufrichtet, wird sowohl an Herrlichkeit als auch an Segen und Prosperität jenes von Salomon weit übertreffen. Im Ausklang dieses gewaltigen Dramas in drei Akten sehen wir alle Nationen, die auf der Erde übrig geblieben sind, regelmäßig nach Jerusalem kommen, um die Segnungen des Königreiches zu empfangen und mit Israel zusammen das Laubhüttenfest zu feiern (14,16–21).

Was diese Weissagungen für uns heute bedeuten

In Bezug auf die alttestamentlichen Weissagungen über die Wiederkunft Christi schrieb der Apostel Petrus den ersten Christen: „Wir haben desto fester das prophetische Wort, und ihr tut wohl, dass ihr darauf achtet als auf ein Licht, das da scheint an einem dunklen Ort, bis der Tag anbreche und der Morgenstern aufgehe in euren Herzen" (2. Petrus 1,19).

Für die Ungläubigen wird es in der Welt immer dunkler. Konfrontiert mit den sich vervielfältigenden Zwangssituationen und Problemen, suchen die Führer dieser Welt vergeblich nach bleibenden Lösungen. Je dunkler es wird, desto heller leuchtet für die Gläubigen das Licht der prophetischen Offenbarung.

Petrus vergleicht die Wirkung dieser Prophezeiungen mit dem Aufgang des „Morgensterns" in unsern Herzen. Zu bestimmten Jahreszeiten erscheint am östlichen Sternhimmel der Morgenstern – auch „Tagesstern" genannt – kurz vor dem Auftauchen der Sonne am Horizont. Manchmal ist die Leuchtkraft dieses Sterns (es handelt sich um die Venus) so stark, dass er seine Umgebung teilweise erhellt. Auf diese Weise wird er der Vorläufer der Sonne und vermittelt die Gewissheit ihres bevorstehenden Aufgangs.

So ist es mit uns, wenn wir sorgfältig auf die prophetische Wahrheit achtgeben. Wenn der Morgenstern in unsern Herzen aufgeht und die Finsternis vertreibt, empfangen wir die unerschütterliche Gewissheit: *Der Herr kommt bald!*

Ein solcher Glaube ist keine mystische Flucht vor der Wirklichkeit. Im Gegenteil, er gründet sich auf einer bewährten Erfahrung. Nach vorsichtiger Schätzung haben sich mehr als die Hälfte der biblischen Weissagungen über Israel und Jerusalem bereits exakt und buchstäblich erfüllt, oft gegen alle menschlichen Erwartungen. Nur unvernünftiges Vorurteil und Oberflächlichkeit können die These ablehnen, dass auch die übrigen Prophezeiungen eintreffen werden.

Die Ausgabe der *Encyclopaedia Britannica* von 1911 enthält einen Artikel des deutschen Professors Nöldeke über die Aussprache des Hebräischen. In seinen Ausführungen verneint er nachdrücklich „die Möglichkeit, dass je wieder ein jüdisches Reich im Nahen Osten gegründet wird". Weniger als fünfzig Jahre später war bekanntlich genau das, was der gelehrte Professor als absurde Unwahrscheinlichkeit abgetan hatte, eine vollendete geschichtliche Tatsache!

Den göttlichen Kommentar dazu gibt uns Jesaja: „… der die Weisen zurücktreibt und ihre Kunst zur Torheit macht; der das Wort seiner Knechte wahr macht und den Ratschluss vollführt, den seine Boten verkündigt haben, der zu Jerusalem spricht: Werde bewohnt! und zu den Städten Judas: Werdet wieder aufgebaut! und ihre Trümmer richte ich auf" (Jesaja 44,25 f.).

Ebenso sagt der Psalmist David: „Der Herr macht zunichte der Heiden Rat und wehrt den Gedanken der Völker. Aber der Ratschluss des Herrn bleibt ewiglich, seines Herzens Gedanken für und für" (Psalm 33,10 f.).

Trotz allem Unglauben und Widerstand wird der Plan des Herrn zur Wiederherstellung Israels und Jerusalems verwirklicht werden – Phase um Phase, so wie er es durch seine Propheten geoffenbart hat!

Bitte beachten Sie auch die
Empfehlungen auf den folgenden Seiten.

Weitere Titel von Derek Prince im ASAPH-Verlag

Derek Prince
Gott stiftet Ehen
192 Seiten – Paperback – Best.-Nr. 147458

In Ihrer Buchhandlung oder direkt bei www.asaph.de

Weitere Titel von Derek Prince im ASAPH-Verlag

Derek Prince
Du erquickst meine Seele
Andachten aus den Psalmen Davids
144 Seiten – Paperback – Best.-Nr. 147322

In Ihrer Buchhandlung oder direkt bei www.asaph.de